やさしいスチューデントトレーナーシリーズ
7
アスレティック
リハビリテーション

社団法人
メディカル・フィットネス協会 監修

●●●●●●●●●●●●●●●●●●●●●●●●●●●●●●●●●

小柳磨毅 編

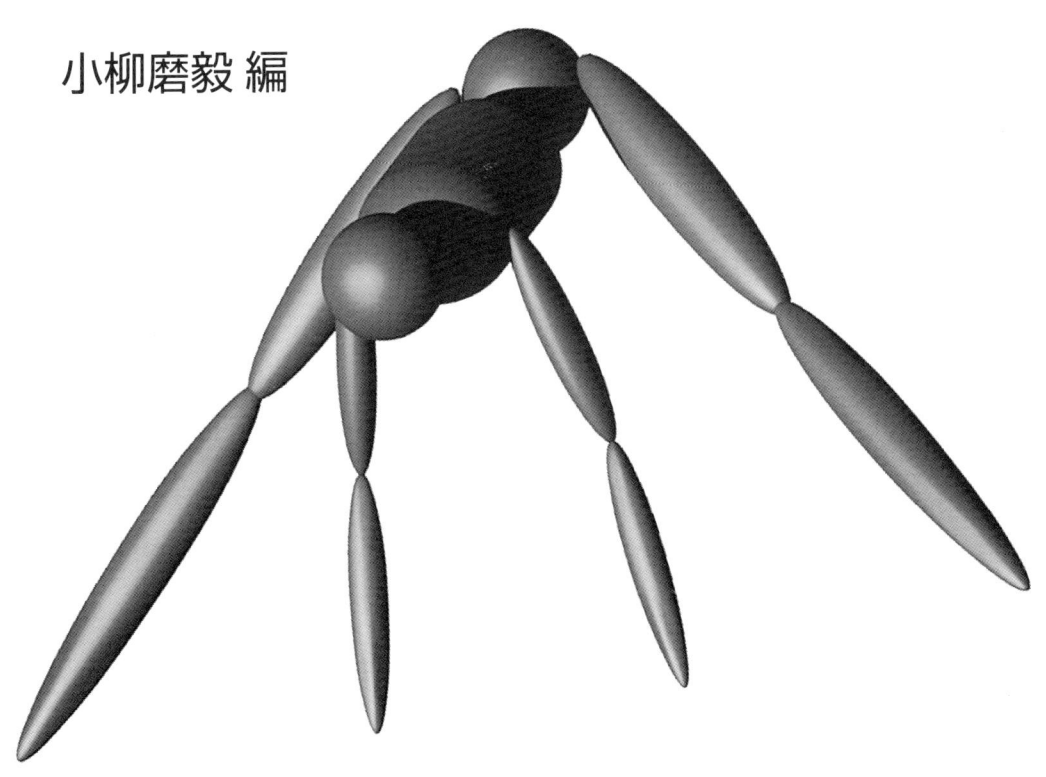

嵯峨野書院

監修にあたって

　文部科学省では，平成6年度より日本体育協会公認の「アスレティック・トレーナー」の資格認定試験を行っております。現在，約500名がこの資格認定者として活躍していますが，資格取得の合格率は20％前後と低く，難易度が高いものであります。

　そのため，メディカル・フィットネス協会は，多くの地域スポーツ現場で活躍する人材を育成するため，また，アスレティック・トレーナーを取得するための基礎的な知識として「スチューデントトレーナー」という資格認定制度を作成しました。メディカル・フィットネス協会認定スチューデントトレーナーとは，スポーツトレーナーとしての専門的な知識，技術を習得した指導者に与えられる資格であり，トレーナー活動を通じて幅広くスポーツ選手のサポートをするのに必要な資格といえます。

　本書は，スチューデントトレーナー認定試験の内容に準拠し，それぞれの分野に精通しておられる大学教授の先生方に編集をお願いし，①スポーツ社会学，②スポーツ心理学，③スポーツ生理学，④スポーツ医学，⑤スポーツ栄養学，⑥スポーツ指導論，⑦アスレティック・リハビリテーション，⑧コンディショニング，⑨テーピング，⑩スポーツ傷害と応急手当の全10巻に取りまとめたものです。

　21世紀は予防医学，健康管理の時代であり，メディカル・フィットネス協会はこの課題に対し，現在，①市町村，職場，学校等の健康増進プログラムに対するサポートとしての「健康支援事業」，②健康ケアトレーナーおよびスチューデントトレーナーの資格認定などを行う「教育事業」，および③社会人・大学・高等学校・中学校等のスポーツ系クラブへの指導者の派遣などを行う「スポーツ事業」を，特に健康づくりと支援体制に必要な人材養成を重点的に推進しています。

　最後に本書がこれらの方々に広く活用され，スポーツの発展に役立てられることを期待しています。

2002年4月1日

社団法人 メディカル・フィットネス協会

はじめに

　スポーツの語源は「遊び，戯れ」とされ，元来は個人や集団が身体活動を通して悦びを享受するものであった。世界的に見ても個人生活や社会におけるスポーツ活動の価値は高まる一方であり，様々な形でスポーツ活動に参加する人口も爆発的に増加してきた。近代社会におけるスポーツの価値として，精神衛生も含めた健康増進への貢献が挙げられる。しかし勝敗を競い合う競技スポーツでは，身体の許容量を超えた極限状態の身体活動によって，傷害が頻発している。同様にリクレーショナルスポーツにおいても，身体的あるいはトレーニング方法，環境などの要因によって傷害が発生している。

　社会生活の構造変化と医療技術の進歩に伴って，医療にも単に疾病治療に止まらず，スポーツ活動への参加なども含めた「人間としての生きがい」への対応が求められるようになった。こうした社会需要の変化に伴い，スポーツ活動に起因して発症した傷害（スポーツ傷害）を有し，スポーツ活動への復帰を望む人々の治療を担当する機会が増加してきた。アスレティック・リハビリテーションはこうしたスポーツ活動までの復帰を支援する一連の活動と定義できる。アスレティック・リハビリテーションを円滑に実施していくためには，傷害の病態を正確に把握して安全かつ効果的なトレーニングプログラムを計画・実施することが肝要である。

　本書はアスレティック・リハビリテーションの総論と，各論として部位別と競技別のスポーツ傷害に対する実例から構成されている。各稿はいずれも臨床経験豊富な医師と理学療法士の方々にご執筆いただいた。アスレティック・リハビリテーションの入門書として，広く利用していただければ幸いである。

2003年4月1日

小　柳　磨　毅

● 目　次 ●

監修にあたって ……………………………………………………………………… i
はじめに …………………………………………………………………………… iii

第1章 アスレティック・リハビリテーション総論　　1

1 アスレティック・リハビリテーションの必要性 ……………………1
2 アスレティック・リハビリテーションにおけるトレーナーの役割…2
3 アスレティック・リハビリテーションに必要な診療・検査 ………4
　　（1）選手の経歴　（4）
　　（2）傷害の発生要因　（4）
　　（3）現在までの受傷歴や治療内容　（5）
　　（4）現状の把握　（5）
4 アスレティック・リハビリテーションとその計画 …………………6
　　（1）アスレティック・リハビリテーションの流れ　（6）
　　（2）段階的なリハビリテーション　（6）
　　（3）ピリオダイゼーション　（8）
　　（4）外傷および障害の予防　（9）
　まとめ ……………………………………………………………………11

第2章 部位・疾患別リハビリテーション　　13

1 肩関節 …………………………………………………………………13
　　（1）はじめに　（13）
　　（2）肩関節のスポーツ外傷と障害　（13）
　　（3）肩関節のスポーツ外傷と障害の評価　（17）
　　（4）肩関節のスポーツ外傷と障害のリハビリテーション　（21）
2 上肢・肘 ………………………………………………………………24
　　（1）はじめに　（24）
　　（2）上肢・肘の解剖　（24）
　　（3）上肢・肘の運動学，バイオメカニクス　（25）

（4）　上肢・肘の有痛性疾患の分類　（27）

　　　（5）　上肢・肘の有痛性疾患の評価と対応　（29）

　　　（6）　上肢・肘に出現する痛み　（31）

　　　（7）　肘の外側の痛み　（32）

　　　（8）　肘の内側の痛み　（33）

　　　（9）　肘の屈側（前部）の痛み　（33）

　　　（10）　肘の伸側（後部）の痛み　（33）

　　　（11）　手の橈側（母指側）の痛み　（33）

　　　（12）　手の尺側（小指側）の痛み　（34）

　　　（13）　おわりに　（34）

3 頸部 ……………………………………………………………………… 35

　　　（1）　頸部の機能解剖　（35）

　　　（2）　頸部の外傷・障害　（36）

　　　（3）　頸部の外傷・障害のリハビリテーション（理学療法）　（38）

　　　（4）　おわりに　（41）

4 腰部 ……………………………………………………………………… 41

　　　（1）　はじめに　（41）

　　　（2）　腰部の解剖　（42）

　　　（3）　よくみられるスポーツ腰痛　（44）

　　　（4）　腰痛の評価　（45）

　　　（5）　腰痛のアスレティック・リハビリテーション　（47）

　　　（6）　おわりに　（49）

5 股関節・大腿 …………………………………………………………… 50

　　　（1）　はじめに　（50）

　　　（2）　股関節・大腿の系統発生　（50）

　　　（3）　股関節・大腿の解剖学的特徴　（51）

　　　（4）　バイオメカニクス　（52）

　　　（5）　スポーツヘルニア　（54）

　　　（6）　肉ばなれ・筋損傷　（55）

　　　（7）　おわりに　（58）

6 大腿・膝関節 …………………………………………………………… 59

　　　（1）　はじめに　（59）

（2）大腿　(59)

　　　（3）膝関節　(65)

7 足関節・足部 …………………………………………………………71

　　　（1）はじめに　(71)

　　　（2）足関節・足部の解剖　(72)

　　　（3）足関節・足部の運動学，バイオメカニクス　(73)

　　　（4）足関節・足部の有痛性疾患の分類　(74)

　　　（5）足関節・足部の有痛性疾患の評価と対応　(77)

　　　（6）足関節・足部に出現する痛み　(80)

　　　（7）足関節捻挫　(80)

　　　（8）足の裏の痛み　(82)

　　　（9）足部の外側の痛み　(82)

　　　（10）親指の痛み　(82)

　　　（11）おわりに　(83)

8 下腿・アキレス腱 ………………………………………………………84

　　　（1）はじめに　(84)

　　　（2）機能解剖　(84)

　　　（3）評価　(86)

　　　（4）代表的疾患　(88)

　ま と め …………………………………………………………………92

第3章　種目特性とリハビリテーション　　95

1 総論 ………………………………………………………………………95

　　　（1）はじめに　(95)

　　　（2）スポーツ活動時の救急処置　(96)

　　　（3）コンディショニング　(97)

　　　（4）運動における基本的事項　(98)

　　　（5）閉鎖性運動連鎖と開放性運動連鎖　(101)

2 陸上競技 …………………………………………………………………103

　　　（1）競技特性　(103)

　　　（2）傷害の特徴　(104)

　　　　（3）リハビリテーション　（105）

3 水泳 ……………………………………………………………………114

　　　　（1）はじめに　（114）

　　　　（2）障害の特徴　（114）

　　　　（3）リハビリテーション　（116）

　　　　（4）競技復帰　（121）

　　　　（5）おわりに　（122）

4 スケート ………………………………………………………………123

　　　　（1）はじめに　（123）

　　　　（2）競技別アスレティック・リハビリテーション　（124）

　　　　（3）おわりに　（128）

5 野球 ……………………………………………………………………128

　　　　（1）はじめに　（128）

　　　　（2）投球障害　（129）

　　　　（3）投球動作の位相　（130）

　　　　（4）効率的な投球動作を行うためのポイント　（132）

　　　　（5）アスレティック・リハビリテーション　（133）

　　　　（6）おわりに　（139）

6 サッカー ………………………………………………………………140

　　　　（1）競技特性　（140）

　　　　（2）傷害の特徴　（141）

　　　　（3）リハビリテーション　（142）

　　　　（4）トレーニング　（150）

7 ラグビー／アメリカンフットボール ………………………………157

　　　　（1）はじめに　（157）

　　　　（2）膝関節内側側副靱帯（MCL）損傷　（157）

　　　　（3）頸部外傷　（161）

　　　　（4）肩関節脱臼・亜脱臼　（163）

8 バスケットボール ……………………………………………………165

　　　　（1）競技特性　（165）

　　　　（2）発生機転　（165）

（3）リハビリテーション　(167)
　　　（4）バスケットコートで行うトレーニング　(172)
9 バレーボール··175
　　　（1）競技特性　(175)
　　　（2）治療とリハビリテーションの実際　(176)
10 柔道···186
　　　（1）はじめに　(186)
　　　（2）競技特性　(186)
　　　（3）傷害の特徴　(187)
　　　（4）リハビリテーション　(189)
　　　（5）受傷から復帰まで　(194)
　ま　と　め··196
　重要語句集···197

第1章
アスレティック・リハビリテーション総論

1 アスレティック・リハビリテーションの必要性

　スポーツにおける身体活動は，日常の生活で必要な活動レベルよりもはるかに高度のものが多く，そのために傷害へとつながる危険性を含んでいる。スポーツ選手が傷害を起こした場合，元の競技にできる限り早く復帰させることが必要となり，それを目的としたリハビリテーションを**アスレティック・リハビリテーション**（以下アスレティック・リハ）と呼んでいる。それに対して，日常の生活や職業への復帰を目的としたリハビリテーションを**メディカル・リハビリテーション**（以下メディカル・リハ）と呼ぶ。したがってメディカル・リハのみの実施では，競技復帰を目的とするスポーツ選手には不十分なものとなる。しかしながらスポーツ選手にメディカル・リハが必要でないわけではなく，メディカル・リハに引き続き，もしくは並行しながらアスレティック・リハを実施するのが一般的なスポーツ選手のリハビリテーションの流れとなる。

　アスレティック・リハを実施する上で留意する点として，以下のようなことがあげられる。

　① アスレティック・リハの目標はあくまでも競技への復帰であるため，高い水準の身体運動能力を必要とする。そのため傷害部位ばかりに着目するのではなく，全身の運動能力（筋力・持久力・柔軟性など）にも目を向け，競技から離れている間にできる限りそれらを低下させないようにしていくことが重要である。

　② スポーツ選手は，競技復帰に対する意欲が高く，リハビリテーションへの取り組みも非常に熱心な場合が多い。しかし時には意欲が高いばかりに**オーバーワーク**になることもあり，結果的に競技復帰を遅らせることもあるので注意が必要である。

> アスレティック・リハビリテーション
>
> メディカル・リハビリテーション
>
> オーバーワーク

③ 競技へ復帰させる時期は重要なポイントとなる。不十分な身体能力しか獲得できていない状態での競技復帰は再受傷の危険性が高く，反対にアスレティック・リハの期間が長期間にわたると，十分に身体能力が獲得できたとしてもチーム内での選手のポジションがなくなってしまうこともある。したがって，できる限り早く身体能力の向上を目指すため，早期から安全な範囲でリハビリテーションを開始させる必要がある。しかし，受傷部位の治癒が一般の人に比べスポーツ選手が特別に早いわけではないため，十分に注意していかないと最悪の場合，選手生命にも影響しかねない。このことは選手にも十分に理解させ，十分なアスレティック・リハを進めていく必要がある。

④ 再発予防の対策も重要で，とくに選手は活動時の痛みがなければ受傷部位は回復したとかん違いしてしまうこともある。再発予防のためには，受傷以前よりも傷害部位および全身の運動能力を高めておかなければならない。また，テーピングやサポーターの使用も必要に応じてアドバイスする。

⑤ 選手が競技復帰する際には，監督，コーチ，チームメイトなど現場の理解，協力が必要となる。なぜなら競技復帰はいきなり100％の状態で実施するのではなく，安全な範囲での競技参加を段階的に進めていくからである。このことが理解されていないと傷害の再発や競技復帰を遅らせることにもつながる。

2 アスレティック・リハビリテーションにおけるトレーナーの役割

アスレティック・リハにおけるトレーナーといわれる人たちの役割は，①スポーツ傷害の予防，②スポーツ現場における救急処置などの実施，③リハビリテーションや**コンディショニング**といったスポーツ傷害によって失われた身体機能（筋力や柔軟性など）の再獲得があげられる。

コンディショニング

スポーツ傷害の予防としては，**ウォーミングアップやクーリングダウン**の指導・実施に加え，適切な練習計画や傷害を起こしにくい技術（適切なフォーム）の獲得などが重要となる。内容の詳細は各論にゆだねる。

ウォーミングアップ
クーリングダウン

スポーツ現場における救急処置は，その後の傷害の状況にも影響を与え，適切な処置を行うことで，より早期に競技復帰することを可能にする。反対に適切な処置が十分に行われなければ損傷部位の悪化につながり，競技復帰を遅らせることになる。そのためには損傷を受けた時点での選手の状態を的確にとらえる能力が必要となり，状況により専門医の受診を勧めることも重要な役割である。

　また，選手自身にさまざまな処置などを実施するといった直接的な関わりだけでなく，選手自身が自分でコンディションを整えていけるように理解させていくことも重要な役割の1つである。選手自身のコンディションを一番把握しているのは選手自身であり，選手自身の体調を整えることができる最適者も選手自身であるといえる。トレーナーはあくまでもそれらをサポートしていく立場であるべきで，選手自身にコンディション作りについて考える機会を与えないことは，選手のトレーナーに対する依存度を増すことにもつながる。たとえば，ウォーミングアップやクーリングダウンを十分に実施せず，練習後や試合後に疲労感があるため，マッサージのみを希望するような選手などのことである。コンディション作りにおいて選手自身にも考える機会を与え，取り組んでいけるように導いていくことも重要なことである。疲労回復のためのマッサージに効果が少ないという意味ではなく，ましてや実施しないわけでもない。しかし対症療法のみでは，本質的な問題解決につながらないことを選手に理解させなくてはならない。つまり，なぜ疲労が出たのか，どのようなことに原因があるのか，どうすれば疲労が出にくくなるのかなどを選手自身にも考えさせ，それらの問題をどのように解決していくのか話し合ったり，導いていったりすることが重要となる。

　マッサージやテーピングなどの技術的な部分に優れていることのみが，良いトレーナーの条件ではなく，選手自身がスポーツ傷害という問題に対して，自ら働きかけ，問題解決できるように関わっていくことがトレーナーとしての重要な役割である。

　日本ではトレーナーの活躍の場は，プロスポーツや社会人スポーツなどのいわゆるスポーツの現場と病院などの医療機関に大きく分けられる。それに伴いスポーツの現場と医療機関でトレーナーに求められることは

必然的に異なってくる。医療機関では基本的に傷害を受けた選手が対象となり，競技復帰へと選手を導くことが重要となる。それに対してスポーツの現場では主として傷害の発生を予防することが重要となる。また当然のことながら競技力を高めることも忘れてはならない。

3 アスレティック・リハビリテーションに必要な診療・検査

　アスレティック・リハを実施するにあたっては，競技特性を理解することがもっとも重要である。そのうえで選手の経歴，傷害の発生要因，現在までの受傷歴や治療内容，現状の把握などを十分に行い，障害の要因となる問題を追究することが必要である。

(1) 選手の経歴

　スポーツの競技種目，ポジション，利き手(脚)，競技歴，チーム内での選手の立場（レギュラーか否か）などを選手に聞いておくことが必要である。競技種目，ポジション，利き手（脚）の把握については，競技に必要な動作や各ポジションによる特異的な動作などを理解するために必要である。競技歴の把握は，各種スポーツ動作による身体の運動器官へのストレスを考慮する上で必要である。また選手の立場を把握することで，身体面のみならず精神面を理解することができる。

(2) 傷害の発生要因

　発生要因には，①**個体要因**，②**環境要因**，③**トレーニング要因**が考えられる。個体要因としてはアライメントの異常，柔軟性・筋力・持久力の低下，技術力の不足などの問題があげられる。環境要因としては天候，路面の状態，シューズの状態などの問題があげられる。トレーニング要因としては運動の種類や方法，および負荷強度やトレーニング時間などの問題があげられる。

　発生機序については，時期，状況，受傷部位，痛みの部位などを確認し，受傷時の動作や痛みの誘発動作を再現させ，確認することが必要で

個体要因
環境要因
トレーニング要因

ある。

これらのことから，外傷および障害の発生要因を推察することができる。

(3) 現在までの受傷歴や治療内容

受傷部位や受傷時期については選手から聞き出すことができるが，受傷名や治療内容については選手から正確な情報を得ることは困難である。その場合は可能な限り医師に詳細を確認することが望ましい。

(4) 現状の把握　（図1-3-1）

選手の状態を把握するためには，受傷時の動作や痛みが誘発される動作を再確認し，現在の動作レベルと支障のある動作を把握することが重要である。支障のある動作については，局所的症状（痛み，腫脹，関節

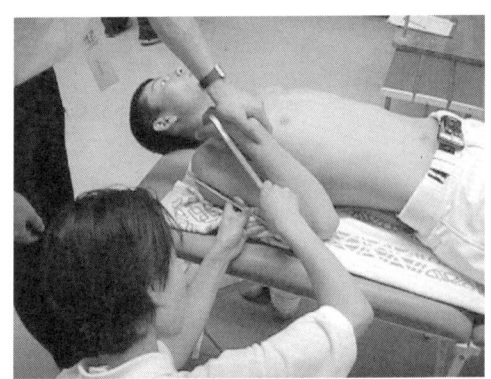

a．柔軟性の評価（肘）

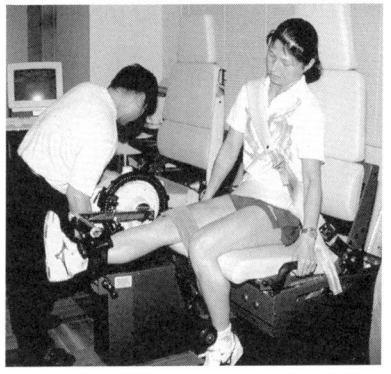

b．等速度運動機器を用いた筋力評価（膝）

c．スクワットにおけるアライメント：重心の偏位により，膝が外方（右）や内方（左）へ捻れ，そのストレスがスポーツ障害の発生要因にもなる。

● 図1-3-1 ● 現状の把握

不安定性，運動制限など），身体測定（周径，肢長，関節可動域，アライメントなど），運動機能評価（筋力，筋持久力，心肺機能，協調性など）を行い，これらの理学的所見と動作との関係を分析し，要因となる問題点を抽出する。

4 アスレティック・リハビリテーションとその計画

(1) アスレティック・リハビリテーションの流れ

選手からの情報収集，傷害の発生要因，現状を十分に把握した後，競技復帰までの目標設定を行う。目標設定を行うことで競技復帰への意欲の向上がみられ，選手のトレーニングに対する集中力および持続性が得られる。具体的には短期および長期目標を設定する。元のスポーツ競技に復帰するという長期目標とともに，日々ないし週単位の短期目標を設定する。次にトレーニングプログラムを作成し実施していく。途中，短期目標の達成度を確認するために再評価を行い，結果次第で短期目標およびプログラムの変更を行う。これらをくり返し実施していくことにより，長期目標が達成され競技復帰へとつながる。また，傷害の再発予防を目的にコンディショニングの指導も行う。

(2) 段階的なリハビリテーション （図1-4-1）

アスレティック・リハは受傷からの時期により，段階的にトレーニングを実施する。ここでは①可動性・協調性トレーニング，②筋力増強・安定性増大トレーニング，③筋の機能性・巧緻性トレーニング，④シミュレーショントレーニングの4段階に分けて考えてみる。

1) 可動性・協調性トレーニング

この時期の目標は関節や筋の柔軟性と筋の萎縮を改善し，筋の協調性を維持することである。局所的症状にはアイシングを用いて積極的な鎮痛を図る。また全身的には非荷重位での体操要素のコンビネーシォント

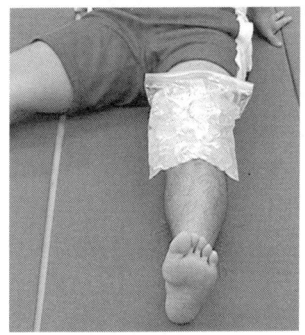
a．アイシング
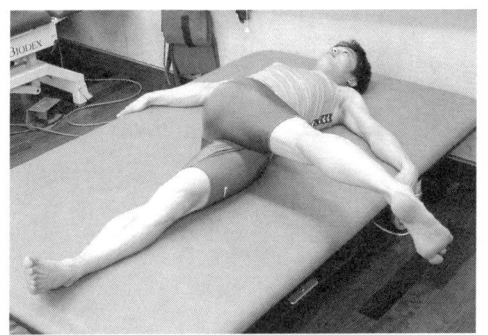
b．全身運動（体幹と股関節の捻りの動き）
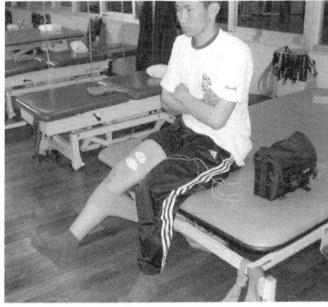
c．電気刺激を用いたチューブトレーニング
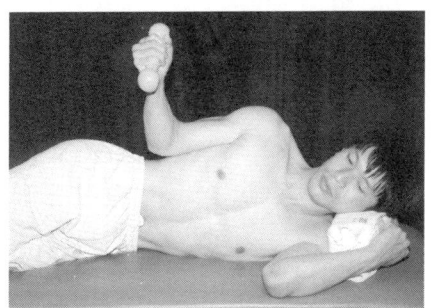
d．ダンベルトレーニング

e．ゴムチューブを用いたレッグランジ

f．自転車エルゴメーター

●図1-4-1● 段階的なリハビリテーション

レーニングなどによる全身運動性の改善も図る．

2） 筋力増強・安定性増大トレーニング

　この時期の目標は筋持久力および筋力の強化，関節の安定性の改善，運動の協調性を図ることである．トレーニングはゴムチューブやダンベルを利用した非荷重運動と，スクワットやレッグランジなどの荷重運動を低負荷・高頻度で行う．また自転車エルゴメーターやトレッドミルなどを利用して心肺機能の改善および強化も図る．

3) 筋の機能性・巧緻性トレーニング

　この時期の目標は筋力強化，筋の運動性や巧緻性の改善，競技種目の専門的な動作の再学習である。トレーニングは荷重運動および非荷重運動を高負荷・低頻度で行う。またジョギングから徐々にスピードアップし，直線走行からカーブ走行へと移行していくようにする。

4) シミュレーショントレーニング

　この時期はスポーツ復帰の最終段階であり，瞬発系やスピード系の改善を目標とし，実戦を考慮した種目別のシミュレーショントレーニングを主体に行う。トレーニングはダッシュ，ストップ，ジャンプ，ターンなどの動作が主体であるアジリティードリルが必要になる。

(3) ピリオダイゼーション

　ピリオダイゼーションとは，もっとも重要な大会時に体力レベルをピークに到達させるためのトレーニングの専門性，強度，量の段階的サイクルのことである。この方法では，非専門的かつ低負荷・高頻度のトレーニングから，専門的かつ高負荷・低頻度のトレーニングへと移行していくことになる。トレーニング方法は①準備期，②試合期，③移行期の3つに分けることができる。

> ピリオダイゼーション
>
> 準備期
> 試合期
> 移行期

1) 準備期

　準備期は一般的体力を養成する期間である。前年度の体力的・技術的な反省と体力テストの結果から，各個人の欠点と強化目標を設定し，トレーニングプログラムを作成する。試合期が年1回の場合は6ヵ月ぐらい，年2回の場合は最低3ヵ月を準備期に当てるようにする。トレーニングは，個人の弱点部分のみならず，筋力，全身持久力，筋持久力，柔軟性，パワー，敏捷性など全体のバランスが崩れないように，総合的なプログラムを実施する必要がある。また準備期は，毎年トレーニングの強度と量が漸増されなければならない。

2） 試合期

　試合期は中学，高校，大学，社会人などによって期間が異なる。この時期に必要なことは，準備期に養成した体力をいかに維持するかである。筋力，パワーを維持するためには，筋力トレーニングを週1～2回継続することが必要である。また試合での疲労を積極的に回復するためには，試合後あるいは試合の翌日に適度な筋力トレーニングをすることが望ましい。持久力のトレーニングはできるだけ毎日何らかの形で有酸素的なトレーニングを実施することが望ましい。

3） 移行期

　移行期は長期間にわたる試合期の疲労を回復させる期間である。身体的および精神的な疲労を回復させる必要がある。休養方法には消極的休養と積極的休養がある。前者は完全休養のことであり，そのために体力の低下を伴う。後者は他のレクリエーションスポーツを実施することで専門のスポーツから離れ，心身ともにリフレッシュし，体力の低下を最小限に止める。これらのことから，移行期には積極的休養をとることが望ましい。

　以上のような考え方に当てはまらない成長期の場合には，シーズンオフとシーズンインに分けて考えることが多い。成長期の時期には年間を通じてトレーニングプログラムを実施する必要がある。試合期においてもトレーニングの強度と量の差はあるものの，継続して実施すべきである。

（4） 外傷および障害の予防

　どの競技種目においても，年齢や競技レベルを問わず外傷や障害は多く発生する。その発生要因には，体力，体格，テクニック，練習の4つの要因が考えられる。自分の持つ体力（筋力，持久力，柔軟性）以上の練習やトレーニングを実施した場合，悪いフォームでプレーした場合，発育・発達・成長段階に過度のストレスを加えるような練習やトレーニングを実施した場合，競技特性を理解せずに偏ったトレーニングを実施した場合，競技に必要な体力が欠けた状態で練習量が多くなった場合，

休養が不十分な場合などが傷害の発生要因になる。

　指導者にはそれぞれの教え方があり，独特の指導テクニックを持っている。しかし，人間の身体構造を無視した動きを指導すると無理があり，パフォーマンスを向上させることが困難になる。まずは人間の身体構造を理解し，身体がどのように動くのかを理解すべきである。そうすることにより，無理・無駄・非効率的な動きを指導することはなくなり，傷害の発生予防ができるのではないかと考えられる。

【参考文献】
1）小柳磨毅，井上　悟，林　義孝「アスレチックリハビリテーション──復帰へのリハビリテーション──」越智隆弘，菊地臣一編『NEW MOOK 整形外科3　スポーツ傷害』金原出版，1998年，pp.99-120
2）鹿倉二郎「アメリカにおけるアスレチックトレーナーの役割について」『体育科教育』第36巻11号，1988年，pp.21-23
3）山本利春「アスレチック・トレーナーズ・ヴォイス　トレーナーの役割と自己管理教育──傷害予防の重要性──」『臨床スポーツ医学』17，2000年，pp.129-130
4）成田英子「アスレチック・トレーナーズ・ヴォイス　アスレチックトレーナーに求められていること」『臨床スポーツ医学』17，2000年，p.629
5）藤井　均「アスレチック・トレーナーズ・ヴォイス　アスレチックトレーナーと選手のかかわり方について」『臨床スポーツ医学』17，2000年，pp.1276-1277
6）中嶋寛之「医師の立場から」臨床スポーツ医学編集委員会編『スポーツ外傷・障害の理学療法』文光堂，1997年，pp.1-6
7）福林　徹「ドクターサイドからみたアスレチックリハビリテーション」福林　徹編『スポーツ外傷・障害とリハビリテーション』文光堂，1994年，pp.1-5
8）福林　徹「アスレチックリハビリテーションの組み立て方」福林　徹編『整形外科アスレチックリハビリテーション実践マニュアル』全日本病院出版会，1998年，pp.1-5
9）小柳磨毅「アスレチックリハビリテーション」越智隆弘編『スポーツ外来』メジカルビュー社，1997年，pp.177-184
10）Dieter Ehrich 他著，福林　徹監訳『アウフバウトレーニング　競技復帰のための段階的リハビリテーショントレーニング』文光堂，1994年
11）「トレーニングの方法と形態」石井直方監修『ストレングストレーニング＆コンディショニング』ブックハウスHD，1999年，pp.435-450

まとめ

1. スポーツ選手のリハビリテーションは，メディカル・リハに引き続き，もしくは並行してアスレティック・リハを実施する。

2. アスレティック・リハは傷害部位のみに着目するのではなく，全身の運動能力に目を向け，競技から離れている間の能力低下を最小限に止める。

3. アスレティック・リハを効果的に進めていくためには，選手の経歴，傷害の発生要因，これまでの受傷歴や治療内容，また現在の状態を的確に把握することが重要である。

4. 短期，長期の目標を具体的に設定し，段階的にアスレティック・リハを進めていく。筋，関節の柔軟性や筋萎縮の改善から始め，最終的には瞬発系やスピード系のトレーニングを実施していく。

5. オーバーワークに気をつけ，再発予防に努める。その際，必要に応じてテーピングやサポーターなどの使用も考慮する。

6. スポーツ傷害の予防には，ウォーミングアップやクーリングダウンの実施に加え，適切な練習計画や技術の獲得が重要である。

7. スポーツ現場における適切な救急処置は，より早期に競技復帰することを可能にし，不適切な処置は競技復帰を遅らせる。そのためには救急処置の技術のみならず，受傷した選手の状態をその場で的確にとらえる能力も必要となる。

8. 傷害の発生を予防するためには，人間の身体構造を理解し，どのように動くのかといった運動学的な面も理解することが大切である。それに加えて選手自身がスポーツ傷害に対して自ら働きかけ，問題解決していけるように導いていくこともトレーナーとしての重要な役割である。

第2章 部位・疾患別リハビリテーション

1 肩関節

(1) はじめに

　一般にスポーツ外傷と障害において上肢が占める割合は，下肢に比べて少ないように思われる。ニコラス[1]はスポーツ活動の基礎となる動作を，歩く，走る，跳ぶ，蹴る，投げる，構えるの6項目に分類しているが，上肢に直接関係するのは投げると構えるだけであり，その意味でも下肢に比べて割合が少ないように思われ軽視されがちなのかもしれない。

　しかし，臨床において上肢の外傷や障害で来院する対象者は少なくなく，筆者らのスポーツ外来でも全症例の40％前後は肩関節や肘関節を中心とした外傷や障害である。

　上肢のスポーツ活動における外傷や障害は，先に述べた6項目以外に「打つ」動作を加えて，投げる動作と打つ動作での**オーバーユース**が基礎にあり，特に各スポーツ特有の同一動作の反復に伴って発症するという特徴がある。

> オーバーユース
> 特定部位の使いすぎ。

　以下，肩関節のスポーツ外傷や障害の代表的なものについて述べ，さらにその評価とリハビリテーションの方法について述べる。

(2) 肩関節のスポーツ外傷と障害

　スポーツ活動における肩関節の外傷や障害は，肩関節にとって重要な可動性と安定性という2つの機能に関わっている。

　肩関節は対象物（ボールなど）に対して手をどの位置に持っていくかを決める方向舵としての大きな可動性が要求される。また，各々の位置で上肢を保持したり，逆に上肢で自身の体を支持しなければならず，し

っかりとした安定性も要求される。

1） 反復性肩関節脱臼

　受傷機転は転倒，接触（コンタクト）といった際に肩関節が外転・伸展・外旋位を強制され受傷するのが一般的である。前述の肢位のように脱臼の多くは前方脱臼であるので，**関節唇や関節包前部の損傷（バンカート病変など）**が**肩甲上腕関節（狭義の肩関節）**のインスタビリティ（不安定性）を生じさせ，ついには軽度の外力によっても脱臼を反復するようになってしまう。

　外傷を伴わず関節が習慣的に脱臼するものを**習慣性脱臼**というのに対して，外傷を機に脱臼し，その後習慣的に脱臼するようになったものを**反復性脱臼**といっている。

　治療の方針としては，一般的に保存療法を第一選択として整復後，安静・固定（肩関節内転・内旋位）をする。

　しかし，重要なのはこの固定期間中から損傷部位にストレスをかけずに肩関節周囲筋の筋力維持・増強運動を行うことであり，特に脱臼肢位となる外転・外旋に拮抗する筋を強化することが必要である。

　保存療法で対処できず脱臼をくり返す場合は，バンカート法，ブリストウ法，プチ・プラット法などの手術療法が行われている。

　また，脱臼とまではいかない**亜脱臼**の反復も多く，これは関節唇や関節包の損傷が脱臼とは異なり，広範囲で痛みや不安感が強いのが特徴で，脱臼の治療以上に難渋することが多くあり，亜脱臼と軽んじていると危険である。

2） オーバーユースによる肩関節の外傷と障害

　各種スポーツにおける投げる動作や打つ動作での上肢の同一動作の反復は，肩関節にオーバーユースを招き，その結果肩関節周囲に多様な障害が生じることになる（図2-1-1参照）。

　代表的なものは，野球（投球）肩であるが，外傷や障害の関節部位によって分けると以下のようである[2]。

　① 関節外

関節唇や関節包前部の損傷（バンカート病変など）

肩甲上腕関節（狭義の肩関節）

習慣性脱臼

反復性脱臼

亜脱臼
　関節面の一部が接触している程度の脱臼。不全脱臼ともいう。

オーバーユース
↓
微細損傷
↓
不安定性の発生
↓
亜脱臼の発生
↓
インピンジメントの発生
↓
腱板損傷・断裂

●図2-1-1● オーバーユースによる肩関節の外傷と障害過程

a．前方部分
・烏口突起炎
・上腕二頭筋長頭腱腱鞘炎
・上腕二頭筋長頭腱断裂
・上腕二頭筋長頭腱脱臼，亜脱臼
・**肩峰下滑液包炎**および**腱板炎**　　　　　　　　　　　　　　　　肩峰下滑液包炎

　肩峰と烏口肩峰靱帯からなる肩峰下面と肩峰下滑液包と腱板との間で生じる機械的ストレスによって発症する肩関節障害の総称。オーバーヘッドで上肢を使用する野球，バレーボール，水泳での障害が多く**肩峰下インピンジメント症候群**とも診断される。　　　　　　　　　　　　肩峰下インピンジメント症候群

・腱板損傷

　肩峰下インピンジメント症候群の高度な障害は，腱板損傷や断裂にいたる。

・**腱板疎部炎**および損傷　　　　　　　　　　　　　　　　　　　　腱板疎部炎

　棘上筋腱と肩甲下筋腱の移行部での過度な回旋が要求される部分で　棘上筋腱と肩甲下筋腱の移行部
障害され，頻度が比較的多い。

　　b．後方部分
・腱板炎および損傷

　投球動作での加速期からフォロースルー期（図2-1-2）にかけて，肩関節後方要素が遠心力で引っ張られ，棘下筋，小円筋を中心に後方構成体の炎症や損傷を生じる。

　また，バレーボールでの棘下筋萎縮や断裂も多い。

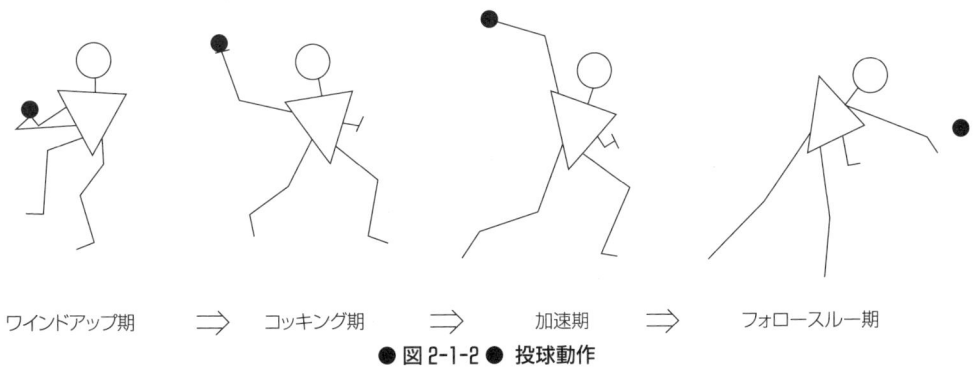

ワインドアップ期　⇒　コッキング期　⇒　加速期　⇒　フォロースルー期
● 図2-1-2 ● 投球動作

・ベネット病変

　上腕三頭筋長頭腱の付着部に退行変性としての骨棘形成が起こり，投球動作時に腋窩神経が刺激され痛みが出現する。これもオーバーユースにより関節包と上腕三頭筋長頭腱が，過度に引っ張られたために生じるものである。

　　c．その他の部分

・リトルリーグショルダー（上腕骨骨端線離開）

・神経障害

　肩甲上神経，腋窩神経，長胸神経の絞扼性神経障害。

　② 関節内

・関節唇損傷

運動痛と脱臼不安感が非常に強く，その程度で3つの型に分類される。

　　Ⅰ型　関節唇単独損傷
　　Ⅱ型　上腕二頭筋長頭腱と関節唇複合損傷（**スラップ病変**）
　　Ⅲ型　下関節上腕靱帯と関節唇複合損傷

・腱板の関節面（不全）断裂

　図2-1-3に各種スポーツにおいて頻度の多い外傷と障害をまとめておく[3]。

> **ベネット病変**
>
> **リトルリーグショルダー（上腕骨骨端線離開）**
> 上腕骨の成長軟骨の障害。
>
> **関節唇損傷**
>
> **スラップ病変**
> 関節唇の上方でその前・後の損傷。

	野球	バレー	テニス	水泳	重量挙げ	ゴルフ	アーチェリー
前方脱臼（亜脱臼）	○	○					
後方不安定性						○	
腱板疎部損傷	○						
インピンジメント	○	○	○			○	
上方関節唇損傷	○	○					
SAB炎	○	○		○			
BLH炎				○			
腱板断裂（不全断裂）	○				○	○	
関節包炎	○						
BLH断裂				○			
ベネット病変	○						
肩甲上神経障害		○					
腱板炎				○			
肩鎖関節障害					○	○	

（SAB：肩峰下滑液包，BLH：上腕二頭筋長頭腱）

● 図2-1-3 ● 各種スポーツと肩関節の外傷と障害

(3) 肩関節のスポーツ外傷と障害の評価

　肩関節は四肢関節の中でもっとも大きな運動範囲を持ち，多くの運動範囲をも保持している関節である．しかしその反面，安定性においては同種の股関節などと比較して骨頭と臼蓋（きゅうがい）の構造的関係は軟弱である．肩関節の安定化機構は，静的には関節形状，関節唇，関節包，関節靱帯，関節内圧などである．動的には筋，腱の機能である[4]．よって肩関節の評価では**可動性（モビリティ）**と**安定性（スタビリティ）**としての評価が要求される．

　また別の視点としては**狭義の肩と広義の肩**，さらに体幹や下肢の関係としての評価が重要である．

　広義の肩関節は，肩甲帯をも含めて考えるので関係する骨は，肩甲骨，鎖骨（さこつ），上腕骨である．関節は**肩甲上腕関節，肩鎖関節，胸鎖関節**であり，さらに機能的な関節として**肩甲胸郭（きょうかく）関節，上腕上方関節（第二肩関節）**があげられる．肩関節の大きな運動範囲と，多くの運動方向さらに安定性はこれらの関節の協調された総合的な機能の上に成り立っているもので，特に肩甲胸郭関節の機能すなわち肩甲骨の機能が重要で，その代表的理論が**肩甲上腕リズム**である[5]．

　また肩甲帯は胸郭に付着しているので頸，体幹の機能とも関係し，肘関節以下の末梢（まっしょう）関節との協調性も非常に重要な視点となる．

1） 関節可動域テスト

　日本整形外科学会，日本リハビリテーション医学会で定められている可動域の測定を用い，解剖学的基本肢位を0度とし，その位置からの角度を角度計等を用いて測定する．**他動（パッシブ）運動を主に選択**するが，自動（アクティブ）運動も目的に応じて選択する[6]．

　肩甲帯（胸鎖関節，肩鎖関節，さらに肩甲胸郭関節）での運動は屈曲，伸展，挙上，下制の4種の運動である．

　肩関節（肩甲上腕関節を中心とした広義の肩関節）での運動は屈曲，伸展，外転，内転，外旋，内旋，水平屈曲，水平伸展の8種の運動であるが，**水平位での外旋，内旋，屈曲，伸展**がスポーツ外傷と障害の評価

可動性（モビリティ）
安定性（スタビリティ）

狭義の肩と広義の肩

肩甲上腕関節
肩鎖関節
胸鎖関節
肩甲胸郭関節
上腕上方関節（第二肩関節）

肩甲上腕リズム
　肩甲骨と上腕骨の協調的な運動の表現。

関節可動域テスト

他動（パッシブ）運動を主に選択する

水平位での外旋，内旋，屈曲，伸展

には重要である。各運動の参考可動域は成書を参照されたい。

　可動域の測定に合わせて重要な視点は，コッドマンが述べた肩甲帯と肩甲上腕関節は一定のリズムで運動している**肩甲上腕リズム**が存在することである[3]。これは各運動で存在するが，外転を例に述べると，肩甲帯と肩甲上腕関節の運動比は１：２である。測定中の肩甲帯と肩甲上腕関節のリズムが正しく保たれているか，あるいはどちらかで制限や過剰な運動がなされていないか左右を比較し評価することが重要である。

　さらに他動（パッシブ）運動で可動域の測定を行う場合，痛み（痛みの評価については後述する）の出現があるかどうかと，可動域最終に確認される**抵抗感（エンドフィール）**がどの程度なのかをとらえることが必要である。エンドフィールは骨性の制限をハード，軟部組織性の制限をソフト，靱帯性のファームとして区別すると良い[7]。

　また，頸，体幹，肘関節以下の可動域の測定も行い，肩関節に対する影響がないかを評価することも必要となる。

２）　関節不安定性テスト

　肩関節は骨頭と臼蓋の構造的関係が軟弱であり，外傷や障害を受けやすく，その安定化機構を評価することが重要である。

　まず肩甲上腕関節の下方，前方，後方への不安定性を評価する。下方へは上肢を把持し下方へ牽引し，肩峰下に皮膚の溝が生じるかで判定する。これは**サルカスサイン**と呼ばれ，レントゲン写真で定量化することも可能である。前方，後方へは**アプリヘンジョンテスト**が代表的で，肩関節90度外転・外旋位に上肢を把持し骨頭近くを前方へ押し前方の不安定性を判定する。前方へ押すまでもなく同肢位をとることだけで脱臼感を訴える症例もある。また肩関節90度屈曲，肘関節伸展位に上肢を把持し後方へ押し後方の不安定性を判定する。サルカスサインはたとえ陽性であってもリハビリテーションで改善されやすいが，アプリヘンジョンテストが陽性の場合はリハビリテーションでも難渋する。

　さらに不安定性の評価は肩関節に止めず，全身の関節を評価しておくことが外傷発症機転やリハビリテーションの効果を考える上で重要である。**全身関節弛緩性テスト**は肩，肘，手，股，膝，足，脊柱の関節につ

> 肩甲上腕リズム
>
> 抵抗感（エンドフィール）
>
> 関節不安定性テスト
>
> サルカスサイン
> アプリヘンジョンテスト
>
> 全身関節弛緩性テスト
> 　カーター法など。

いて実施する[6]。

3) 疼痛テスト[8]

問診にて**安静時および運動時**（実際の動作をさせる）にどこに，どのような痛みが，どれほどあるのか情報を得る。さらに運動時痛については，肩関節を全運動方向に運動させて痛みを誘発させてみる。他動的に動かす中で他動時痛を，可動域の最終域でストレッチすることで伸長時痛を，自動的に動かさせる中で運動時痛を，さらに運動方向と逆に抵抗を加える中で収縮時痛を評価する。

また特殊なテストとして**インピンジメントサイン**を判定する疼痛テストがある。他動的に上肢を挙上した中で肩峰を下方へ押したり，他動的に肩関節を屈曲・内旋し上肢を挙上したり，他動的に肩関節を水平内転させたりして判定する。

4) 筋機能評価[9]

肩関節の安定化機構における動的要素でもっとも重要なのは**筋の機能**である。よって**肩関節周囲の筋力**や**筋持久力**の評価が肩の安定性（スタビリティ）を考える上で必要となる。

肩関節の各運動方向への筋力や筋持久力を評価するが，中でも重要なのは外転，外旋，内旋である。

筋力を定量化するには一般には重力や抵抗の量で判定する**徒手筋力テスト**（0から5までの6段階），種々の**ダイナモメータ**，さらにキンコム等の**等速度運動機器**が用いられる。

筋持久力の定量化は上記の手段で同一動作を反復させ評価したり，2-3kgの鉄アレイを保持させその時間で判定している。

先に外転，外旋，内旋が重要であると述べた。それは肩関節周囲筋が一般に表層にある大胸筋や三角筋といった大きな筋（**アウターマッスル**）と深層にある小さな筋（**インナーマッスル**）に区別され，その協調性が肩の安定化に重要であるとされるためである。特にインナーマッスルの機能障害が関節の不安定化を惹起しインピンジメントなどの種々の障害に発展していくことが諸家によって報告されている[10]。

> 疼痛テスト
> 安静時痛および運動時痛
> インピンジメントサイン
> 筋の機能
> 肩関節周囲の筋力
> 筋持久力
> 徒手筋力テスト
> ダイナモメータ
> 等速度運動機器
> アウターマッスル
>   表層にある大きな筋（大胸筋，三角筋）。
> インナーマッスル
>   深層にある小さな筋。

このインナーマッスルは**棘上筋，棘下筋，小円筋，肩甲下筋**といった回旋腱板である。個々の筋についてその作用をみると，棘上筋は肩の外転，棘下筋と小円筋は外旋，肩甲下筋は内旋の各々の主動作筋である。そして全体としての作用は，上腕骨頭を肩甲骨の関節窩へ押しつけ骨頭の下方へのすべりを発揮するものである。よって肩関節の外傷や障害の筋機能評価として，肩関節の外転，外旋，内旋運動の筋力や筋持久力の測定が重要となる。

インナーマッスル
棘上筋
棘下筋
小円筋
肩甲下筋

また別の視点としては狭義の肩と広義の肩としてとらえると**肩甲帯周囲筋（僧帽筋，前鋸筋，菱形筋など）の筋力や筋持久力**，さらに頸，体幹，下肢，肘以下末梢との関係としての筋力や筋持久力評価が重要である。

肩甲帯周囲筋（僧帽筋，前鋸筋，菱形筋など）の筋力や筋持久力

5） パフォーマンステスト（総合評価）

パフォーマンステスト

関節可動域，関節不安定性，痛み，筋力，筋持久力などの機能評価を総合的に実施し，スポーツパフォーマンス低下との関係を捉える必要がある。

図 2-1-4 に筆者らの行っている肩関節機能テストを示す[11]。

腕立て伏せ（回／30 sec）	肘関節0°から90°までの反復動作
上肢の挙上ー下制反復動作（回／30 sec）	肩関節30°外転位での屈曲0°から180°までの反復動作
腹筋耐久時間（sec）	体重の5-10%負荷での体幹屈曲30°保持時間
背筋耐久時間（sec）	体重の5-10%負荷での体幹伸展20°保持時間
上肢負荷保持時間	
肩甲骨面45°挙上位保持（sec）	3 kg 負荷保持時間
側臥位内外旋中間位保持（sec）	3 kg 負荷保持時間

● 図 2-1-4 ● 肩関節機能テスト（大阪市立大学病院スポーツリハ方式）

6） 各種スポーツにおける動作分析

動作分析

外傷や障害の原因となっている各種スポーツ動作そのものを直接あるいはビデオ撮影等によって視覚的に分析する。たとえば野球での投球動作やバレーボールでのアタック動作である。

分析の方法は，身体の各肢節のどこが，いつ，どのような動きをしているか，また各々どのような関係にあるのかを分析する必要がある。動

作の観察と分析には各種スポーツ動作の理解と**バイオメカニクス（身体運動学）**の知識および技術が必要であるが，まずは動作を運動方向の変化や，支持基底面の変化で相に分け動作を観察し，各肢節の関係を分析するとよい。例を挙げると投球動作のコッキング期（図2-1-2）における肘の低下（腕の位置が低い）があり，肩関節の動きを肘関節・手関節で代償しているといった分析ができる。

（4）肩関節のスポーツ外傷と障害のリハビリテーション

基本的な考え方は評価のところでも述べたが，肩関節は静的さらに動的な安定化機構が重要であり，その機能回復をはかり肩関節の可動性（モビリティ）と安定性（スタビリティ）を獲得する目的でリハビリテーションが行われる[12]。

また狭義の肩と広義の肩，さらに頸，体幹，下肢，肘以下末梢との関係としてのリハビリテーションが重要である。

まず，リハビリテーションは画一的（常に一定）に行うのではなく，外傷や障害の時期に応じて適切な方法で対処されることが必要なので，**急性期，亜急性期，回復期，スポーツ復帰時期**に分け方法を述べる。

1）急性期

これは**手術直後，外傷直後，炎症時期2週間程度**と考えられ，肩関節を安静に保つ時期であり，リハビリテーションを開始するについては愛護的に実施する必要がある。

痛みの強い時期であるので，肩関節を安静に保ち痛みを増強させない動作・生活指導，除痛のための物理療法（**アイシング**等），可動域維持のための介助・自動運動，筋力維持のための**等尺性運動**，さらに肩関節以外の頸，体幹，下肢，肘以下末梢，可能ならば肩甲帯の関節可動域，筋力，筋持久力維持改善のための運動が行われる。

痛みの強いこの時期に肩関節の過激な運動を行い，後々まで痛みを持続させることがよくある。これは回復を阻害するので十分に注意することが必要である。下肢等の運動については積極的であっても問題はない。

バイオメカニクス（身体運動学）

急性期
亜急性期
回復期
スポーツ復帰時期
手術直後
外傷直後
炎症時期2週間程度

アイシング

等尺性運動
　関節の動きを伴わない筋収縮のみの運動。

2） 亜急性期

　組織の修復時期であり，安静時や夜間の痛みは軽減し徐々に運動を進めていくことができる。しかし組織の修復を妨げないことが重要であり，痛みを増強させない運動の指導と実施が必要である。物理療法（**超音波やレーザー治療**），可動域改善のための自動介助・自動運動，筋力改善のための抵抗運動，特に肩甲骨周囲筋と肩関節の深層にある小さな筋（**インナーマッスル**）いわゆる**腱板構成筋（棘上筋，棘下筋，小円筋，肩甲下筋）の運動**が重要[12]で，抵抗の量が自己で調整できるゴムチューブ（セラバンドなど）を用いた運動[13]（図2-1-5参照）が，鉄アレイなどの運動よりこの時期には適している。さらに肩関節以外の頸，体幹，下肢，さらに肘以下末梢までの関節可動域，筋力，筋持久力改善のための運動が積極的に行われ，腹斜筋（ふくしゃきん）や腰背筋（ようはいきん）の機能改善の運動が重要である。

> 超音波やレーザー治療
>
> インナーマッスル
>
> 腱板構成筋（棘上筋，棘下筋，小円筋，肩甲下筋）の運動

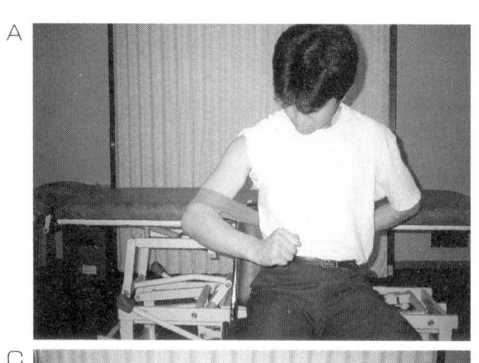
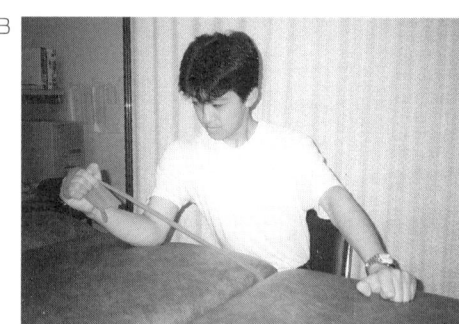

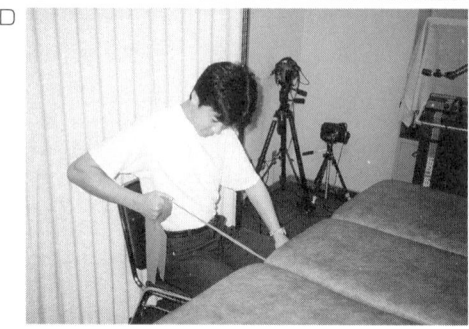

（A：外転運動　B：外旋運動　C：内旋運動　D：伸展運動）
●図2-1-5● ゴムチューブを用いた腱板構成筋の運動

3） 回復期

　痛みは安静時や夜間はないが，運動時に感じる程度に軽減しており，積極的に運動を実施していくことが必要である。内旋―外旋と水平屈曲―伸展を中心とした可動域改善のための**伸長運動（ストレッチ）**，筋力改

> 伸長運動（ストレッチ）

善のための抵抗運動，特に肩甲骨周囲筋さらに肩関節の表層にある大きな筋（**アウターマッスル**）と深層にある小さな筋（**インナーマッスル**）**の協調性のとれた運動**[13]が重要で，ゴムチューブでの運動から徐々に鉄アレイなどを用いた運動や腕立て伏せ（立位での壁を利用した方法より開始）運動を実施する。さらに肩関節以外の全身の筋力，筋持久力改善のための運動がより積極的に行われることが重要である。

> アウターマッスルとインナーマッスルの協調性のとれた運動

4） スポーツ復帰時期

各種スポーツ動作としての運動を合目的に実施し，スポーツ復帰させる。たとえば野球であれば，投球の方法（ロビングから始める）と距離を段階付けて実施していく。またこの時期に外傷や障害を起こしそうな動作が観察されれば，その分析結果に基づき**フォームを修正**していく。

> フォーム修正

最終的なこの時期であっても肩関節のリハビリテーションで特に重要なことは，その**可動性（モビリティ）**と**安定性（スタビリティ）**，さらに体幹や手などの身体全体の関係としてのリハビリテーションが行われることである。

> 可動性（モビリティ）
> 安定性（スタビリティ）

【参考文献】

1) Nicholas J. A., et al, Importance of simplification of motion in sports in relation to performance, *Ort hop Clin N Ame* 8, 1997, pp. 499-532
2) 山本龍二「痛みの対策とスポーツ医学——肩——」『JJSS』12-9，1993年，pp. 547-552
3) 加賀谷圭子ほか「痛みからみるスポーツ障害——肩の痛み——」『臨床スポーツ医学』14-10，1997年，pp. 1083-1096
4) 井樋英二「投球障害肩と復帰——肩の安定化機構——」『臨床スポーツ医学』13-2，1996年，pp. 121-125
5) 衛藤正雄「肩関節のバイオメカニズムと運動療法——キネシオロジー正常と異常——」『臨床リハ』4-1，1995年，pp. 11-16
6) 大久保衛，小林　茂ほか「スポーツ医学に必要な関節機能検査」『診断と治療』82-9，1994年，pp. 245-253
7) 山野慶樹監修，大久保衛ほか『図説関節の動きと筋力の診かた』医道の日本社，1998年，pp. 1-16
8) 山口光国ほか「肩関節周辺の疼痛の評価」『PTジャーナル』29-3，1995年，pp. 161-167
9) 小林　茂ほか「肩関節の筋機能測定の意義」『医道の日本』臨時増刊，1997年，p. 635
10) 筒井廣明ほか「肩関節のバイオメカニズムと運動療法——動揺肩——」『臨床リハ』4-1，1995年，pp. 22-28
11) 小林　茂ほか「バレーボール選手の肩関節機能評価」『理学療法科学』12-2，1997年，pp. 79-83
12) 筒井廣明「投球障害肩と復帰——投球肩障害の保存療法——」『臨床スポーツ医学』13-

2，1996 年，pp.164-168
13）山口光国ほか「肩関節スポーツ障害に対する体操療法」『関節外科』15-12，1996 年，pp.1492-1502

2 上肢・肘

(1) はじめに

　進化の過程において4足歩行から直立2足歩行へと移り変わったときに，上肢・手はぶら下がり移動を主とした作業から解放され，自由な動作・行為が行えるようになった。自由になった上肢は細かい作業を行ったり，物を把握し，それを使用してさまざまな物事が遂行できるようになった。ヒトの前腕から手指の骨格もこれらの作業が効率よく行えるように適応してきた。しかし，ヒトの進化はまだ途中段階であり，全ての運動方向に対して完全に適応できるわけではない。つまり，移動中心の手から手指作業遂行中心の手に適応するために獲得した新しい機能（能力）を使いすぎると上肢・肘周囲に障害を起こしやすくなる。

　スポーツ活動において発生する上肢・肘周囲の傷害・障害は明らかな外傷を除いた場合，一連の全身運動の破綻に伴う二次的な傷害・障害が誘発されて起こることが多い。すなわち，肘関節の機能障害によって痛みを引き起こすことは少なく，むしろ手部，肩，首，体幹などの機能障害を肘関節の機能で代償するために傷害・障害が引き起こされる。したがって，上肢・肘の傷害・障害を評価する場合，手部，肩，体幹までの評価も必要となる。

(2) 上肢・肘の解剖

　肘関節は上腕骨，橈骨，尺骨で形成され，腕尺関節，腕橈関節，近位橈尺関節の3つの関節からなる複合関節である。手部は8個の手根骨，5個の中手骨，14個の指骨からなり，それ以外に種子骨がある（図2-2-1）。手関節は橈骨手根関節，遠位橈尺関節からなる。手根中手関節は4

肘関節
上腕骨
橈骨
尺骨
腕尺関節
腕橈関節
近位橈尺関節
複合関節

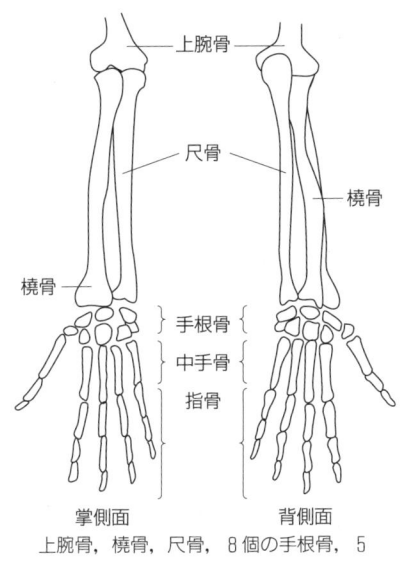

上腕骨，橈骨，尺骨，8個の手根骨，5個の中手骨，14個の指骨からなる。
● 図2-2-1 ● 肘と手の骨格

個の遠位手根骨と5個の指骨からなる。

　上肢・肘の筋肉として，肘を曲げるのに働く肘関節屈筋群，肘を伸ばすのに働く肘関節伸筋群，前腕を内側に捻る前腕回内筋群，前腕を外側に捻る前腕回外筋群，手および手指を曲げる屈筋（掌屈筋）群，手および手指を伸ばす伸筋（背屈筋）群がある。

（3） 上肢・肘の運動学，バイオメカニクス

　上肢・肘の運動は関節ごとに行われる。肘関節は屈曲，伸展，回内，回外の運動を行う。手関節は屈曲（掌屈），伸展（背屈），橈屈，尺屈の運動を行う。親指の手根中手関節は解剖学上屈曲，伸展，内転，外転しか行えないが，筋肉の働きによって**対立（つまむ）運動**が行えるようになっている。中手指節関節は屈曲，伸展，内転，外転の運動を行う（図2-2-2）。

対立（つまむ）運動

　手関節の橈骨面は25〜30°尺側へ，約10°掌側へ傾斜しているので，軽度尺掌屈で**関節面の適合**は安定する。これはチンパンジーなどの類人猿の移動形式の1つであるナックルウォーク時に見られる手関節を想像するとよい（図2-2-3）。この手関節の状態を手関節における発生学的中間位と考える。**発生学的中間位**（図2-2-4）とは関節周辺の筋肉や靱帯，関節包などが全方向に対して緊張の差がない状態のことである。一方，物

関節面の適合

発生学的中間位
　関節周辺の筋肉や靱帯，関節包などが全方向に対して緊張の差がない状態。

肘屈曲　　　肘伸展　　　　　前腕回外　　　前腕回内

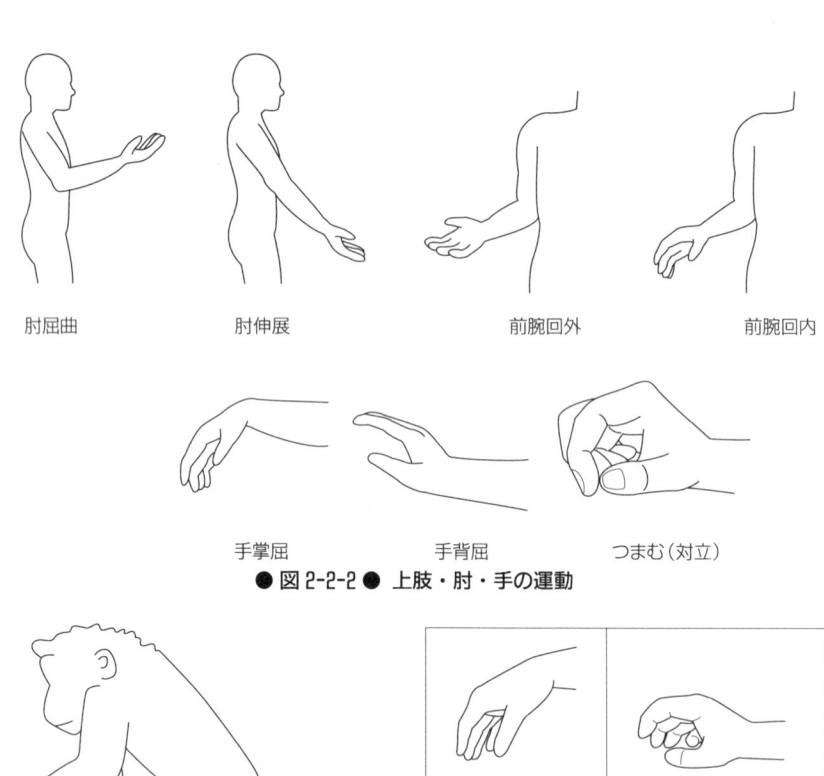

手掌屈　　　手背屈　　　つまむ（対立）

● 図2-2-2 ● 上肢・肘・手の運動

類人猿の移動形式の1つ
● 図2-2-3 ● チンパンジーのナックルウォーク

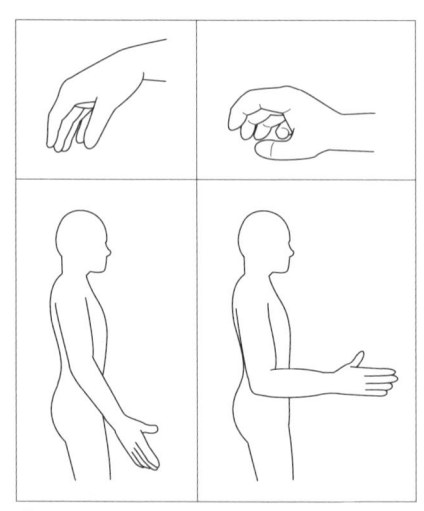

機能的肢位での作業は傷害・障害を引き起こしやすい。
● 図2-2-4 ● 手・肘の発生学的中間位（左）と機能的肢位（右）

の把握やつまむ動作などの**機能的に運動が行える肢位**は手関節が30〜40°の背屈，10°の尺屈位といわれている。この肢位は指の屈筋に適度な緊張を与え，筋力を発揮しやすくする。

　肘関節における発生学的中間位は肘関節が約15°の屈曲位である。一方，機能的に運動が行える肢位は肘関節が90°屈曲し手が垂直面にくるよう前腕回内・外中間位である。このとき，肘関節の屈筋が最大効率で働ける。また，**肘関節の伸筋が最大効率で働ける**のは肘関節が20〜30°屈曲位の場合である。

機能的に運動が行える肢位

肘関節における発生学的中間位

肘関節の伸筋が最大効率で働ける肢位

（4） 上肢・肘の有痛性疾患の分類

　スポーツ中に起こる上肢・肘の問題は急性に起こる外傷・傷害と，使いすぎやくり返し行われる反復動作などの慢性的に起こる障害に分けられる。原因は筋肉疲労，肉ばなれ，打撲傷（だぼく），捻挫，脱臼，骨折などさまざまである。また，それぞれの**重症度**（重症〜中等度〜軽症〜ごく軽症）や**病期**（急性期〜亜急性期〜慢性期〜治り際）でも状態が異なってくるため，それぞれの状態に見合った適切な評価と対応が必要となる。
　上肢・肘の問題にて痛みが起こる状態を大きく4つに分類する。

重症度

病期

1） 運動レベル損傷：急性期，重症

　痛みが激しいために単一の関節を意識的にそして意志的に全神経を集中して，緩慢に運動せざるをえないもの。関節運動に負荷を与えようとすると激しい痛みが出現する。激痛のため上肢・肘を少しでも動かすことができない場合，上肢・肘の屈曲・伸展だけでも痛みが出現する場合がある（図2-2-5）。
　骨折，筋肉断裂，靱帯（じんたい）断裂，関節脱臼・亜脱臼が存在する場合があるので，スポーツ現場では**RICE処置**（R＝Rest：安静，I＝Ice：冷却，C＝Compression：圧迫，E＝Elevation：挙上）のうえ，痛みの軽減する肢位に固定して専門医療機関の受診を勧める。医療機関では骨折，靱帯断裂などがある場合は受傷部位に負担が加わらないように固定もしくは安静処置，鎮痛処置を行う。重症の場合は手術が適応になることもある。関節脱臼・亜脱臼の場合は整復処置が施される。この処置の後でも**関節の位置関係**に**遊び運動**の視点での軽微なズレがみられることが多く，放置しておくと慢性的な関節症に陥ることがある。したがって，関節の位置関係をX線画像所見上の診断にとどまらず，ジョイントモビリゼーションの視点で正確に把握し，必ず正常の位置関係に戻しておくことが必要となる。受傷日もしくは1〜2日以内に専門家による処置（整復）を行う。その後，**損傷部位の自然治癒**を目的にして，筋機能の改善，関節機能の改善を図りつつ，次の動作レベル損傷状態へと導く。

運動レベル損傷

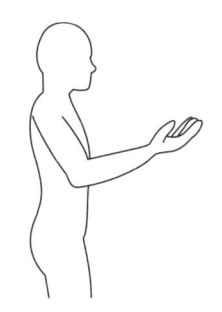

肘の屈曲運動

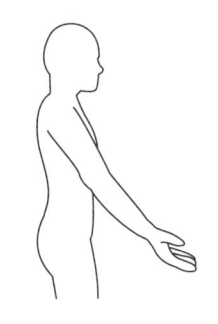

肘の伸展運動
● 図2-2-5 ● 運動レベル

RICE処置（R＝Rest：安静，I＝Ice：冷却，C＝Compression：圧迫，E＝Elevation：挙上）
関節の位置関係
遊び運動
損傷部位の自然治癒

第2章　部位・疾患別リハビリテーション

2） 動作レベル損傷：急性期〜亜急性期，中等度

坐位など下半身を安定させた状態での上肢・肘における複数の関節運動を一肢全体の運動として同時に半ば意識的に半ば無意識的に行う時に，ある特定の部位に痛みが出現するもの。坐位でのある課題（動作）を遂行する途中で痛みが出現するために，課題遂行が不能あるいは極めて困難と訴える。重力を負荷した状態にすると痛みが出現する。痛みを起こす動作として下半身が安定した状態での上肢・肘の単一関節運動としての屈曲，伸展動作は可能であるが，上肢の挙上や物をつかみに行く動作にて痛みが出現する場合がある（図2-2-6）。

骨損傷，靱帯不全断裂，関節亜脱臼，捻挫，打撲傷などが存在する場合がある。競技・練習は一次中断し，早期に医療機関の受診を勧める。損傷した部位に関連する筋肉と血行に対する処置を的確に進める。筋肉機能の改善，関節機能の改善を図りつつ，次の行為レベル損傷状態へと導く。

動作レベル損傷

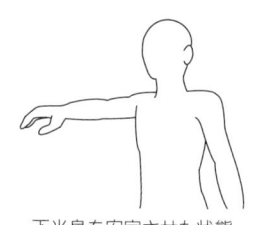

●図2-2-6● 動作レベル
下半身を安定させた状態

3） 行為レベル損傷：慢性期，軽症

重力負荷〜抵抗負荷のある状態で，一肢運動を含めて全身の関節運動を半ば無意識的に行う時に，ある特定の部位に痛みが出現するもの。課題遂行のための各動作は可能である。しかし，その行為中に疼痛が出現し，行為の作業能率の低下，作業成績の低下，作業の継続困難を訴える。痛みが発現する動きは重心が変化していく全身運動である。痛みを起こす動作として重量物挙上，運搬動作にて痛みが出現する場合がある。

筋肉緊張不均衡，靱帯損傷（軽度），捻挫（軽度），関節不安定症，打撲傷，**使いすぎ症候群**などが存在する場合がある。練習内容や姿勢などの要因が影響する。**関節包内運動，ストレッチ体操，筋力増強訓練**などの筋肉機能の改善，関節機能の改善を試みながら全身運動の改善を行いつつ，次のスポーツレベル損傷状態へと導く。

行為レベル損傷

使いすぎ症候群
関節包内運動
ストレッチ体操
筋力増強訓練

4） スポーツレベル損傷：治り際，ごく軽症

重力負荷〜抵抗負荷のある状態で，重心地点を移動しつつ全力を挙げて全身の関節運動を，完全に無意識的に行う時に，ある特定の部位に痛

スポーツレベル損傷

みが出現するもの。スポーツや激しい労働の継続困難を訴える。重心が前後〜左右〜回旋〜上下方向に移動する全力全身運動で疼痛が出現する。痛みを起こす動作としてスポーツ行為中に痛みが出現する場合，スポーツを終えたのちに痛みが出現する場合がある（図2-2-7）。

　筋肉緊張不均衡，関節不安定症，打撲傷，使いすぎ症候群，気落ちなどが存在する場合がある。練習内容や姿勢などの要因が影響する。ストレッチ体操，筋力増強訓練を中心に全身の機能向上を図る。また，練習の内容・量の検討，姿勢の改善を図る。

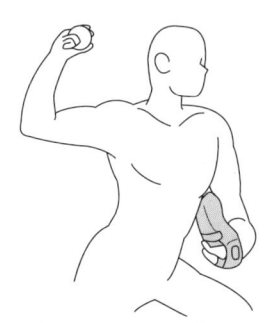

●図2-2-7● スポーツレベル投球動作

（5）上肢・肘の有痛性疾患の評価と対応

　スポーツ現場では痛みの「原因」または「病名」の探索や，「原因」または「病名」ごとの対応よりも出現している症状をあるがままに評価し，それに素直に対応する方法が適当である。症状・所見・病態生理学的原因は多彩ではあるが，まず痛みに注目し，この痛みを発現する部位，痛みを引き起こす関節運動，痛みを発現する動きの分析へと進み，この分析に基づき対応を行う。筆者らは以下のように評価と対応を進めている（図2-2-8）。

1）問診
　受傷機転，既往歴，スポーツ種目，痛みが発現する部位・関節運動・関節運動方向・程度などなるべく詳しく問診する。

2）視診・触診
　腫脹・発赤・皮膚色・発汗異常などの皮膚状態や**筋萎縮・変形**などの受傷部位の確認を行う。

腫脹
発赤
皮膚色
発汗異常
筋萎縮・変形
バイタルサイン

3）バイタルサイン
　コンタクトスポーツの現場または受傷後に対応する時，痛みを起こしている部位のみにとらわれずに一見して明確な損傷部位以外の症状・所見を観察および把握する必要がある。**体温・脈拍・呼吸・血圧・意識障害**などの確認を行う。

体温
脈拍
呼吸
血圧
意識障害

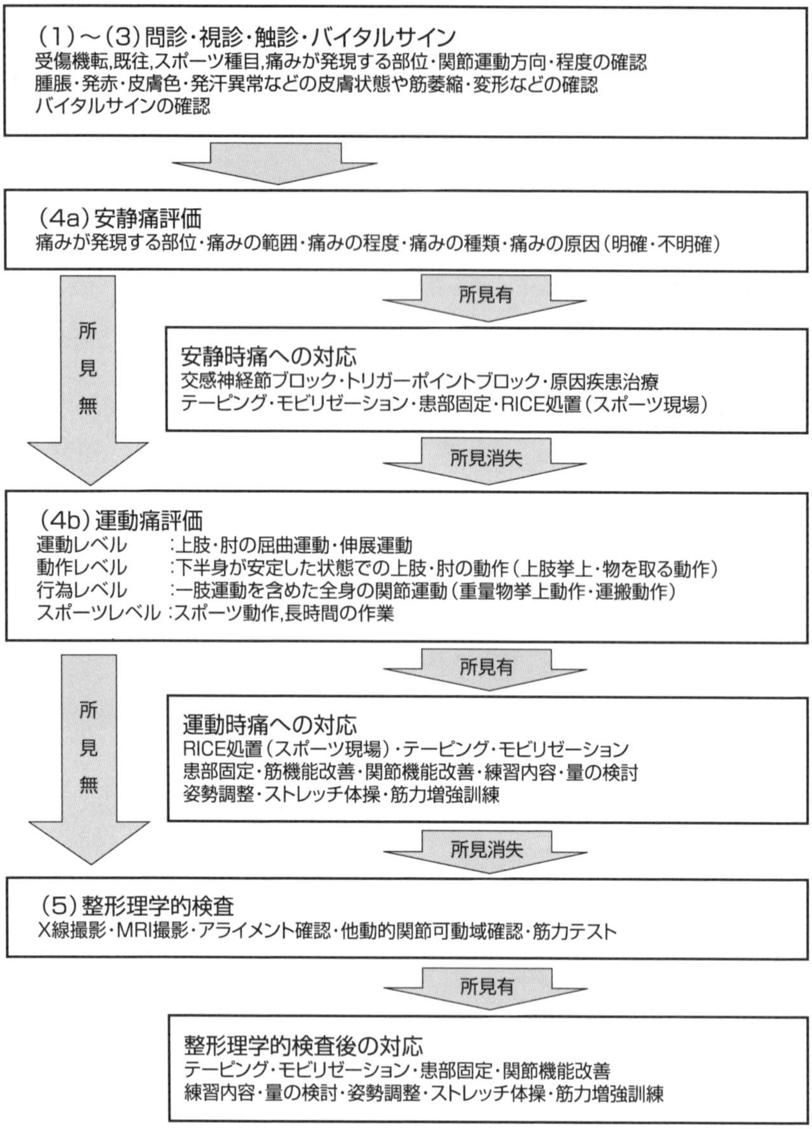

```
┌─────────────────────────────────────────────────────┐
│ (1)～(3) 問診・視診・触診・バイタルサイン              │
│ 受傷機転,既往,スポーツ種目,痛みが発現する部位・関節運動方向・程度の確認 │
│ 腫脹・発赤・皮膚色・発汗異常などの皮膚状態や筋萎縮・変形などの確認     │
│ バイタルサインの確認                                 │
└─────────────────────────────────────────────────────┘
                         ↓
┌─────────────────────────────────────────────────────┐
│ (4a) 安静痛評価                                      │
│ 痛みが発現する部位・痛みの範囲・痛みの程度・痛みの種類・痛みの原因(明確・不明確) │
└─────────────────────────────────────────────────────┘
       │                    所見有 ↓
       │         ┌──────────────────────────────────┐
   所見無│         │ 安静時痛への対応                   │
       │         │ 交感神経節ブロック・トリガーポイントブロック・原因疾患治療 │
       │         │ テーピング・モビリゼーション・患部固定・RICE処置(スポーツ現場) │
       │         └──────────────────────────────────┘
       │                    所見消失 ↓
       ↓
┌─────────────────────────────────────────────────────┐
│ (4b) 運動痛評価                                      │
│ 運動レベル    ：上肢・肘の屈曲運動・伸展運動            │
│ 動作レベル    ：下半身が安定した状態での上肢・肘の動作(上肢挙上・物を取る動作) │
│ 行為レベル    ：一肢運動を含めた全身の関節運動(重量物挙上動作・運搬動作) │
│ スポーツレベル：スポーツ動作,長時間の作業              │
└─────────────────────────────────────────────────────┘
       │                    所見有 ↓
       │         ┌──────────────────────────────────┐
   所見無│         │ 運動時痛への対応                   │
       │         │ RICE処置(スポーツ現場)・テーピング・モビリゼーション │
       │         │ 患部固定・筋機能改善・関節機能改善・練習内容・量の検討 │
       │         │ 姿勢調整・ストレッチ体操・筋力増強訓練 │
       │         └──────────────────────────────────┘
       │                    所見消失 ↓
       ↓
┌─────────────────────────────────────────────────────┐
│ (5) 整形理学的検査                                   │
│ X線撮影・MRI撮影・アライメント確認・他動的関節可動域確認・筋力テスト │
└─────────────────────────────────────────────────────┘
                         所見有 ↓
          ┌──────────────────────────────────┐
          │ 整形理学的検査後の対応              │
          │ テーピング・モビリゼーション・患部固定・関節機能改善 │
          │ 練習内容・量の検討・姿勢調整・ストレッチ体操・筋力増強訓練 │
          └──────────────────────────────────┘
```

● 図2-2-8 ● 上肢・肘の評価ダイヤグラム

4) 動作評価と対応

　重症度の高い動作から確認する。重症の段階で痛みが出現した場合は次の段階の対応には進まない。対応は筋肉と関節，血行に対する処置を的確に進めることが必要である。筆者らは関節運動に関するテーピング，関節運動に関する筋肉のストレッチ，関節の遊び運動を確保する体操を主体に行っている。テーピングに関しては関節運動の制限を目的とする

従来のスポーツテーピング以外にも，関節運動に関係した筋肉の活動を向上させ，運動の支持を確保する目的で行うテーピング（図 2-2-9）も使用している。重症例や急性期は痛みを軽減する肢位での固定が必要な場合もある。

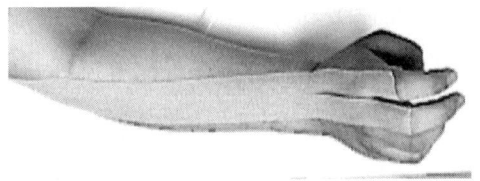

手根骨の掌側偏位を防止する目的で貼付するテープ。
● 図 2-2-9 ● 橈骨手根関節亜脱臼防止テープ

　まず痛みが発生する箇所または関節部位においてもっとも強い痛みを発生する部位とその痛みの発生する方向を確認する。ついでその方向と反対の方向へその関節を保持する。その際，ストレッチされている筋肉に対して伸縮性粘着テープをやや引っ張り気味に貼付する。さらにその状態で痛みを発生する部位とその方向を確認して，上記のテーピングを繰り返していく。テーピングやストレッチを行った後，体操を行う。痛みが減少し，その関節の可動域が改善した段階で，その関節の正常な位置関係を改善させる微妙な処置（モビリゼーション）を行う。

5）整形理学的評価

　X 線撮影により骨損傷，骨配列異常などを確認する。X 線検査では骨傷，その他が認められない場合でも症状・所見が疑わしい場合，必要に応じて MRI 撮影を行い，**軟部組織損傷**や**骨梁骨折**などの確認を行う。

軟部組織損傷
骨梁骨折

（6）上肢・肘に出現する痛み

　上肢・肘の回りに出現する痛みは，運動の分類として何もしていなくても痛みが出現する**安静時痛**と，動かしたときに痛みが出現する**運動時痛**に分けられる。安静時痛が出現している場合，内臓損傷，神経損傷，脳損傷，重度な骨折などが隠れている場合があり，安静時痛のあるときは原因がはっきりするまではスポーツを控え医療機関への受診を勧める。

安静時痛
運動時痛

　また，範囲の分類として，上肢の**広範囲に出現している痛み**とある一部分だけ出現している**限局性の痛み**の 2 つに分けられる。

広範囲に出現している痛み
限局性の痛み

　広範囲に出現している痛みは，上肢・肘より近位の部位の影響，つまり頸椎や肩甲帯由来の関連性の痛みである場合が多く，上肢・肘に限らず頸部から肩甲帯の機能の評価が必要となる（図 2-2-10）。また，RSD（Reflex Sympathetic Dystrophy：反射性交感神経萎縮症）

RSD（Reflex Sympathetic Dystrophy：反射性交感神経萎縮症）

でも広範囲に痛みが出現することがある。RSDは急激で強烈な痛みが発現した場合や，痛み刺激（侵害刺激）がくり返し引き起こされた場合に発生する。これは侵害刺激が脊髄反射，交感神経反射を介して傷害を受けた部位に関連した筋肉を緊張させたり，細動脈を収縮させ血行を悪くさせる。その結果，筋肉の萎縮，血行不良，浮腫，皮膚異常（皮膚発赤・光沢），冷感，発汗異常，風が吹いただけでも痛くなるなどのやっかいな諸症状を引き起こす。この場合は，体に侵害刺激が伝わらないように損傷部位の安静・保護を行う必要がある。決して無理に練習・試合を続けてはいけない。

限局性の痛みはさまざまな理学的評価およびX線，MRIなどの画像評価により骨や関節の状態が詳細に検討される。

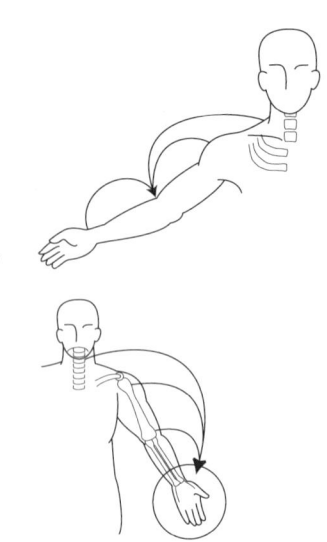

上肢・肘より近位の部位の影響により痛みがでる場合がある。
● 図2-2-10 ● 上肢・肘への関連痛
出典：ジェフリー・グロスほか著，石川 斉ほか訳『筋骨格系検査法』医歯薬出版，1999年，p.206, 264

（7） 肘の外側の痛み

テニスを行っているときに傷害・障害を起こしやすいことからテニス肘（バックハンドテニス肘）という総称がつく場合もある。実際には手指の伸筋群の付着部で起こる上腕骨外側上顆炎，離断性骨軟骨炎，橈骨頭骨折などがある。

ほとんどの場合，手関節の機能的肢位である背屈で，さらに橈屈した状態でラケットなどの道具を握っていることから手関節の機能障害を引き起こしている（図2-2-11）。その結果，手指の伸筋群の運動効率が低下し，筋肉そのものが疲労，損傷あるいは炎症を引き起こす。さらに練習を継続するとその筋肉（主に総指伸筋あるいは長短橈側手根伸筋）がつく上腕骨外側上顆部で炎症が発生し痛みが強くなる。この場合，上腕骨外側上顆を押さえただけでも痛みが発生する。

一方，前腕の回外の反復動作でも痛みが発生する場合がある。動作をくり返した場合，手関節（橈骨手根関節および遠位橈尺関節）の機能障害に伴い，近位橈尺関節の機能障害も引き起こす。その結果，橈骨頭を取り巻く回外筋に負担が加わり，回外筋損傷を引き起こす場合がある。このときは回外動作で疼痛が出現す

手関節の機能的肢位である背屈・橈屈した状態でラケットを握る。
● 図2-2-11 ● テニスのラケットの握り方

(8) 肘の内側の痛み

野球肘やテニス肘（フォアハンドテニス肘）と総称されることもある。実際には手指の屈筋群の付着部で起こる上腕骨内側上顆炎，前腕屈筋群起始損傷，内側側副靱帯(ないそくそくふくじんたい)損傷，肘部管(ちゅうぶかん)症候群などがある。

前腕の回内の反復動作で痛みが発生する場合がある。投球動作のように手首のスナップでみられる手関節の背屈から掌屈への運動のくり返しにより，手関節の機能障害が発生する。その結果，手指の屈筋群の運動効率が低下し，筋肉そのものが疲労，損傷あるいは炎症を引き起こす。さらに練習を続けるとその筋肉（主に**円回内筋**）がつく**上腕骨内側上顆部で炎症が発生**し痛みが強くなる。この場合，上腕骨内側上顆を押さえただけでも痛みが発生する。

円回内筋
上腕骨内側上顆部での炎症発生

(9) 肘の屈側（前部）の痛み

上腕二頭筋腱付着部の損傷や断裂などがある。近位橈尺関節の機能障害を伴っていることが多い。

(10) 肘の伸側（後部）の痛み

上腕三頭筋腱炎，離断性骨軟骨炎，肘頭粘液包炎，肘頭骨端線離解などがある。上腕尺骨関節の機能障害を伴っていることが多い。

(11) 手の橈側（母指側）の痛み

長母指伸筋腱腱鞘炎，長母指外転筋腱腱鞘炎，ガングリオン，橈骨末端部骨折，舟状骨骨折などがある。

ほとんどの場合，手関節の機能的肢位である背屈で，物を把握した状態が長期間反復されると，母指の手根中手関節および橈骨手根関節の機能障害を引き起こす。場合によっては**関節亜脱臼（関**

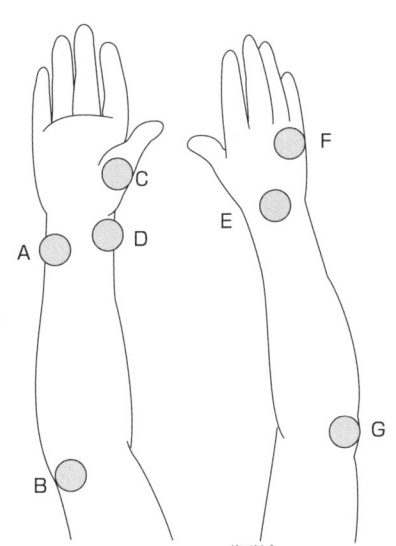

A：遠位橈尺関節機能障害，尺骨茎状(けいじょう)突起骨折，三角線維軟骨損傷，B：上腕骨内側上顆炎，C：親指弾撥指，親指中手指関節機能障害，D：長母指伸筋腱腱鞘炎，長母指外転筋腱腱鞘炎，橈骨骨折，E：橈骨手根関節機能障害，ガングリオン形成，F：ボクサー骨折（小指中手骨骨折），G：上腕骨外側上顆炎

● 図2-2-12 ● 前腕における痛みの好発部位

節の位置関係の不調和）がみられる場合もある。その結果，母指の伸筋もしくは外転筋の運動効率が低下し，腱鞘部において力学的に摩擦が発生するようになる。これをくり返すためにそれぞれの腱と腱鞘との間に炎症が発生し**腱鞘炎**が形成される。急性期は関節が良肢位の状態で安静を必要とするが，急性期を過ぎた後は腱鞘部の力学的負担を軽減させながら，関節の機能改善を図る必要がある。

　骨折の場合，手部の骨はX線画像でははっきり見分けがつかない場合がある。MRI画像での確認が必要となる場合もあり，素人判断は危険である。

関節亜脱臼
　関節の位置関係の不調和。

腱鞘炎

(12) 手の尺側（小指側）の痛み

　有鈎骨骨折，豆状骨骨折，尺骨茎状突起骨折，三角線維軟骨損傷，遠位橈尺関節機能障害などがある。

　骨折の場合，手部の骨はX線画像でははっきり見分けがつかない場合がある。MRI画像での確認が必要となる場合もあり，素人判断は危険である。

(13) おわりに

　上肢・肘の傷害・障害の場合，広範囲で痛みが発生している場合は頸椎および肩関節の評価をまず行う。限局性の痛みが発生している場合は手部の評価をまず行う。局所にとらわれず全体の状態をみる習慣が必要となる。

【引用文献・参考文献】
1）有川　功，小崎利博『ダイヤグラムによる筋骨格系疾患のテープ医療』［第3版］有川整形外科医院付属整形医学研究所，2001年
2）有川　功『整形理学療法のあゆみ　系統発生』有川整形外科医院付属整形医学研究所，2001年
3）ジェフリー・グロスほか著，石川　斉ほか訳『筋骨格系検査法』医歯薬出版，1999年
4）島津　晃『キネシオロジーよりみた運動器の外傷』金原出版，1999年
5）デビッド・マギー著，岩倉博光ほか訳『運動器疾患の評価』医歯薬出版，1990年
6）デビッド・ランバード編，河合雅雄訳『図説　人類の進化』平凡社，1993年
7）寺山和雄，片岡　治『肘と手・手関節の痛み』南江堂，1997年
8）中嶋寛之『スポーツ整形外科学』南江堂，1987年

3 頸　部

(1) 頸部の機能解剖

1) 頸椎

頸椎は椎骨と呼ばれる7つの骨からなる（図2-3-1）。

第1頸椎と第2頸椎は上位頸椎と呼ばれ，形態的に特異な形をしている。第1，第2頸椎では頭部の回旋運動の大半と屈伸運動が行われる。

第3～第7頸椎は下位頸椎と呼ばれ，椎骨の前方部は椎体から，後方部は椎弓と骨の突起（棘突起，横突起，関節突起など）からなる。全方向への可動性をわずかにもっている。

頭蓋骨底と第1頸椎と第2頸椎間を除く全ての椎体の間は椎間板と呼ばれる弾力のある軟骨で連結され，連結した椎弓からなる脊柱管内に脊髄をおさめて打撲などの直接的外力から保護している。この他に連結し

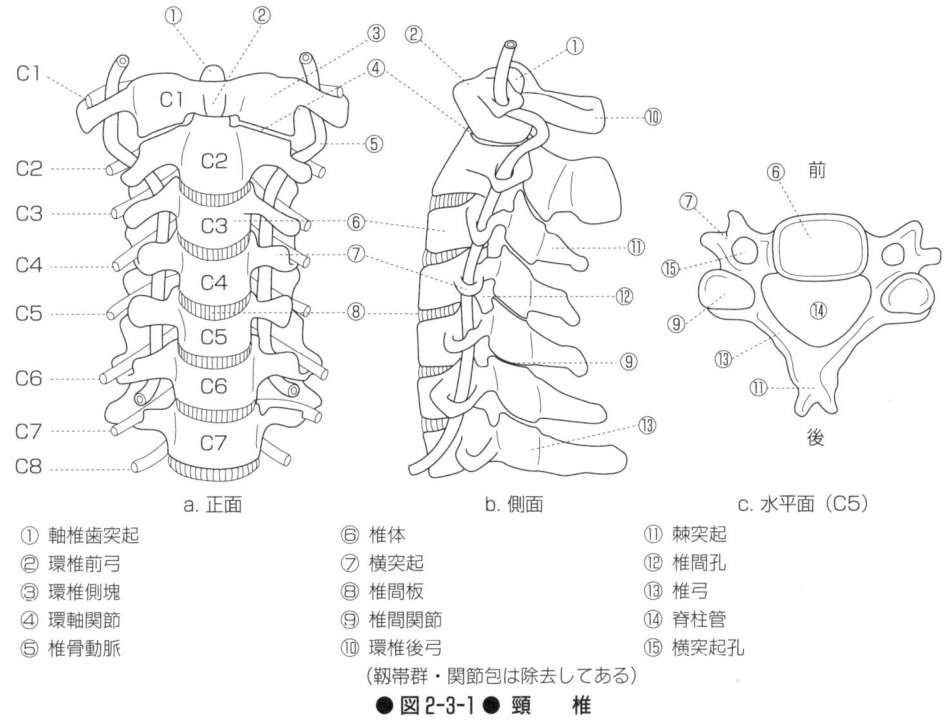

① 軸椎歯突起　⑥ 椎体　⑪ 棘突起
② 環椎前弓　⑦ 横突起　⑫ 椎間孔
③ 環椎側塊　⑧ 椎間板　⑬ 椎弓
④ 環軸関節　⑨ 椎間関節　⑭ 脊柱管
⑤ 椎骨動脈　⑩ 環椎後弓　⑮ 横突起孔

（靱帯群・関節包は除去してある）

● 図2-3-1 ● 頸　椎

出典：寺山和雄ほか『標準整形外科学』[第7版] 医学書院，1999年，p.390より一部改変

ているのが前縦靱帯，後縦靱帯，黄色靱帯，棘間靱帯などである。

2） 頸部の筋

頸椎の伸筋として，頭板状筋，頭最長筋などの脊柱起立筋ならびに肩甲挙筋，僧帽筋などがある。屈筋としては，胸鎖乳突筋，斜角筋などがある（図2-3-2）。

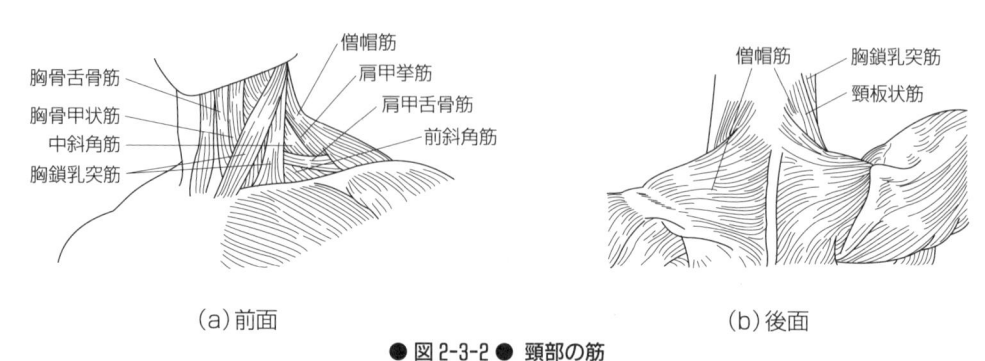

● 図2-3-2 ● 頸部の筋
出典：中村隆一ほか『基礎運動学』[第4版] 医歯薬出版，1992年，p.239より一部改変

（2） 頸部の外傷・障害

1） 頸部捻挫

頸部への急激な外力（軸圧，屈伸，回旋）により生じる頸椎周囲の軟部組織（筋，筋膜，靱帯）のみの損傷をいい，骨折や脱臼，脊髄症状を認めないものをいう。コンタクトスポーツ（ラグビー，アメリカンフットボールなど）に多く発生する。

主症状は，頸部の運動痛と運動制限であり，上肢の放散痛やしびれなどの神経症状は伴わない。

① 伸展損傷

頸部の後屈による伸展損傷では，前頸部にあたる胸鎖乳突筋，斜角筋の伸張痛や圧痛，後頸部にあたる頸椎棘突起部の圧痛を認める。いわゆる**"鞭打ち損傷"**も，**伸展損傷**に含まれる。

鞭打ち損傷
伸展損傷

② 屈曲損傷

頸部の前屈による屈曲損傷では，後頸部の頸椎棘突起部や脊柱起立筋の伸張痛や圧痛を認める。

2） 頸椎症性神経根症

　ラグビーやアメリカンフットボールなどの競技は，頸部に多大な負荷が反復して加わる。このため競技年数が長くなるにつれ頸椎症性変化を生じるとの報告がある。頸椎は頸椎症性変化に伴い不安定性が生じると考えられる。頸椎捻挫ですむような頸部の外傷も，頸椎の不安定性により，容易に椎間孔が狭窄され神経根を圧迫しやすくなると考えられている。これが外傷性の頸椎症性神経根症の発生機序と考えられる。

　症状は，タックルなどにより頸から肩，上肢にかけての放散痛やしびれ感が出現する。

3） 腕神経叢損傷（バーナー症候群）

　コンタクトスポーツ（ラグビー，アメリカンフットボールのタックルやブロック，レスリングの投げ，相撲）で，頭や肩から当たった瞬間に過度な首の側屈により反対側の腕神経叢が引き伸ばされて起こる。また首の側屈した側に発生する場合があり，このときの発生機序は椎間孔部での神経根の急激な圧縮，ピンチによるものである（図2-3-3）。

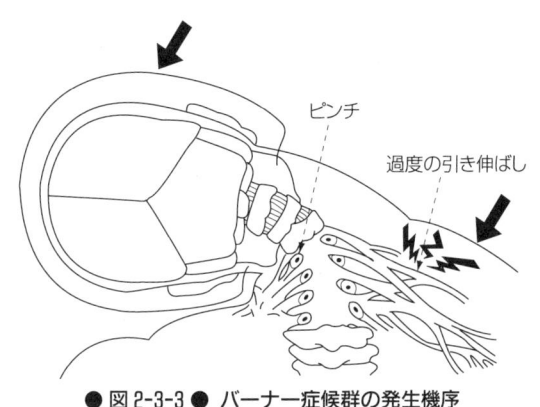

　症状は，肩から上肢にかけて電激痛（灼熱感；バーナー）やしびれが出現する。バーナー症候群の多くは受傷後数分で回復するが，3，4週間～数ヵ月続く場合もある。肩から上肢の筋力低下や麻痺があるが，一般的には徐々に回復し，予後は良好である。

● 図2-3-3 ● バーナー症候群の発生機序
出典：若野紘一ほか「スポーツ外傷における頸部外傷」MB Orthop, 7(4), 1998年, p.70

4） 中心性脊髄損傷

　過伸展損傷によって起こることがある。変形性頸椎症のある場合，脊柱管が狭窄しており，突然の頸部の過伸展で前方の骨棘と後方の黄色靱帯の間で脊髄が圧迫されて発症する。変形性頸椎症は中年の人に多いが，ラグビーやアメリカンフットボールなどの若い選手にも起こる。

　症状は，脊髄中心部の細胞の損傷により下肢にくらべて上肢に強い運

動麻痺が生じる。膀胱直腸機能障害，知覚異常を伴う。下肢の運動・感覚機能は回復することが多いが，手の運動機能の回復度は悪い。

(3) 頸部の外傷・障害のリハビリテーション（理学療法）

頸部の外傷・障害は，頸椎が1回もしくはくり返される多大な負荷により過屈曲や過伸展が引き起こされて起きる。頸椎の脱臼・骨折や頸髄損傷（四肢麻痺）のような重篤な頸部外傷を除くと，いずれも頸椎捻挫を伴って起こる外傷・障害と考えられる。頸椎捻挫は軽視されがちであるが，頸部の外傷・障害の中ではリハビリテーションの基本となる。そこで，頸椎捻挫のリハビリテーションについて大まかに受傷直後，急性期，亜急性期，慢性期，競技復帰期の5期に分けて説明する。

1） 受傷直後

受傷直後は頭部外傷や頸髄損傷との鑑別が重要となるが，頸部を損傷して倒れている選手を無造作に動かさないようにする。前頸部からの出血，急速な腫脹（腫れ）の出現，吐血，意識低下などがある場合には，医師の判断を仰ぐか救急車で医療機関への搬送を行う。

上記のような損傷のない，頸椎捻挫であっても軽視せず，後から痛みが増強したり血栓ができたり，神経損傷が起こることもあり，**安静とアイシング**を行うようにする。安静固定には軟性の**頸椎カラー**を用いるとよい。頸部損傷を起こすことの多いスポーツに携わるトレーナーは，普段から頸椎カラーを準備しておくとよい。

安静とアイシング

頸椎カラー

2） 急性期（受傷後1～3週間：保護期）

この時期は，安静を中心として軟部組織（筋肉，靱帯）での出血の防止と腫脹の軽減・除去を目的とする。必要であれば頸椎カラーで頸部を1～2週間固定し，速やかに外傷性の炎症を消失させる。

しかし，この時期の後半からは頸部以外のトレーニング（いわゆる患部外トレーニング）は行っておく。主目的は，持久力の維持とし，頸部に負担のかからない自転車エルゴメーターによる有酸素運動やランニングを行う。

3） 亜急性期（受傷後3〜6週間：回復期）

　頸部周囲筋の疼痛軽減，血流改善を目的とする。理学療法ではホットパックなどの温熱療法や頸椎牽引を併用すると効果的である。頸部周囲筋の筋力トレーニングは，関節の運動を伴わない等尺性運動（図2-3-4）から開始する。頸椎過伸展による損傷が多いため，頸部屈曲筋の強化を中心に伸展筋，側屈筋も強化する。頸部屈曲筋の強化では，顎が前に出ないように注意する。負荷は頸部に疼痛が起こらない範囲で力を加える。収縮時間は5〜6秒とする。10回を1セットとし，頸部痛が出現しなければ2〜3セット行うようにする。

　関節可動域運動は，可能な限り正常な範囲まで可動させることが最終目的であるが，痛みが強い場合は無理をしない。また受傷肢位の方向への可動や等尺性運動で筋力トレーニングしている間は可動域運動は控え目にするほうがよい。関節可動域運動の流れとして，自動（自力で動かす）運動，自動介助（自力に加え，他からの力を借りて動かす）運動へと移行する。

　患部外トレーニングとして，腹筋・背筋運動や上下肢の筋力トレーニングを積極的に取り入れ体力低下を予防する。腹筋・背筋運動は頸部周囲筋群の収縮を促すため，間接的な頸部筋のトレーニングにもなる。

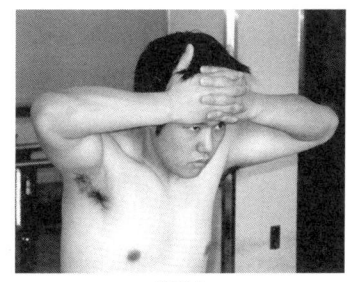

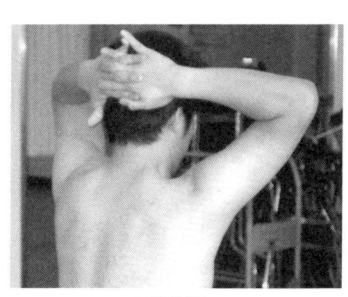

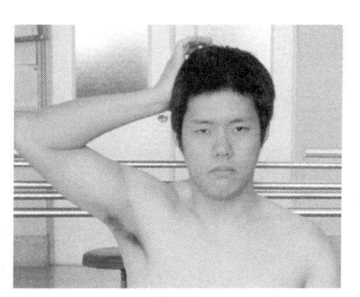

①屈曲　　②伸展　　③側屈

● 図2-3-4 ● 頸部の筋力トレーニング（等尺性運動）

4） 慢性期（受傷後6週間〜：強化期）

　亜急性期の治療の継続と競技復帰の準備に入る。

　筋力トレーニングは，等尺性運動から関節の動きを伴う等張性運動へと移行し，徐々に負荷の強度を上げていく（図2-3-5）。強度は原則としてトレーニング後や翌日に頸部痛が出現したり，増強しない程度とする。

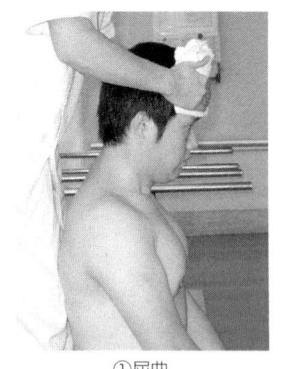

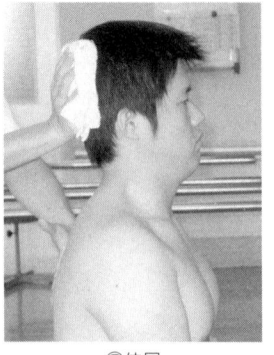

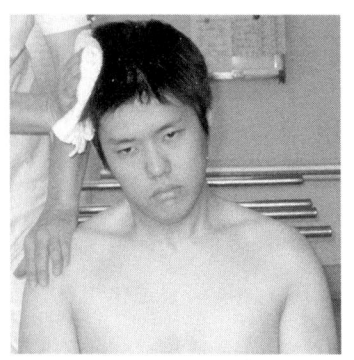

①屈曲　　　　　　　　②伸展　　　　　　　　③側屈
● 図 2-3-5 ● 頸部の筋力トレーニング（等張性運動）

　関節可動域運動は，全ての運動方向に行い，正常可動範囲まで獲得させる。

　この時期からは受傷部位と身体全体を複合させた運動として，競技種目別のトレーニングに対応していく。ラグビーやアメリカンフットボールのタックル，ブロックに入る姿勢では頭を下げず，かつ顎（あご）を引いて肩を下げる。肩を下げる動作は顎を引く動作を容易にし，体幹筋群との同時収縮も容易にするため全身の固定性が高まる。こうしてタックルする瞬間に身体を固める練習をする。まず頸部周囲筋と体幹筋群の同時収縮を意識して行えるようにし，徐々に外的な刺激や実際のコンタクト（タックルやブロックなど）に対しても俊敏に同時収縮できるようにしていく。

5） 競技復帰期

　競技復帰は受傷時の程度によって異なる。

　受傷直後でもしびれや痛みがすぐに消失し，頸部の可動域制限や運動痛がなくて筋力低下も認められない場合だけ，すぐに競技復帰可能である。しかし，試合もしくは練習後には，医療機関を受診して異常のないことを確認しておくべきである。

　ある一定期間，治療を受けた後は，しびれや知覚障害などの神経症状が消失していることが絶対条件であり，そのうえで頸部痛や頸部周囲筋の筋力，関節可動域が十分回復していることである。再受傷予防のためにもむやみに早期復帰を狙わず，前述のようにコンタクトする瞬間の身

体操作の練習を徹底的に行うべきである。

（4） おわりに

　頸部の損傷はスポーツ外傷・障害の中でも頻度は少ないが，もっとも重篤で悲惨な結果を伴う危険性にさらされている。頸部の外傷・障害がなぜ起こるのかなどの医学的知識に加えて，救急時の搬送態勢などのシステム作りもトレーナーにとって重要な役割である。このためトレーナーは練習および試合中に頸部の外傷・障害が起きた場合，それに対応できる近隣の医療機関を確認しておくことが重要である。

【参考文献】
1）若野紘一「頸部」『日本体育協会アスレティックトレーナー専門科目テキスト』(財)日本体育協会，1998年，pp.245-251
2）近藤総一ほか「ラグビーにおける頸部外傷・障害」『日本整形外科学会誌』10，1991年，pp.45-53
3）武藤芳照ほか『スポーツトレーナーマニュアル』南江堂，1996年，pp.238-248
4）阿部　均ほか「頸椎捻挫のリハビリテーション」『臨床スポーツ医学』Vol.16，1999年，pp.1287-1295

4　腰　部

（1） はじめに

　腰部はスポーツ障害の好発部位である。これはスポーツ動作の力学的ストレスが腰部に集中するためである。腰椎椎間板におよぶ圧迫力は座位で上半身の重さの3倍，ジャンプでは6倍以上に達するといわれている。スポーツ活動になると，屈曲，捻転，および側屈の重複運動による大きなストレスが椎間板に加わる。椎間板の加齢変化は，20代より髄核に小亀裂や基質の破壊や壊死がみられ，30代では線維輪に破壊が起こり椎間板の強度が低下し，40～60代では40歳未満の約55％に，60歳以上では45％以下に落ちるといわれている。日本学校健康会統計(平成5年)によると，腰痛の発生頻度は，小学生11.9％，中学生19.4％，高校生

22.4％で，スポーツ活動のレベル向上による発生増加が示唆される。植山の報告によると発育期腰部障害は終板障害28.8％，分離症・すべり症29.0％，椎間板ヘルニア10.8％，いわゆる腰痛症31.5％である[3]。

ここではスポーツによる腰痛に関連する解剖，多発する腰痛の種類，診断・治療の概略について述べる。

(2) 腰部の解剖

腰椎は5個の椎骨からなる。椎骨は椎体と椎弓からなり，椎弓は上下の関節突起，横突起，棘突起からなっている（図2-4-1）。椎体と椎弓で囲まれたところを脊柱管と呼ぶ。脊柱管の中には脳から連なる脊髄神経があり，脊髄液，くも膜，硬膜で包まれている。椎体は円筒形をし，内部は海綿状骨で構成され，椎体と椎体の間には椎間板がある。椎間板は中央部に髄核があり，その周囲を輪状線維がおおっている。上下の椎体の前方には前縦靱帯，後方には後縦靱帯が付着している。椎弓間は黄色靱帯，棘突起間は棘状靱帯と棘間靱帯で連結されている（図2-4-2）。脊柱の駆動筋は腹筋（屈筋）と背筋（伸筋）からなる。屈筋群には腹直筋，外腹斜筋，内腹斜筋，腹横筋がある（図2-4-3）。背筋群は深・中・浅層の3層からなり，深層より，棘間筋，棘筋，多裂筋，回旋筋，腸肋筋，最長筋などがあり，これらを総称して脊柱起立筋という。腰部脊柱の運動は屈曲，伸展，側屈，回旋があり，大殿筋などの骨盤周囲筋群と複雑な運動が行われている（図2-4-4）。

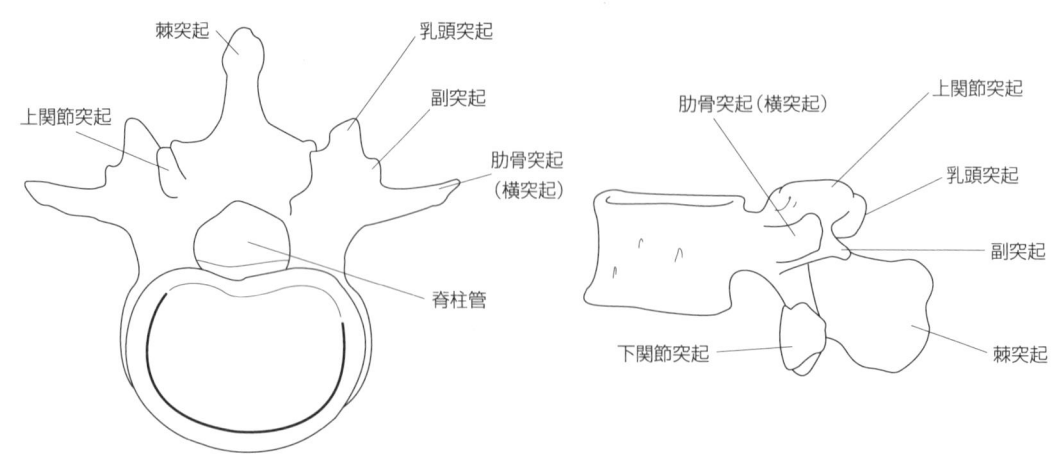

● 図2-4-1 ● 腰椎

出典：渡辺正仁『PT. OT. ST のための解剖学』広川書店，2001年，p.89

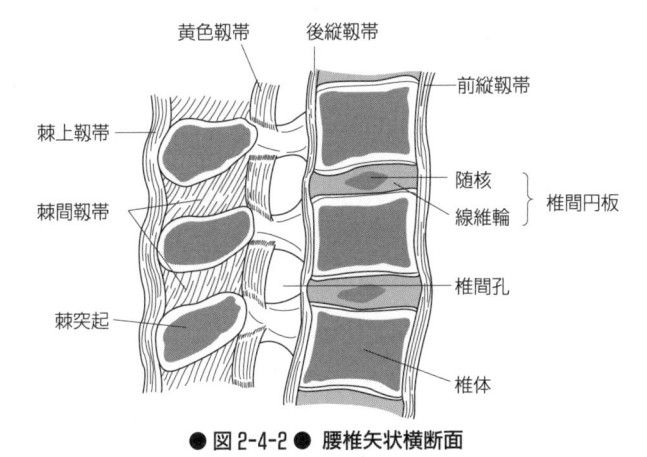

● 図 2-4-2 ● 腰椎矢状横断面
出典：図 2-4-1に同じ，p.130

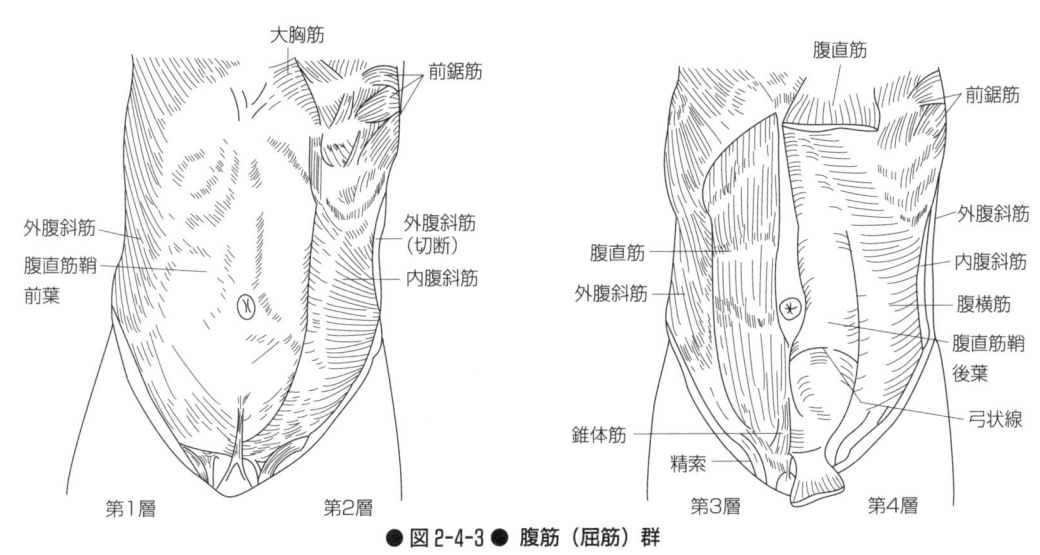

● 図 2-4-3 ● 腹筋（屈筋）群
出典：図 2-4-1に同じ，p.203

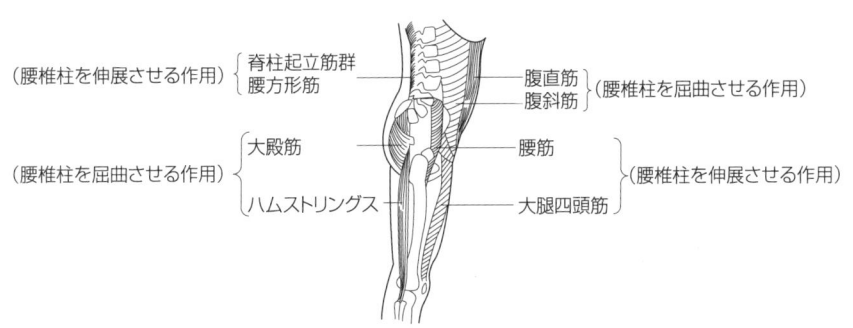

● 図 2-4-4 ● 体幹筋と骨盤筋のつながり
出典：細田多穂，柳澤　健編『理学療法ハンドブック　第3巻』[改訂第3版] 協同医書出版社，2000年，p.118

第2章　部位・疾患別リハビリテーション　43

（3） よくみられるスポーツ腰痛

① 腰部打撲・捻挫

腰部打撲は転倒，投げ，落下などのスポーツ活動で発生し，打撲部分は皮下出血や圧痛がでる。痛みが激しいときは椎体圧迫骨折や横突起骨折を疑う。腰を捻ったときに椎間関節部に生じた捻挫が腰部捻挫である。これは上体の捻れによって引き起こされることが多く，片側に痛みがでる。ゴルフや野球のスイングで練習後に右側の腰が痛いときは右の椎間関節の使い過ぎ症状である。予防には腰のストレッチングで，スイングをするスポーツ種目の練習後に実施する必要がある。

② 腰部筋筋膜炎

いわゆる腰痛症で腰痛を主な訴えとする器質的原因不明な腰部スポーツ外傷の総称である。発生様式により急性発症と慢性発症がある。急激に発症したときは「ギックリ腰」と呼ばれる。慢性腰痛としては，無理なスポーツ活動による体幹筋自体の疲労による筋膜の傷害が原因である。腰方形筋症候や梨状筋症候などは第3腰椎横突起外縁に圧痛がみられる。

③ 筋・靱帯付着部炎

繰り返すスポーツ動作により腰部の骨に付着している所の筋・靱帯が炎症を起こしたもので，スポーツ腰痛では多くみられる。お尻の上方の骨盤上縁にそって痛くなる腸骨稜症候群（ちょうこつりょうしょうこうぐん）はこの代表例である。

④ 脊椎分離（すべり）症

成長期のスポーツ活動で，繰り返し加えられるストレスによって椎間関節突起に起こる疲労骨折である（図2-4-5）。大半が両側の第3〜5腰椎に発生する。分離が初期に発見された場合は，最長6ヵ月ぐらいのスポーツ禁止とコルセット装用で分離部の骨癒合（ゆごう）を期待する。また分離症があると上位椎が下位椎の上をすべり，移動すると膀胱・直腸障害などを起こすことがあり，手術が必要となるため定期チェックが必要である。

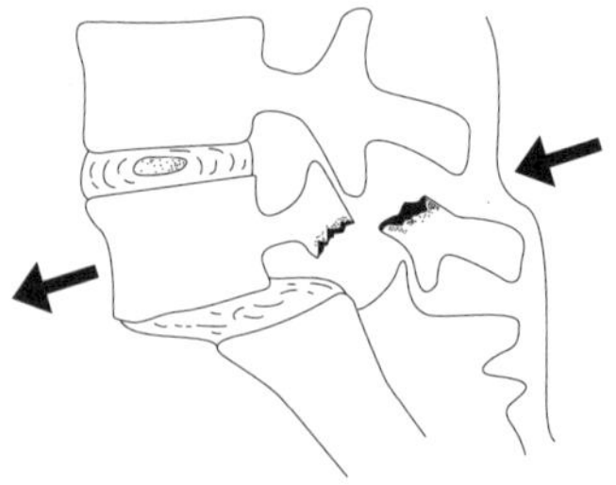

● 図2-4-5 ● 脊椎分離（すべり）症
出典：市川宣恭ほか『スポーツ指導者のためのスポーツ外傷・障害』[第2版] 南江堂，2000年，p.130

⑤ 椎間板ヘルニア

椎体間の線維輪に亀裂ができ椎間板の髄核が膨隆（ぼうりゅう）・脱出して腰部神経根を圧迫する（図2-4-6）。SLR（下肢伸展挙上）で腰痛と坐骨神経痛を

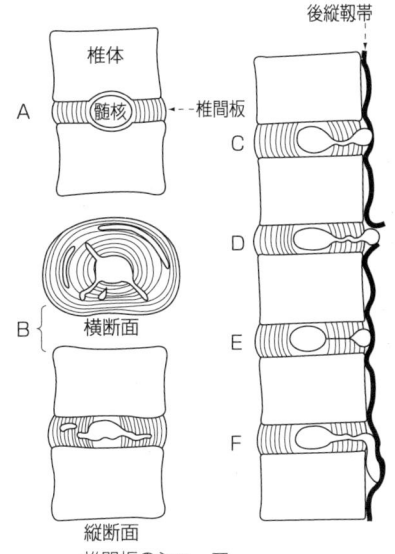

● 図 2-4-7 ● SLR（下肢伸展挙上）
出典：石井清一ほか『標準整形外科学』[第8版] 医学書院，2002年，p.447

椎間板のシェーマ
　A：正　常
　B：変性椎間板
　C〜F：ヘルニア
　（C・E：膨隆，D・F：脱出）
● 図 2-4-6 ● 椎間板ヘルニア
出典：大谷　清『リハビリテーション整形外科学』[第4版] 医学書院，1996年，p.159

訴える（図 2-4-7）。小児の場合は下肢を挙止すると臀部も挙止してくる（腰部伸展強直）のが特徴である。治療は安静，コルセット装用，硬膜外腔ブロック療法，牽引療法，運動療法などを徹底して行う。保存療法が無効で神経欠落症状がみられ，MRI 検査などで脊柱管の 50 ％以上のヘルニアが証明されたときは手術治療も考慮する。

⑥　椎体終板障害

　成長期のスポーツ活動によって椎体終板に疲労骨折が生じ，運動時や運動後の腰痛が起こる。この障害は成長終了後，腰の柔軟性が低下して腹背痛の原因にもなる。椎体前方の前または後の隅角解離で椎間板組織が椎体に侵入しているのが MRI 検査でわかるのでメディカルチェックでの発生予防が大切である。

（4）腰痛の評価

1）症状による分類

　腰痛の治療はその原因を見極めることが大切である。まずはスポーツ

専門または整形外科の医療機関を受診し，正確な診断を得た上で現在の症状について評価する．腰痛の評価においては現在の主な症状，今までの経過，生活状況（スポーツ歴）を考慮しながら症状を検討する．腰痛を再現させる姿勢や運動を確認することができればメカニズムは検索しやすくなる．わかりにくいときは腰痛のあるときに「どうしたら楽になるのか？」を確認しておくとよい．神経症状がない一般的な腰痛（筋力低下，感覚鈍麻，腱反射低下消失など）には痛みの出現の仕方によって屈曲型，伸展型，その他が考えられる．痛みに対する運動の原則として「no pain flee movement：痛くない方向に動かしなさい」がある．

① 屈曲型

体幹を前方に曲げる動作において腰痛が起こる．日常生活の症状としては「靴下をはくときに痛い」，「椅子に痛くて長く坐れない」，「立っていると痛くない」などと表現する．これは殿筋やハムストリングスの短縮による骨盤前傾が制限され，疲労・短縮した背部筋の遠心性収縮を強いられて疼痛が増悪するタイプである．治療は一般に腹背部の筋群や殿筋，ハムストリングスの緊張を緩め，伸筋群の強化をすると運動時痛が軽減する．

② 伸展型

体幹を後方に反らす動作において腰痛が起こる．日常生活の症状としては「椅子から立つときに腰が伸びない」，「坐っていると痛くない」などと表現する．これは腸腰筋（ちょうようきん）や大腿筋膜張筋（だいたいきんまくちょうきん）などの股関節（こかんせつ）屈筋群の短縮や過緊張のために骨盤後傾・腰椎前彎（ようついぜんわん）が増強して疼痛が増悪するタイプである．治療は一般に股関節屈筋群を伸張し股関節伸展を確保し，腹筋群の緊張を保ちつつ骨盤の後傾を誘導することで運動時痛が軽減できる．

③ その他

体幹の回旋時に疼痛が増強するタイプ（回旋型）の多くは腹筋の緊張が不十分なために回旋動作時に骨盤前傾が増強し，腰椎の回旋・伸展ストレスが加わるために起こる．回旋側の腰方形筋の過緊張により非回旋側の骨盤前傾が増強して伸展型腰痛と同様な例が多くみられる．野球やテニスなどの回旋動作の多いスポーツにみられる．

長時間の座位や立位姿勢の保持によって腰部周囲の鈍痛や不快感が増悪するタイプ（安静型）は椎間板症や腰椎分離症などの腰椎の器質的損傷に起因する例が多いのが特徴である。

疼痛の発生する条件が一定でなく，不意に痛みが起こったり，特定の動きでは疼痛が誘発できないタイプ（不安定型）で仙腸関節のずれによって起こる疼痛が代表で，「寝返りで痛み目が覚める」，「動作を変えるときに痛い」という訴えが特徴的である。

2） 腰痛の機能評価

上記の方法で概略を把握した後，疼痛，姿勢，関節可動域，筋力，日常生活動作，スポーツ動作などを評価する。評価部位としては腰部が中心となるが，見落とさないためには第7胸椎から足部までを検査する。とくに疼痛部位，疼痛を避ける（起こす）運動・姿勢を考慮してみていく。筋肉痛においては筋を収縮させたときの収縮時痛か，筋肉をストレッチ・伸張したときに起こる伸長時痛か，それとも関節を他動的に近付けたときに起こる短縮痛かを見極める。その中で短縮痛が一番疼痛を起こす動作にマッチしている。関節可動域（ROM）は股関節を中心に評価していくが，基本的にはどの関節のROM制限があっても体のバランス不良を招いてくる。股関節のROM制限は直接的に腰椎骨盤リズムに影響する。足関節背屈制限は代償的に体幹前傾・腰椎前彎を増強する原因となる。

（5） 腰痛のアスレティック・リハビリテーション

腰痛のリハビリテーションは疼痛に対する対症療法と腰痛の原因となった身体機能改善のための治療とが同時進行で実施される。一般に行われている除痛治療にはホットパック，低周波治療などの物理療法とマッサージやAKA，マイオセラピーなどの徒手療法が主体となり，これにストレッチや筋力強化などの運動療法が付加される。再発を防ぐためにもスポーツ動作上の問題点を改善することが主眼となり，正しい動作を修得する過程がリハビリテーションそのものとなる。

AKA
関節運動学的アプローチ。
マイオセラピー

1） 対症療法

　急性期において炎症症状があれば，冷却を主体とするが，一般的には温熱療法と低周波で電気的に筋の弛緩と収縮をくり返す治療が併用される。一方仙腸関節や椎間関節などの疼痛に対しては患部のストレスを排除・軽減するのがもっとも有効な治療である。

2） 筋力強化

　発生機序を考慮しないで腹筋や背筋などの筋力強化をしても期待どおりの治療効果を得ることは難しい。

3） 姿勢矯正

　腰痛治療において正しい立位姿勢の修得は重要である。とくに骨盤の傾斜コントロールの学習は，腰椎の前彎を修正するための股関節および下部体幹筋の活動パターンの再学習であり，スポーツ動作の腰椎骨盤リズム改善の前提条件である。骨盤前傾のコントロール練習は背臥位，端座位，立付と段階的に学習し，最終的にはランニングやステップ動作などの運動中の姿勢矯正につなげていく必要がある。

4） 疼痛発生動作の再学習

　屈曲型，伸展型，その他のいずれかの症状を呈する腰痛は日常生活やスポーツ活動において疼痛が生じ，望ましくない代償運動や筋スパズムを起こし，悪循環を形成する。これらの疼痛発生機序を理解させ，正しい運動・動作の学習を日常化させることが重要である。

5） スポーツ動作

　スポーツ活動に於いて腰痛を起こさないためには各競技のスポーツ動作を熟知するとともに患者の動作分析をすることが必要である。腰痛はスポーツ動作の数だけあるが，腰椎骨盤リズムに着眼すると，伸展型，屈曲型，その他のいずれかに分類し考えることができる。

6）アフターケア

　スポーツ活動が招く疲労は全身に出現するが，硬張りが起こりやすい筋は腰痛と関係が深く，練習後のアフターケアは重要なポイントである。クールダウンでは体幹筋のリラクゼーションを獲得するために，呼吸筋の過緊張を解消し，股関節，足関節，脊椎，肩甲体などの全身の柔軟性を回復させることが望まれる。

（6）おわりに

　腰痛は二足立ち歩行を獲得したことによって起こった。スポーツでは繰り返し動作によってストレスを受け，徐々に変形をきたして分離症やヘルニアに至ると考えられる。腰部にかかるストレスを軽減する動作を修得することが腰痛の進行を防ぐために重要である。

● 表2-4-1 ● スポーツ腰痛の治療手順

①問診とスポーツの理解
②腰痛の診察，補助検査，診断
③病状の説明
④筋機能検査
⑤スポーツスケジュールの聞き取り
⑥治療計画プランニングと説明
⑦チームスタッフへの連絡
⑧スポーツ休止
⑨治療
⑩リハビリテーション
⑪スポーツ復帰

出典：福林　徹，米田　稔編集『アスレチックリハビリテーション』南江堂，1998年，p.19

【参考文献】
1）山口義臣ほか「腰痛の疫学」『整形外科MOOK』11，1979年，pp.9-19
2）平木治朗「脊椎から見た腰痛の一検討」『京都理学療法士会誌』1994年，pp.2-7
3）福林　徹，米田　稔編集『アスレチックリハビリテーション』南江堂，1998年，pp.1-58
4）井上　肇監修『聖路加国際病院健康講座⑤　腰痛』双葉社，2000年
5）レネ・カリエ著，荻島秀男訳『カリエ博士の腰痛ガイド　正しい腰痛のなおしかた』医歯薬出版，1985年
6）若野紘一「腰部」『日本体育協会アスレティックトレーナー専門科目テキスト』（財）日本体育協会，1998年，pp.251-265
7）中嶋寛之編集『新版スポーツ外傷と障害』文光堂，1996年，pp.38-51

5 股関節・大腿

(1) はじめに

　股関節・大腿は頑丈な構造から，スポーツ障害全体の発生率からすると比較的損傷を受けにくい部位である。筑波大学保健管理センター・スポーツクリニックにおける過去5年間の統計によると，頻度の多い順からみて，骨盤付着部およびその周囲の肉ばなれがもっとも多く，全体の90％以上を占めている。そのほか，弾発股の原因となる大転子部の滑液包炎，スポーツヘルニア，恥骨結合炎，梨状筋症候群などがあげられるが，年間数例の発症が認められるかどうかである[1]。

　本節は，病態理解のため股関節・大腿の系統発生，解剖学的特徴，バイオメカニクスと，スポーツ選手特有のスポーツヘルニアと肉ばなれについて述べる。

(2) 股関節・大腿の系統発生

　股関節を伸展させ直立し，蹴りだしを行うのはヒト特有の機構であり，これらの機能障害は進化の過程において新しく獲得した機構が後退し，重心と運動に変化を与えているとも考えられる。進化の過程を研究し意味を理解することにより，股関節の機能はより鮮明になると思われる。

　サルやゴリラではヒトに比べ，腸骨翼の外側への広がり，上前腸骨棘の突出度，坐骨の長さが大きく，寛骨臼はやや小さく，より外側を向いている。ヒトの骨盤は上下に低く，仙骨と股関節を形成する寛骨臼との間が短い。特に腸骨・仙骨が大きく変化したヒトでは，身体全体の骨盤が占める割合からみても発達しており，抗重力環境で変化してきたと考えられる。

　股関節周囲筋では，中殿筋と小殿筋がゴリラでは股関節伸筋であるのに対し，ヒトでは二足歩行のためこれら伸筋が外転筋に変化している。また，大殿筋の起始部がゴリラでは坐骨であり，停止部は大腿骨後面で

ヒトとは異なる。そのためゴリラでは下肢長に対し坐骨軸が相対的に長く，ヒトでは短い（図 2-5-1）。これらの特徴から股関節伸展機構はゴリラでよりパワー志向型，ヒトではスピード志向型といえる[2)3)]。

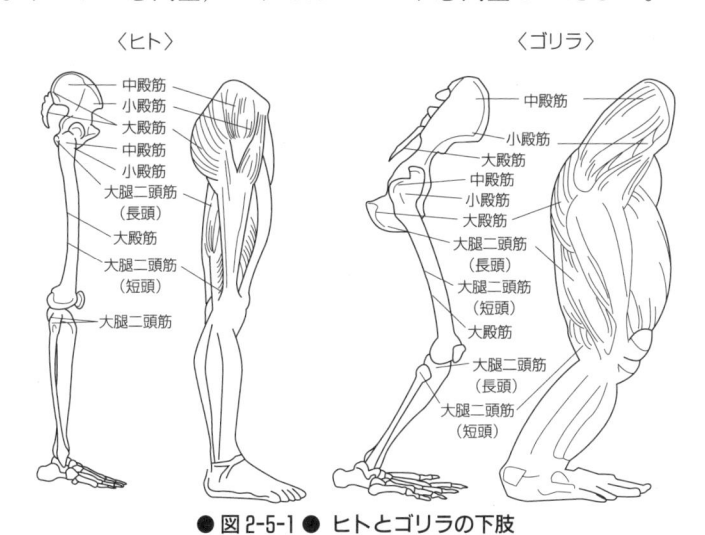

● 図 2-5-1 ● ヒトとゴリラの下肢
出典：日本人類学会編『人類学～その多様な発展～』日経サイエンス社，1984年より一部改変

（3） 股関節・大腿の解剖学的特徴

股関節は寛骨臼と大腿骨頭よりなる球関節であり，荷重関節であることから，この両者を連結させる関節包は強靱な靱帯により補強されてい

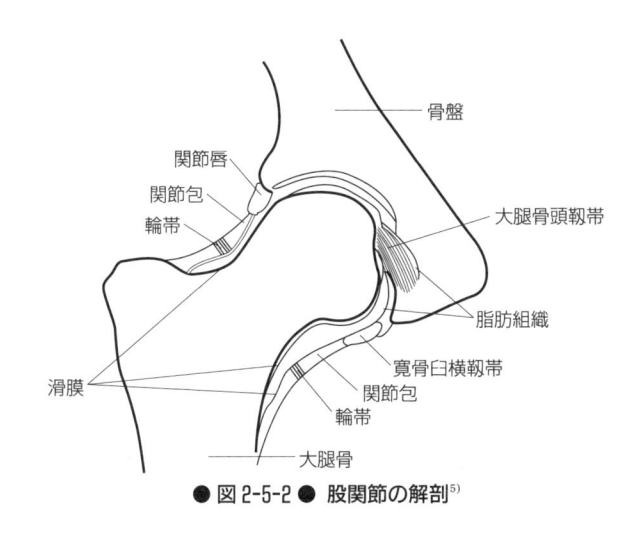

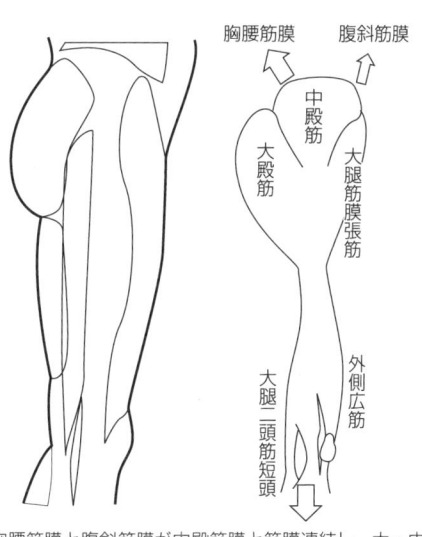

● 図 2-5-2 ● 股関節の解剖[5)]

胸腰筋膜と腹斜筋膜が中殿筋膜と筋膜連結し，大・中殿筋と大腿筋膜張筋が筋連結，股関節を3方から被い，これらの筋が腸脛靱帯に付着，腸脛靱帯は外側広筋・大腿二頭筋短頭，下腿筋膜に連結している。
● 図 2-5-3 ● 大腿外側の筋と筋・筋膜連結[6)11)]

る。同じ球関節である肩関節に比べ可動性に劣るが、安定性に優れている。すなわち、大腿骨頭の球を寛骨臼が被っており深く収納するように形成されている。関節包は臼蓋縁(きゅうがいえん)より発して、前面では大腿骨頸部全体を、後方では2/3を包含している[4]。その上、寛骨臼蓋縁にはそれを取り巻いて線維性軟骨の関節唇(かんせつしん)が存在して骨頭をより強固に寛骨臼に収め、しかもその外縁部は臼蓋縁より狭くなっていて、骨頭が容易に脱出できない仕組みになっている（図2-5-2）。

股関節・大腿部に付着する筋群は、体幹と下肢をつなぐ重要な働きをもち、各筋が単独で作用しているのではなく、複雑な筋・筋膜連結を行いより効率的な抗重力位支持機構を可能としている（図2-5-3）。

(4) バイオメカニクス

直立姿勢、2足歩行を行うにあたっては、重心位置にもっとも近い関節は股関節であり、その重心が動揺した時のバランスに大きく関わる[3]（図2-5-4）。

力学的な見地から見ても股関節の役割は、重心の制御機構といえる。股関節制御では質量の分配により筋力は少なくて済み、末梢の運動量は大きくなる。股関節の重心制御は速度の速い動きの対応であり、重心が動揺し支持面から偏位したときにバランスをとるのが股関節である[7]。足関節制御の特徴は、身体の揺れがゆっくりとしたときに有効であり、股関節制御は安定性の限界に近いときに有効であるが、実際は単独ではなく、互いに協調して制御に関与している。スポーツなどの素早い動作が要求される場合に股関節・大腿の障害は大きな影響を与えることになる（図2-5-5）。

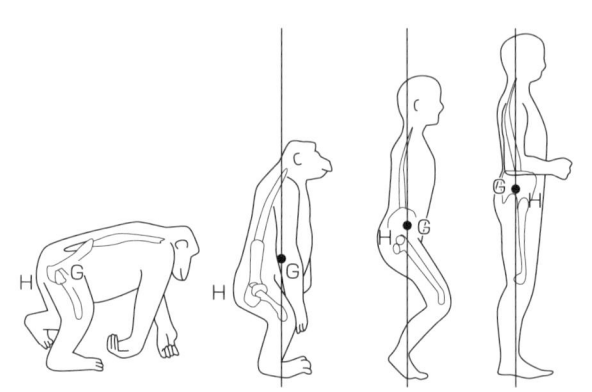

チンパンジーの4足・2足起立（左）とヒトの中腰・起立姿勢（右）。Hは股関節、Gは重心位置、直線は重心垂線。
● 図2-5-4 ● 股関節の重心位置[3]
原典：岡田守彦『猿人の「あし」とロコモーション：生物に学ぶバイオメカニズム；機械システム設計の新しい発想』工業調査会、1987年より一部改変

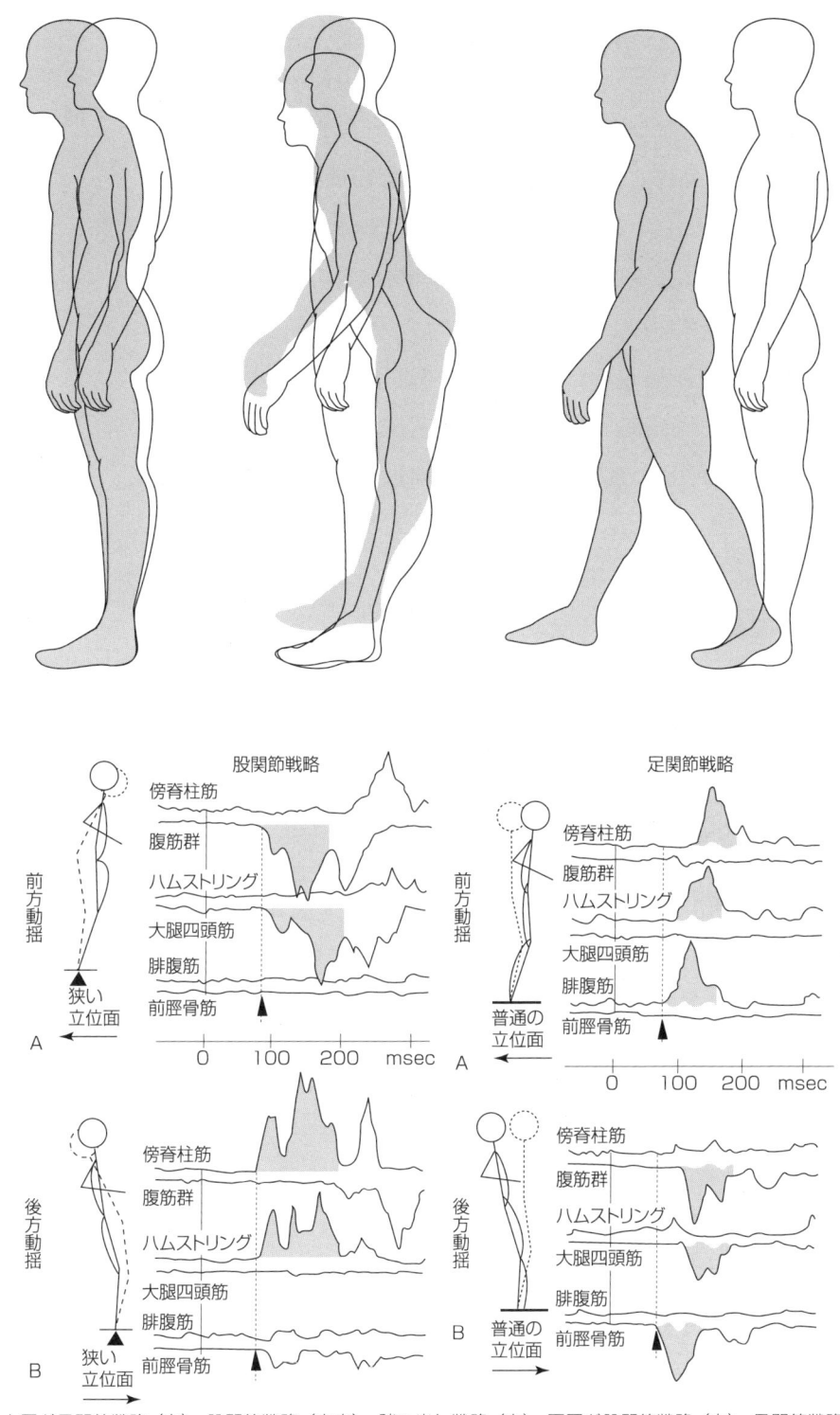

上図が足関節戦略（左），股関節戦略（中央），踏み出し戦略（右）。下図が股関節戦略（左），足関節戦略（右），前方動揺（A），後方動揺（B）である。

●図2-5-5● 動揺制御における3つの姿勢運動戦略と足・股関節戦略[7]

原典：Shumway-Cook, Anne / Woollacott, Marjorie H., *Motor Control : Theory and Practical Applications*, Williams & Wilkins, 2000

(5) スポーツヘルニア

　鼠径周辺部痛はその診断と治療の困難さから，今日のスポーツ医学における難点の1つとして数えられている。それらは注意深い診察・検査によって診断が明らかになることがあるが，ほとんどが十分な原因を特定できないことが多く，痛みの発生部位から内転筋起始部炎，腹直筋付着部炎などの診断が下されることが多かった[1)8)]。

　膨隆などの理学所見が明らかでない潜在性の鼠径ヘルニアが鼠径周辺部痛の原因となるという報告がある。Hackneyは，これらを「スポーツヘルニア」と呼び，一般の鼠径ヘルニアと区別している[9)]。

　スポーツヘルニアでは明らかなヘルニア嚢は認められないが，鼠径管後壁が弱体化しており，手術中精索をよけると腹圧によってこの部分が膨隆することが確認されている[10)]（図2-5-6）。

スポーツヘルニアでは明らかなヘルニア嚢は認められないが，鼠径部後壁が弱体化している（★印部）。

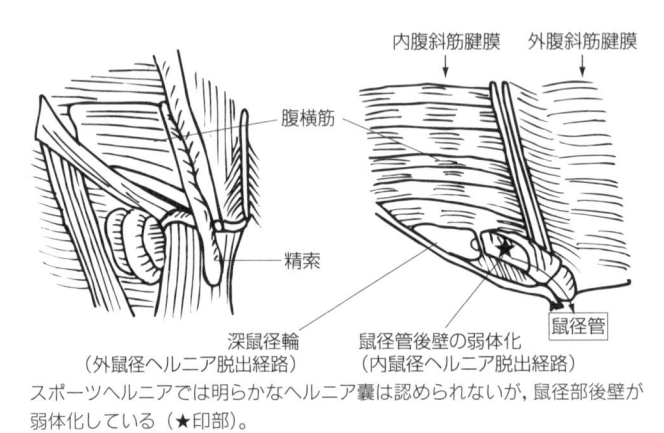

● 図2-5-6 ● 男性鼠径部深部[8)]

　受傷機転は，キックなどによる股関節の強い外転動作，内転動作，ジャンプ着地動作などで急性発症する例，ぬかるんだグラウンドでプレイして負荷が強かった翌日に発症する例など亜急性例，明らかな誘因なく発症する例がある[1)]。

　評価として，まず自覚症状を問診する。ランニング・急ステップ（98％），患肢でのキック動作（93％），腹筋訓練（93％），くしゃみ（46％）がある。部位では，内転筋近位部（81％），鼠径部（66％），腹筋周辺部の下腹部（27％），大腿直筋近位部（27％），陰嚢周辺（25％），坐骨部（23％）に痛みを生じる[8)]。

触診として陰嚢から指を皮下に入れ，浅鼠径輪（通常は指1本の大きさ）の拡大（35％）を診る（図2-5-7）。

圧痛は，内転筋近位（66％），浅鼠径輪触察時（57％），大腿直筋近位（41％）で認められるが，健常側でも少なからず圧痛は認められる。

痛みを誘発するストレステストとして，仰臥位での徒手抵抗下股関節内転動作（78％），抵抗下SLR（57％），端坐位での抵抗下股関節内転動作（59％），抵抗下腹筋訓練動作（52％）に痛みを生じる[10]。

その他，X線画像や超音波検査，ヘルニア造影検査があるが，どれも確定診断に至るには十分でない。スポーツ現場においては安静を促し，あとに述べる肉ばなれや筋損傷との鑑別を行い，専門医への紹介を推奨する。

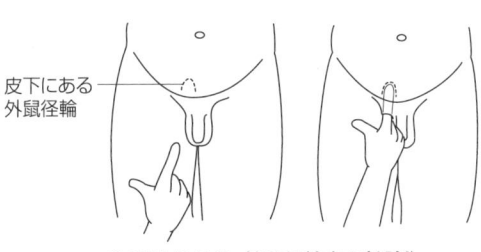

● 図 2-5-7 ● 外鼠径輪内の触診[9]

（6） 肉ばなれ・筋損傷

スポーツ活動中などでの急な筋収縮により，筋線維や筋膜などをさまざまな程度で損傷し，スポーツ活動を続けることができなくなった状態をさす。筋肉の「部分断裂」を意味する。大腿部ではハムストリングスが半数以上を占め，他に大腿四頭筋・内転筋にみられる。急性腰痛と大殿筋の肉ばなれは鑑別が必要である。大腿部以外では腓腹筋に多い。

評価として，受傷時の臨床観察が重要になる。何かにもたれかかるか，足部をわずかに接地し体重負荷を避け，わずかにつま先を接地し患側への体重負荷を避けている場合が多く，必ず受傷筋を伸張した**疼痛緩和肢位**をとる[12)13)]（図2-5-8）。

重症度としてはgrade I～IIIに分類される。grade I は筋線維の一部が損傷されるが，陥凹は認められない。grade II はわずかな陥凹を触れられることがあるが小さく，筋収縮時痛と圧痛が強い。Grade III は明ら

疼痛緩和肢位

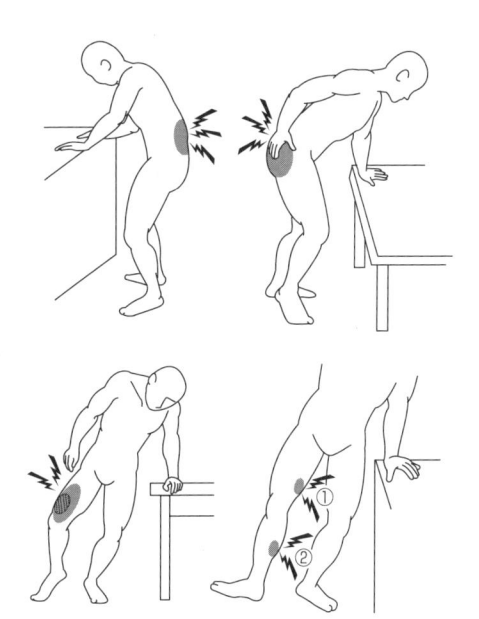

腰椎後彎型立位姿勢の場合（左上）受傷部位は腰椎部の多裂筋，股関節屈曲位立位姿勢の場合（右上）大殿筋・中殿筋後部線維の受傷と考えられる。また大腿四頭筋の場合（図左下）膝関節屈曲位をとり，内側ハムストリングス（右下①）・腓腹筋（右下②）では股関節外旋・股関節伸展・足関節背屈肢位をとる。

● 図 2-5-8 ● 疼痛緩和肢位の観察[12)13)]

かな陥凹を触れられ，受傷時から激しい疼痛，腫脹を伴い筋収縮は不可能で筋機能は完全に失われる。

その他，MRIやエコーなどによっても詳細な評価が可能であるが，臨床観察と触察がスポーツ現場においては重要と考える。

損傷による病態は，損傷部位にて時間経過とともに炎症反応が生じる。筋線維は損傷を受けた部位において壊死にいたり，マクロファージが出現，炎症細胞が1～2日目に増殖し，急性炎症反応を呈し，浮腫が広がる[9]。時間経過とともに炎症が消退すると壊死筋線維が徐々に消失していき，線維芽細胞，毛細血管の増殖，筋線維の再生が開始される。これらの再生機構により，組織では大量のATPと酸素を消費する。損傷時に患部およびその周囲筋は過緊張状態となり，その筋を防御するが，結果としてその部位は浮腫の停滞や動静脈・リンパ管の圧迫により，ATPやグルコースの供給に必要な循環が障害され，Caポンプが稼働せずに筋硬結や筋短縮が発生する[8)13)14)15]。筋硬結や筋短縮の病理学的観察では，局所の循環障害とジストロフィー様変化を呈し，筋節(サルコメア)の数は減少している。

急性期治療においては患部の固定を避け，体重のかからない受傷部位を伸張位とした疼痛緩和(図2-5-9)を図り，痛みの悪循環を避ける(図2-5-10)。gradeⅠ・Ⅱは，損傷部位を避け，患者が許す範囲で周囲筋の

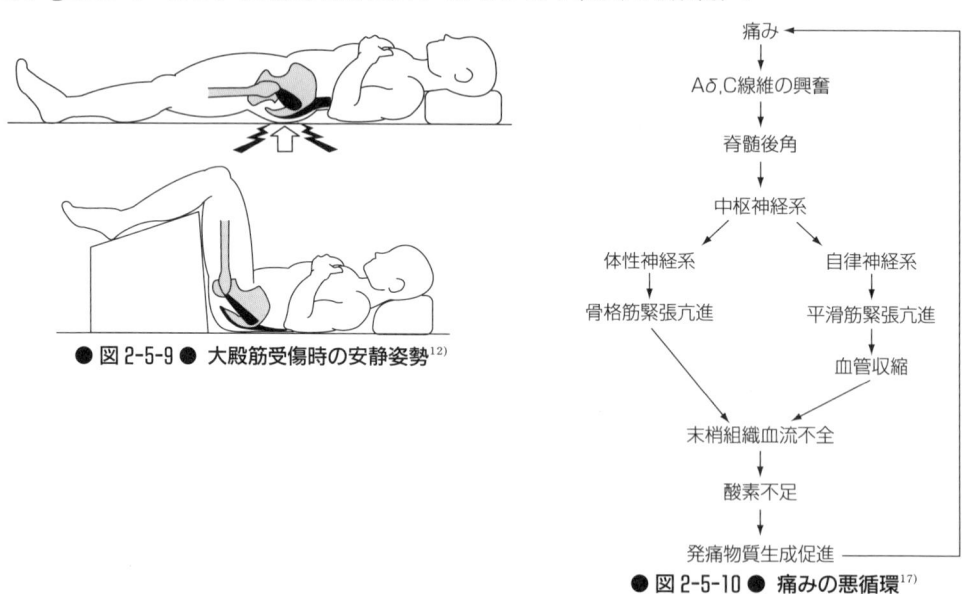

● 図2-5-9 ● 大殿筋受傷時の安静姿勢[12]

● 図2-5-10 ● 痛みの悪循環[17]

軽擦を行い，筋の過緊張を軽減し動静脈・リンパを開放し患部の循環を確保する[12]。grade Ⅲについては，まず安静にして専門医の受診を促す。痛みの悪循環を避けるために，消炎鎮痛剤が処方されることもある。

　亜急性期から以降は，より積極的に筋の過緊張を軽減させるために，過緊張線維束や筋硬結の触察を行い，圧迫および柔捏を行う[12)13)14)15)]（図2-5-11・12）。

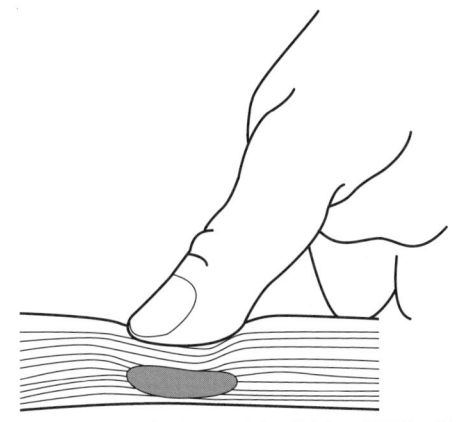

● 図2-5-11 ● 筋硬結・過緊張線維束の触察[14]
母指指腹を筋線維に対して垂直に動かし，筋硬結・過緊張線維束の大きさ，性状・疼痛の程度を確認する。

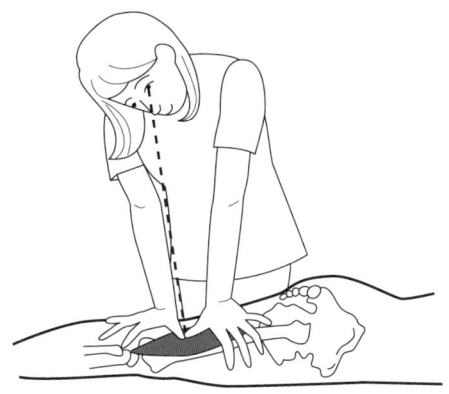

● 図2-5-12 ● 筋の圧迫と柔捏手技における治療者の姿勢[15]
治療者の視線は，母指と骨に対して直角となる。触察により形態を把握し，平らな骨面を受けとして圧迫・柔捏を行う。
出典：参考文献15)，p.174

　「(3) 股関節・大腿の解剖学的特徴」(p.51) で述べた筋・筋膜連結や，循環改善のための動静脈リンパ管の開放を考慮し，局所にとどまらず解剖学・運動学的に連結した部位を含め，広い範囲に施行することが重要である[12)13)]。触察や最終域抵抗にて筋の緊張が軽減したのを確認した後，筋節数の減少を避けるため，緩やかな個別的筋ストレッチングを行うことが，速やかな組織の回復を促すことにつながると考えられる[17]。自転車エルゴメーター等，体重負荷を行わないリズミカルな運動も循環の改善に効果的である。

　回復期においては，必要があれば亜急性期での治療負荷を強くし，損傷部位別に自己ストレッチングなどを指導する[18]（図2-5-13）。

　スポーツ復帰に向けての基礎トレーニングとして，患側下肢片脚立位支持で健側下肢をリーチさせるバランスリーチレッグや，同じく患側下肢片脚立位支持で，上肢をリーチさせるバランスリーチアーム，両脚を開き，患側下肢に体重をのせバランスをとるランジや，不安定板に患側

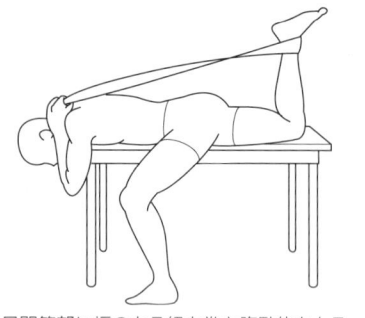

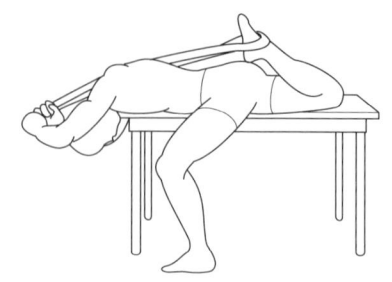

足関節部に幅のある紐を巻き腹臥位をとる。反対側下肢はできるだけ頭側よりにする(腰椎の前彎防止)。ゆっくりと力を抜いて伸張をかける。

● 図2-5-13 ● 大腿直筋自己ストレッチング[18]

出典：参考文献18), p.110

下肢片脚立位をとらせて高い段差への昇降をさせるステップアップなど，運動連鎖を考慮したものを段階的に施行する。その後，実際に種目別のスポーツ動作の学習を行う。

(7) おわりに

股関節・大腿部の肉ばなれ・筋損傷は再発率が高いことで知られている[9]。触察等による患部の把握と，全身的な荷重連鎖を考えた動作分析が，再発防止と運動パフォーマンスの向上に結びつくと考えられる。

【参考文献】
1) 宮川俊平「股関節」『臨床スポーツ医学』Vol.17（臨時増刊号），2000年，pp.252-257
2) 飯田寛和「股関節のバイオメカニクスの臨床的意義」『理学療法 MOOK 8』三輪書店，2001年，pp.3-8
3) 永井 聡，高橋文子「股関節」『整形外科理学療法の理論と技術』メジカルビュー社，1997年，pp.115-143
4) 金子丑之助「靱帯学」『日本人体解剖学第1巻』南山堂，1982年，pp.304-307
5) 中村隆一，斎藤 宏「四肢体幹の運動」『基礎運動学』[第4版]医歯薬出版，1982年，pp.304-307
6) Frank H. Netter 著，相磯定和訳「股関節と大腿の筋肉」『ネッター解剖学図譜』[第2版]丸善，2001年，p.460
7) Anee Shumway-Cook, Marjorie H. Woollacott 著，田中 繁，高橋明監訳「姿勢とバランス」『モーターコントロール』医歯薬出版，1999年，pp.117-141
8) 仁賀定雄，佐々木良助，小林寛和，野崎信行「骨盤・股関節・大腿」『アスレチックリハビリテーション』南江堂，1998年，pp.59-98
9) 黒澤 尚ほか編「1．骨盤・股関節部」「2．大腿部」『スポーツ外傷学IV 下肢』医歯薬出版，2001年，pp.2-48
10) 仁賀定雄「股関節の痛み」『臨床スポーツ医学』Vol.14，1997年，pp.1117-1124
11) 大谷直寛，小林紘二「膝痛症候に対する徒手療法」『大阪徒手療法勉強会資料』2002年
12) 小林紘二「筋臨床運動学」『手技療法研究会セミナー講義ノート』2000年
13) 小林紘二「筋臨床運動学」『手技療法研究会セミナー講義ノート』2001年
14) 辻井洋一郎『マイオセラピージュニアコース講義ノート』2000年

15) 辻井洋一郎，奈良　勲ほか編「マイオセラピー」『系統別・治療手技の展開』協同医書出版社，1999年
16) 河上敬介ほか「筋系の解剖・生理学的基礎」奈良　勲ほか編『系統別・治療手技の展開』協同医書出版社，1999年
17) 鈴木重行「IDストレッチのための基礎知識　IDストレッチとは」『IDストレッチング』三輪書店，1999年，pp.6-25
18) 砂川　勇，奈良　勲ほか編「軟部組織モビライゼーション」『系統別・治療手技の展開』協同医書出版社，1999年
19) 山野仁志ほか「運動連鎖と理学療法」『理学療法MOOK 9』2001年，pp.51-65

6 大腿・膝関節

(1) はじめに

　大腿・膝におけるスポーツ外傷・障害は，スポーツ外傷・障害の中でも比較的高頻度に発生し，また膝においては重篤なものが多い。大腿部のスポーツ外傷・障害としては，大腿直筋やハムストリングスの肉ばなれや大腿部打撲が多い。また，膝関節のスポーツ外傷・障害は，靱帯損傷や半月損傷などの外傷から成長期に特有の障害まで多岐にわたる。ここでは，大腿・膝の機能解剖と評価方法，および代表的なスポーツ外傷と障害の発生機転とリハビリテーションについて解説する。

(2) 大腿

1) 機能解剖

　大腿骨は身体のうちでもっとも長く，重い骨である。大腿骨は骨盤と連結して股関節を構成し，脛骨と連結して膝関節を構成する（図2-6-1）[1]。大腿の筋（図2-6-1）は，前面にある伸筋群，内側にある内転筋群および後面にある屈筋群に分けられる[1]。伸筋群は，大腿直筋，内側広筋，外側広筋，中間広筋からなる大腿四頭筋および縫工筋である。内転筋群は浅層にある恥骨筋，薄筋，長内転筋と中間の層にある短内転筋，深層にある大内転筋，小内転筋で構成される。屈筋群は，大腿二頭筋（長頭，短頭），半腱様筋，半膜様筋からなる。大腿二頭筋（長頭，短頭）と半腱様筋，半膜様筋を合わせて，ハムストリングスという。この他に大

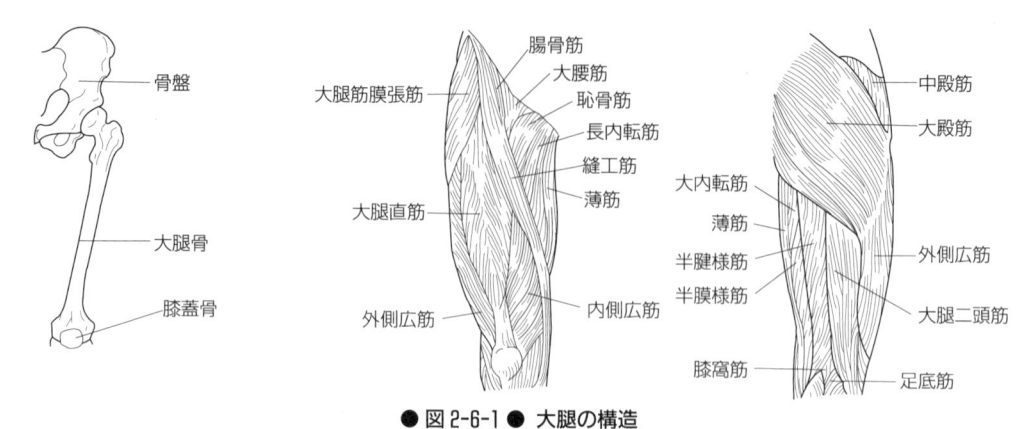

● 図 2-6-1 ● 大腿の構造
出典：中村隆一，齋藤　宏『基礎運動学』[第5版] 医歯薬出版，2000年，p. 218, p. 220より一部改変

腿外側には，股関節の外転運動や側方の安定性に関与する中殿筋や大腿筋膜張筋がある。中殿筋は主として股関節伸展位での側方安定性に関与する。また，大腿筋膜張筋は股関節軽度屈曲位での側方安定性に関与し，腸脛靱帯となって脛骨に付着する。これらの筋群には，大腿直筋とハムストリングスに代表される**二関節筋**（二つの関節にまたがる筋）が多く存在する。特に大腿直筋とハムストリングスは，膝関節と股関節の屈曲伸展運動時に活動する二関節筋である。

二関節筋

2）評価

大腿部の評価では，股関節の関節可動域検査，股関節の柔軟性テストと膝関節運動軸の評価が重要である。

① 股関節可動域検査

股関節の屈曲，伸展，外転，内転，外旋，内旋についての可動域検査が必要である。股関節の屈曲可動域制限は腰痛の原因になりうる。また，外転，内転の可動域制限は鼠径部や恥骨結合部の疼痛の原因になる。外旋，内旋可動域の制限は，スポーツ動作，特に方向転換などにおける体幹の姿勢保持に悪影響を及ぼし，腰痛や膝関節外傷の原因となりうる。

② 股関節の柔軟性テスト

股関節の柔軟性を検査する代表的なテストには，股関節屈筋の柔軟性テストと，股関節伸筋の柔軟性テストがある。

a．股関節屈筋の柔軟性テスト

●図2-6-2● トーマステスト(Thomas's Test)
出典:石井清一,平澤泰介監『標準整形外科学』[第8版]医学書院,2002年,p.481より一部改変

・トーマステスト(Thomas's Test:図2-6-2)[2]

　トーマステストは,股関節の屈曲拘縮を検出する方法であるが,股関節屈筋群(腸骨筋,大腰筋)の柔軟性を評価する際に有用である。背臥位をとらせ,腰椎の下に手を入れ,検査側と体側の股関節を腰椎前彎が消失するまで屈曲させる。股関節屈曲拘縮が存在する場合では,検査側の股関節が屈曲して大腿骨が浮いてくる。このときのベッドに水平な面と大腿骨のなす角を計測する。

トーマステスト
　股関節の屈曲拘縮を検出する方法。

・尻上がり現象[3)4)]

　尻上がり現象は,大腿直筋の柔軟性を評価する際に用いられる。大腿直筋が短縮している場合,腹臥位の股関節伸展位で膝関節を深く屈曲させると,股関節の屈曲が起こり骨盤挙上が観察される。これを尻上がり現象という。

尻上がり現象

　b.股関節伸筋の柔軟性テスト

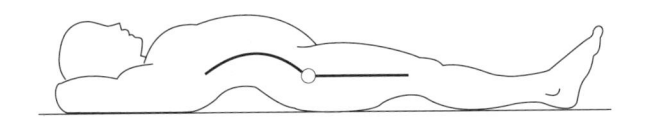

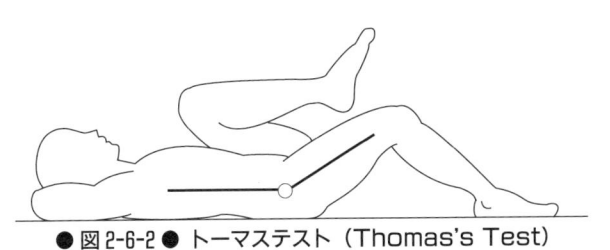

・下肢伸展挙上テスト(Straight Leg Raising (SLR) Test)

　下肢伸展挙上テストは,ハムストリングスの短縮を検査するものである。背臥位をとらせ,膝伸展位で股関節を屈曲する。ハムストリングスに短縮がある場合には,股関節の屈曲可動域が制限される。

下肢伸展挙上テスト(Straight Leg Raising (SLR) Test)

③　膝関節運動軸の評価

　膝関節運動軸の評価は,ハムストリングスの活動状態を予測するのに有用である。正常膝関節では,完全伸展位からの屈曲初期に脛骨は大腿骨に対して内旋する[5)]。しかし,なかには膝関節の屈曲初期から終期にかけて,脛骨の外旋がみられるものがある。このような場合,膝関節屈曲

第2章　部位・疾患別リハビリテーション　61

運動に外側ハムストリングスが大きく貢献していることが考えられ，スポーツ動作におけるハムストリングスの易疲労性や肉ばなれの原因になりうる。

3） 代表的疾患

ここでは大腿部の代表的スポーツ外傷・障害である，肉ばなれ（ハムストリングス，大腿四頭筋）と大腿四頭筋挫傷について受傷機転とそのリハビリテーションについて述べる。

① 肉ばなれ

肉ばなれ

肉ばなれとは，筋の不全断裂[2]のことであり，走る，跳ぶなどのスポーツ活動で，筋に急激な張力が働き，あるいは筋が急激に伸張され，筋の一部に何らかの損傷が生じている状態である[6]。大腿前面では大腿四頭筋に，後面ではハムストリングスに多発する[2]。大腿四頭筋肉ばなれは，鼠径部から大腿近位部に痛みを訴えることの多い大腿直筋肉ばなれと，大腿中央部に痛みを訴えることの多い大腿四頭筋肉ばなれに分けられる[7]。肉ばなれのリハビリテーションには受傷機転が重要であり，発症時における罹患筋の収縮形態と筋長を理解することが必要である。

a．受傷機転

肉ばなれの発生要因としては，柔軟性の欠如，筋力および筋持久力の低下，協同筋群との同時活動不全，ウォーミングアップやストレッチングが不十分であること，走り方や跳び方の不良などが考えられている[6]。ここではハムストリングス肉ばなれを例に，二関節筋の活動と受傷機転について説明する。

ハムストリングスは，股関節の伸展筋であると同時に膝関節の屈曲筋である。したがってハムストリングスは，股関節の伸展運動と膝関節の屈曲運動においては求心性収縮を，股関節の屈曲運動と膝関節の伸展運動においてはそのブレーキとしての遠心性収縮を行っている。ランニングやジャンプなどのスポーツ動作においては，股関節と膝関節の多様な組み合わせの運動が行われ，かつ急激な収縮弛緩がくり返される。つまり，二関節筋であるハムストリングスには膝関節，股関節の両方で異なる収縮様式を強制される場面が多くある。また，ダッシュやジャンプで

は前方あるいは上方への強い推進力を必要とするため，非常に強い筋力が要求される．スポーツ動作中に二関節筋であるハムストリングスは，中枢部と末梢部で異なる収縮様式を呈することが多く，しかも強度の筋収縮や伸張を要求される．このような二関節筋特有の活動様式に加えて，前述した肉ばなれ発生要因を有している場合に，肉ばなれは高頻度に発生する．

b．リハビリテーション

肉ばなれに対するリハビリテーションにおいては，罹患筋(りかんきん)の柔軟性の確保と増大（ストレッチング），そして筋力トレーニングが重要である．ストレッチングや筋力トレーニングは，損傷した筋線維の治癒経過と痛みに注意しながら実施しなければならない．急性期では，過度のストレッチングや筋力トレーニングは避け，**寒冷療法**主体に，軽度のストレッチングを実施する．急性期における過剰なストレッチングや筋を直接圧迫するような強度のマッサージ，強負荷の筋力トレーニングは，骨化性筋炎や筋拘縮を招くおそれがあり，慎重な対応が必要である．慢性期においては，**温熱療法**（ホットパック，超音波療法）や**電気療法**（低周波療法，SSP療法，高電圧療法）が，除痛や筋収縮能の改善に有効である．慢性期では，痛みに注意しながらストレッチングと筋力トレーニングを実施する．肉ばなれにおける痛みは，筋長の変化による痛みと，収縮による痛みに大きく分けられる（表2-6-1）．肉ばなれの痛みでは，どの長さの時のどのような収縮によって痛みが生じているかを理解し，痛みが出ないように注意しながら，リハビリテーションを進めて行かねばならない．経験的に，肉ばなれでは特定の筋長における特定の収縮様式

＞寒冷療法

＞温熱療法
　電気療法

● 表2-6-1 ● 肉ばなれにおける痛み

筋長の変化による痛み	短縮痛：筋の起始部と停止部が近づくことで生じる痛み
	伸張痛：筋の起始部と停止部が遠ざかることによって生じる痛み（牽引痛）
筋収縮による痛み	安静時痛：筋収縮がない状況で生じる痛み
	収縮時痛：筋収縮に起因する痛み 　　　　　収縮様式で以下の3つに分けられる 　　　①求心性収縮による痛み：求心性収縮時における痛み 　　　②遠心性収縮による痛み：遠心性収縮時における痛み 　　　③等尺性収縮による痛み：等尺性収縮における痛み

肉ばなれのリハビリテーションにおける筋力トレーニングでは，痛みを伴わない運動域と収縮様式を参考に立案されるべきである．

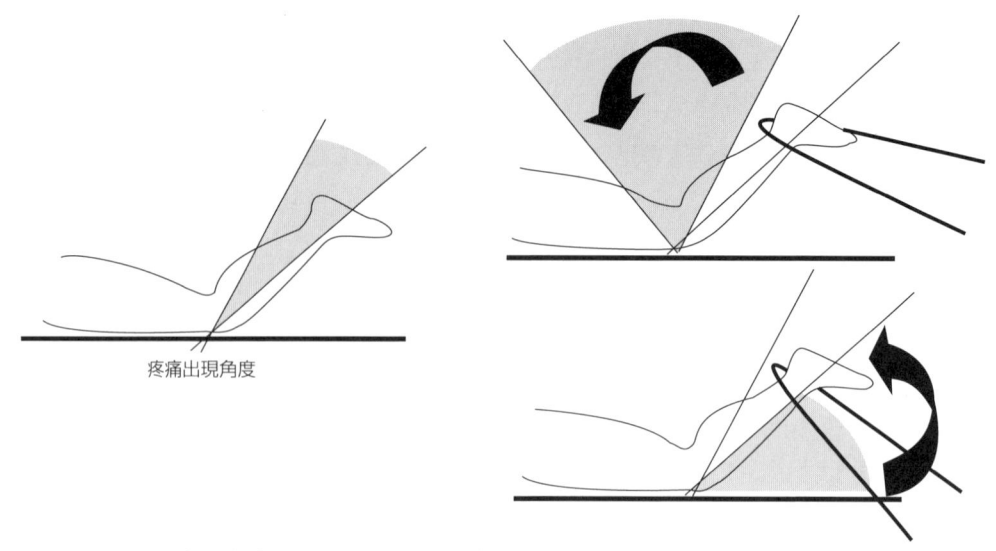

図はハムストリングスの肉ばなれに対するゴムチューブを用いた筋力トレーニング方法の1例を模式的に示す。
肉ばなれのリハビリテーションにおいては疼痛のない範囲のみでの選択的なトレーニングが有効である。

● 図2-6-3 ● 肉ばなれに対する筋力トレーニング

でのみ痛みが生じることが多い。痛みが発生する肢位と収縮様式を理解しそれを避けることで，痛みを伴わない積極的なリハビリテーションが実施できる（図2-6-3）。

② 大腿四頭筋挫傷（いわゆる**チャーリーホース**）

チャーリーホース

a．受傷機転

大腿四頭筋挫傷は大腿前面への直達外力で生じる。発生機転としては，ラグビーやアメリカンフットボール，サッカーなどにおいてタックルなどのコンタクトプレーや相手の膝が直接大腿前面に当たって起こることが多い。損傷の程度は，外力の強さ，大腿四頭筋の収縮状態，大腿四頭筋長（膝関節・股関節角度）に左右される。もっとも重篤な症状を呈するのは，膝関節伸展位で弛緩している大腿四頭筋に対して非常に大きな外力が加わった場合であると考えられる。

b．リハビリテーション

大腿四頭筋挫傷では，急性期の処置に失敗すると**骨化性筋炎**や筋拘縮を来すことがあるので，急性期からの特に慎重な対応が必要である。肉ばなれと同様に，急性期における過剰なストレッチングや筋を直接圧迫するような強度のマッサージ，強負荷の筋力トレーニングは禁忌である。

骨化性筋炎

大腿四頭筋挫傷のリハビリテーションでは，疼痛，腫脹の軽減と大腿四頭筋の柔軟性確保，向上が重要である。

急性期では腫脹の軽減が重要であり，物理療法と極軽度のストレッチングや膝関節の軽い屈曲運動が有効である。物理療法は，熱感がある間は寒冷療法を主体とし，熱感の消失に伴い，ホットパックなどの温熱療法を導入する。慢性期では，痛みに注意しながらストレッチングと筋力トレーニングを実施する。**温熱療法**（ホットパック，超音波療法）や**電気療法**（低周波療法，SSP療法，高電圧療法）も，除痛や筋の柔軟性獲得に有効である。

温熱療法
電気療法

(3) 膝関節

1) 機能解剖

膝関節は大腿骨と脛骨で構成される脛骨大腿関節と，大腿骨と膝蓋骨で構成される**膝蓋大腿関節**からなる。脛骨と大腿骨の関節面の形状が著しく異なるため，脛骨大腿関節の骨適合は非常に不安定である。これを補うように，内側半月，外側半月，**前十字靱帯，後十字靱帯，内側側副靱帯，外側側副靱帯**がある（図2-6-4）。2つの半月は脛骨と大腿骨の間に位置し，緩衝作用と膝関節運動のコントロール作用を持つ。前十字靱帯は，複雑な線維構造を持ち，膝関節のあらゆる角度で緊張し，特に下腿の前方引き出しと回旋の制動に有効に機能する。後十字靱帯は，膝関節屈曲位で緊張し，下腿の後方制動機能を有する。内側側副靱帯は，膝関節の外反と下腿の外旋でもっとも緊張し，外側側副靱帯は膝関節内反で緊張する。膝蓋大腿関節は，大腿四頭筋—膝蓋骨—膝蓋靱帯—脛骨か

膝蓋大腿関節

前十字靱帯
後十字靱帯
内側側副靱帯
外側側副靱帯

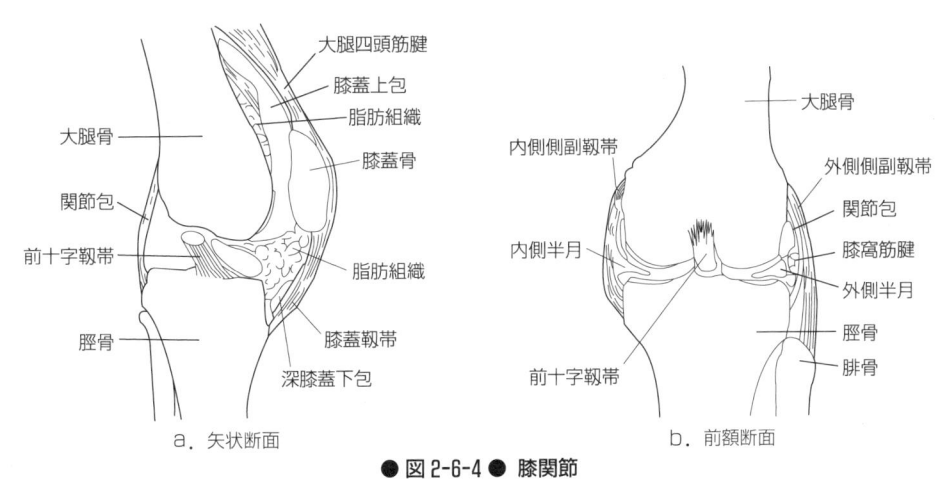

a. 矢状断面　　　　b. 前額断面

● 図2-6-4 ● 膝関節

出典：図2-6-1に同じ，p.228

らなる膝伸展機構の要となっている。膝蓋大腿関節では，膝の屈曲角増大と大腿四頭筋の収縮により，膝蓋骨が大腿骨顆間(か)に押しつけられることで障害が生じやすい。

2) 評価

膝関節の評価では，関節可動域検査（膝関節・股関節），膝関節運動軸の評価，不安定性検査，触診による圧痛部位の評価，膝蓋骨と下腿の**アライメント**（位置関係）の評価が重要である。

> アライメント

① 関節可動域検査（膝関節・股関節）

膝関節可動域検査は，大腿骨に対する脛骨の位置関係で屈曲可動域，伸展可動域を評価する。膝関節が伸びている状態で，大腿骨軸と脛骨軸が直線上にある時を0度として表記する（図2-6-5）。

部位名	運動方向	参考可動域角度	基本軸	移動軸	測定肢位および注意点	参考図
膝 knee	屈曲 flexion	130	大腿骨	腓骨（腓骨頭と外果を結ぶ線）	屈曲は股関節を屈曲位で行う	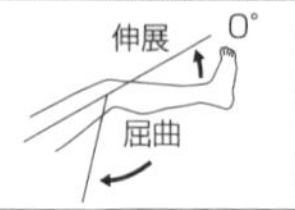 伸展 0° 屈曲
	伸展 extension	0				

● 図2-6-5 ● 膝関節可動域検査
出典：日本整形外科学会，日本リハビリテーション医学会，1995年

また，股関節外旋，内旋可動域の制限は，スポーツ動作，特に方向転換などにおける体幹の姿勢保持に悪影響を及ぼし，膝関節外傷の原因となりうる。

② 膝関節運動軸の評価

p.61で述べたように，膝関節の屈曲や伸展に伴う下腿回旋の程度が大きすぎる場合，半月や前十字靱帯，内側側副靱帯に過度の負荷が生じることがあり，注意を要する。

③ 膝関節不安定性検査

> 膝関節不安定性検査

膝関節の靱帯損傷の診断に用いられる検査であり，代表的なものを図2-6-6から図2-6-8に示す。

④ 触診による圧痛部位の評価

膝関節は複雑な構成をしており，膝に何らかの痛みを有する選手を評価するには，圧痛部位を触診し病変部位を類推することが重要である。図2-6-9に圧痛部位とそれに対応する代表的な疾患を示す。

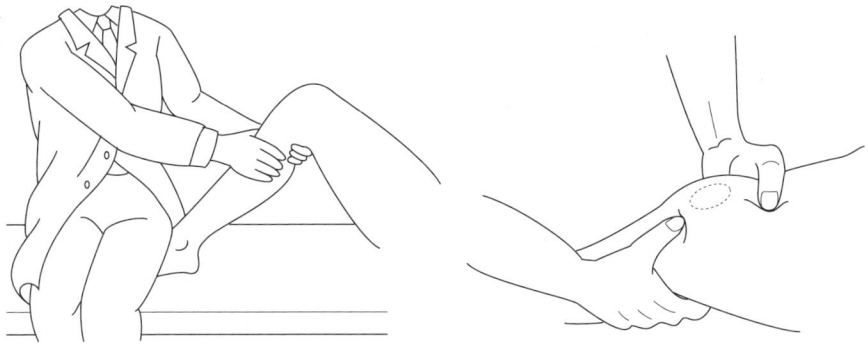

前十字靱帯損傷の診断に用いられる検査である。
前方引き出しテスト（左図）は，膝を90度屈曲位とし，患者の足を検者の殿部で軽く固定した状態で脛骨近位部を前方へ引く。ラックマンテスト（右図）は，膝軽度屈曲位（20～30度）で大腿遠位部を片手で把持し他方の手で脛骨近位部を前方に引く[2]。

● 図2-6-6 ● **前方引き出しテストとラックマンテスト**
出典：腰野富久『膝診療マニュアル』[第4版]医歯薬出版，1992年，p.119より一部改変

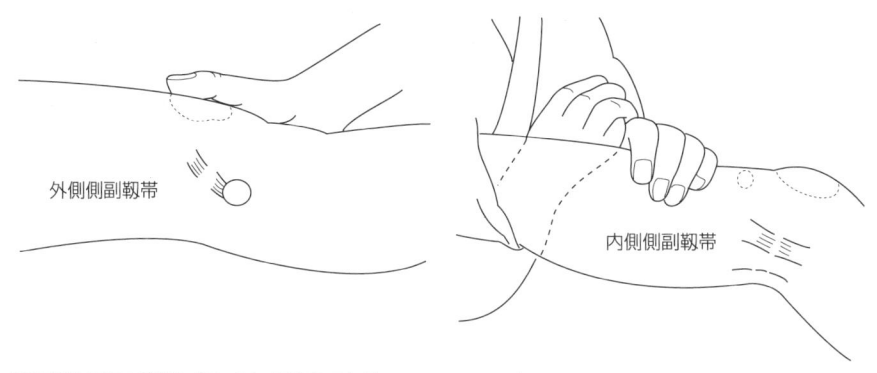

側副靱帯損傷の診断に用いられる検査である。
内反ストレステスト（左図）は，患者を仰臥位として一方の手を膝内側に置き，他方の手で足関節部を把持して膝内反を強制する。外反ストレステスト（右図）は内反ストレステストと逆方向で，一方の手を膝外側に置き，他方の手で膝外反を強制する[2]。

● 図2-6-7 ● **内反・外反ストレステスト**
出典：図2-6-6に同じ，p.119

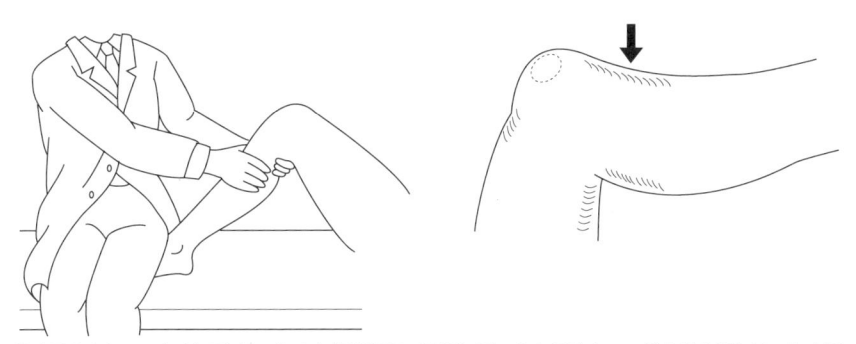

後方引き出しテスト（左図）は，後十字靱帯損傷の診断に用いられる検査で，前方引き出しテストと同じ肢位で脛骨近位部を後方へ押す。脛骨後方落ち込み徴候（右図）は，サギング（sagging）といわれ，陳旧性の後十字靱帯損傷でみられる，膝屈曲位において脛骨結節が後方に落ち込んでいる状態を指す[2]。

● 図2-6-8 ● **後方引き出しテストと後方脛骨落ち込み徴候**
出典：図2-6-6に同じ，p.119より一部改変

	圧痛部位	疾患
①	膝蓋骨，膝蓋大腿関節	有痛性分裂膝蓋骨，膝蓋大腿関節の軟骨損傷，タナ障害，膝蓋大腿関節症，前膝蓋骨滑液包炎
②	膝蓋骨内縁	タナ障害，反復性膝蓋骨脱臼，膝蓋骨亜脱臼
③	膝蓋靱帯近位部周辺，大腿骨顆間窩	Sinding-Larsen-Johansson病，ジャンパー膝，タナ障害，離断性骨軟骨炎，anterior knee pain syndrome
④	脛骨結節	Osgood-Schlatter病
⑤	内側関節裂隙	内側半月板損傷，変形性膝関節症(内側型)，特発性骨壊死
⑥	外側関節裂隙	外側半月板損傷，変形性膝関節症（外側型）
⑦	大腿骨内側顆	変形性膝関節症(内側型)，内側側副靱帯損傷，特発性骨壊死，離断性骨軟骨炎
⑧	大腿骨外側顆	変形性膝関節症(外側型)，外側側副靱帯損傷，腸脛靱帯炎
⑨	鵞足部，脛骨内側顆	鵞足炎，内側側副靱帯損傷，特発性骨壊死

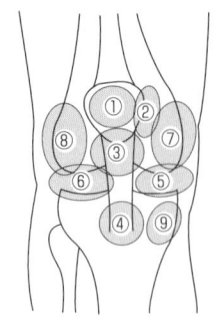

● 図2-6-9 ● 膝関節圧痛部位

出典：図2-6-2に同じ，p.534
原典：Michael Strobel / Hans-Werner Stedtfeld, *Diagnostic Evaluation of the Knee*, Springer-Verlag, 1990, p.89

⑤ 膝蓋骨と下腿の**アライメント**（位置関係）の評価

背臥位と立位において，大腿，下腿，膝蓋骨の位置関係を評価する。X脚やO脚などの単純なものから，大腿に対して下腿が内旋あるいは外旋しているもの，膝蓋骨が内側あるいは外側を向いているものなどをチェックする。下腿の内外旋は膝関節への回旋ストレスの参考となり，膝蓋骨の向きは膝蓋大腿関節に対する負荷の参考となる。

アライメント

3） 代表的疾患

ここでは膝関節の代表的スポーツ外傷・障害である，**腸脛靱帯摩擦症候群**および**鵞足炎，膝蓋腱炎，膝関節靱帯損傷，膝蓋大腿関節障害**について述べる。

腸脛靱帯摩擦症候群
鵞足炎
膝蓋腱炎
膝関節靱帯損傷
膝蓋大腿関節障害

① 腸脛靱帯摩擦症候群・鵞足炎

　a．受傷機転

鵞足炎・腸脛靱帯摩擦症候群（腸脛靱帯炎）は，いわゆる使いすぎ症候群といわれるものである。鵞足部や，腸脛靱帯に主として膝関節部で牽引力が長期に渡って加えられ軟部組織に炎症が起こる。牽引力の原因としては膝関節のアライメント不良による回旋ストレスが第1に挙げられる。下腿の外旋（足先が外向き），内旋（足先が内向き）または，いわゆる膝が内に入った状態や外を向いた状態により相対的に膝関節にストレスがかかる。鵞足炎の原因となるアライメントは，膝が内を向いて，

足先が外を向いた状態であり，腸脛靱帯摩擦症候群の原因となるアライメントは，鵞足炎とは反対に膝が外を向いて，足先が内を向いている状態である。

　　b．リハビリテーション

急性期では，患部に対して寒冷療法を行う。アライメント不良の原因としては，足関節背屈可動域低下や下腿三頭筋の筋力低下，股関節の内旋・外旋可動域の低下などが考えられるので，膝関節だけでなく，隣接関節に対するアプローチも重要である。

② 膝蓋腱炎（ジャンパー膝）　　　　　　　　　　　　　　　　　　ジャンパー膝

　　a．受傷機転

膝蓋腱炎も使いすぎ症候群の1つで，主に大腿四頭筋の遠心性収縮を多用する動作，たとえばジャンプ競技の踏み込み時等に膝蓋腱に大きな牽引力が頻回にわたって加えられることにより起こる。膝蓋腱炎には，内側型と外側型があり，鵞足炎や腸脛靱帯摩擦症候群と同様に膝関節のアライメントに影響を受ける。その他に，重心が常に後方に位置している選手に多くみられる。

　　b．リハビリテーション

急性期では，患部に対しての寒冷療法が有効である。動作時の重心が常に後方に位置しているようなケースでは，動作時の下腿の前傾が不十分であることが多く，その原因としては，足関節背屈可動域の低下や**外**　　外反母趾
反母趾，**扁平足**などがある。これらには足底板が有効である。また，慢　　扁平足
性期では膝蓋腱を圧迫するようなテーピングも有効である。

③ 膝関節靱帯損傷

　　a．受傷機転

膝関節靱帯損傷は，選手同士あるいは地面などと接触して起こる接触型と，他との接触がなくストップ動作などで損傷する非接触型の2種類がある。**前十字靱帯**は，主に膝関節への回旋を強制されて損傷する。つ　　前十字靱帯
まり，膝を捻った状態で，膝の外側あるいは内側から接触された時や急激にストップした時などに損傷する。後十字靱帯は，主に膝関節の後方への強制力によって損傷する。たとえば，膝を地面に強く打ちつけた時などによくみられる。内側側副靱帯は，回旋および外反ストレスによっ

て受傷する。外側側副靱帯は，回旋および内反ストレスによって損傷する。これらの各靱帯は単独で損傷することもあれば，いくつかが同時に損傷することもある（複合損傷）。

　b．リハビリテーション

膝関節靱帯損傷は，ランニングなどのスポーツ動作の指導や当たり方の指導などでかなりの予防ができる。実際の治療は，損傷の程度や受傷からの期間などを考慮して保存療法，観血的治療のどちらかが選択される。リハビリテーションにおいては，損傷靱帯の治癒経過と筋力や可動域の所見，動作時のアライメントを考慮して，段階的に動作を獲得させていくことが重要である。その際，靱帯損傷に起因する不安感には特に注意を要するべきである[8]。

④　膝蓋大腿関節障害

　a．受傷機転

ランニング，ジャンプ，ダンスなど，荷重位で，膝関節の屈伸を多用する場合や水泳のウィップキックなどのように膝に外反ストレスがかかった状態で屈伸をくり返す場合によくみられる。膝蓋大腿関節障害の発生には，膝蓋骨の不安定性が大きく関与しており，膝関節運動に伴う膝蓋骨の動きが過度に生じる場合にみられる。

　b．リハビリテーション

膝蓋大腿関節障害のリハビリテーションは，痛みに対して行うものと膝蓋骨のアライメント不良に対して行うものに分けられる。膝蓋大腿関節障害における痛みは，膝蓋軟骨に起因するものが多い。膝蓋軟骨の痛みに対しては，膝蓋軟骨の不整化を改善する目的での軽負荷による自転車エルゴメーターや超音波療法が有効である。膝蓋骨のアライメント不良に対しては，膝蓋骨の外方偏位を抑制する目的で，内側広筋斜頭のトレーニングや腸脛靱帯のストレッチングが有効である。

【参考文献】
1）金子丑之助（金子勝治，穐田真澄改訂）『日本人体解剖学』［改訂19版］上巻，南山堂，2000年，pp. 89-92, pp. 348-361
2）寺山和雄，辻　陽雄監修『標準整形外科学』［第7版］医学書院，1999年，p. 474, pp. 531-534, pp. 585-586, p. 717
3）細田多穂，柳澤　健編『理学療法ハンドブック第1巻　理学療法の基礎と評価』［改訂

第3版］協同医書出版社, 2000年, p.156
4）武富由雄「関節可動域制限」石川　齊, 武富由雄責任編集『理学療法技術ガイド』［第2版］文光堂, 2001年, p.58
5）中村隆一, 齋藤　宏『基礎運動学』［第5版］医歯薬出版, 2000年, pp.229-230
6）高沢晴夫「肉ばなれ」『臨床スポーツ医学　3』1986年, pp.289-291
7）横江清司, 萬納寺毅智, 竹村夫美子, 中嶋寛之「大腿部（前面, 後面）の痛み」『臨床スポーツ医学　5』1988年, pp.186-191
8）大工谷新一「前十字靱帯, 内側側副靱帯, 内側半月損傷保存例に対する理学療法──スポーツ動作許可後にみられた再受傷の恐怖感に着目して──」『関西理学療法』1, 2001年, pp.25-30
9）腰野富久『膝診療マニュアル』［第4版］医歯薬出版, 1992年, pp.118-119

7 足関節・足部

(1) はじめに

　ヒトと他の動物との違いは直立2足歩行と道具の使用であるといわれている。この2つの項目を満たすために本来移動の機能であった前足（手）を解放し, 永続的に直立姿勢をとれるようにした。その結果, 足関節・足部に関わる役割, 負担は大きくなった。ヒトの足関節・足部はこの過酷な環境に適応するために骨格, 関節, 筋肉, 靱帯の構造が重力に抗しつつ, 姿勢を安定かつ保持し, 前方に重心を移動しつつ親指を中心とした足趾で前方推進をすることに重点をおいたものになっている。

　疾病〜傷害・障害〜疲労〜不調時にみられる症状（主観的な痛みや運動制限など）や所見（評価でみられる運動制限など）は系統発生学的な先祖返りと思える様相を呈することがある。たとえば, 外反扁平足や外反母趾は通常高齢者にみられることが多く, これらの著明な状態が類人猿（サルなど）で認められる。痛みの自然経過をみていると, 痛みの重症な時ほど類人猿に近い状態となり, 回復にしたがいヒトの状態に戻っていく。スポーツにおいての構えのように類人猿に近い姿勢での運動ではその肢位から瞬発的で強力, 効率的な力が発揮しやすく, また傷害・障害が起こりにくい。しかし, 長時間の走行や道具を使用したスポーツ動作のようにヒトらしい姿勢での運動は傷害・障害が起こりやすい。つまり, 他の動物と比較してヒトらしい運動を行っている動作が傷害・障

害を引き起こしやすい。スポーツ選手を評価するにあたり，局所の解剖，運動学，バイオメカニクス，病態像のほかにヒト特有の機能の把握も必要となる。

（2）足関節・足部の解剖

足部は7個の足根骨，5個の中足骨，14個の趾骨からなり，それ以外に種子骨がある（図2-7-1）。狭義の足関節は**距腿関節**ともいわれ，脛骨，腓骨，距骨からなる。**距骨下関節**は距骨，踵骨，舟状骨からなっている。**横足根関節**は別名**ショパール関節**と呼ばれ，距舟関節と踵立方関節からなる。**足根中足関節（リスフラン関節）**は，3個の楔状骨，立方骨，5個の中足骨からつくられる。さらに5個の中足骨と5個の基節骨からなる中足趾節関節がある。

このように多くの関節を形成するそれぞれの骨は，靱帯によって連結される。距腿関節では脛骨と腓骨とを連結する**前脛腓靱帯，後脛腓靱帯**，内側には**三角靱帯（前距脛靱帯，脛舟靱帯，脛踵靱帯，後距脛靱帯）**，外側には**外側靱帯（前距腓靱帯，踵腓靱帯，後距腓靱帯）**がある。距骨下関節には，足根洞内全体に骨間距踵靱帯があり，足根洞の外側には外側距踵靱帯，脛腓靱帯がある。

足関節と足部の筋として，下腿から足部につながる外在筋と，足部の

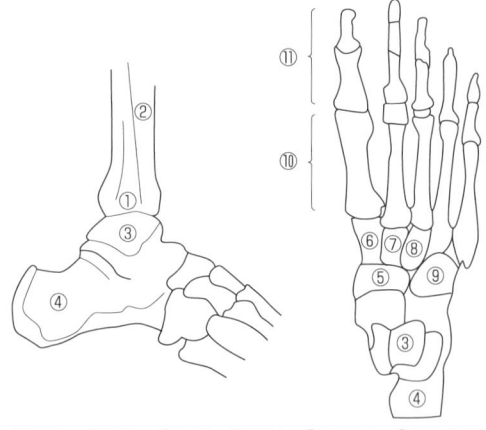

距腿関節
距骨下関節
横足根関節
ショパール関節
距舟関節
踵立方関節
足根中足関節
リスフラン関節

前脛腓靱帯
後脛腓靱帯
三角靱帯（前距脛靱帯，脛舟靱帯，脛踵靱帯，後距脛靱帯）
外側靱帯（前距腓靱帯，踵腓靱帯，後距腓靱帯）

①腓骨，②脛骨，③距骨，④踵骨，⑤舟状骨，⑥第1楔状骨，⑦第2楔状骨，⑧第3楔状骨，⑨立方骨，⑩中足骨，⑪趾骨

足部は7個の足根骨，5個の中足骨，14個の趾骨からなり，それぞれの骨は靱帯によって連結される。

● 図2-7-1 ● 足関節・足部の骨格

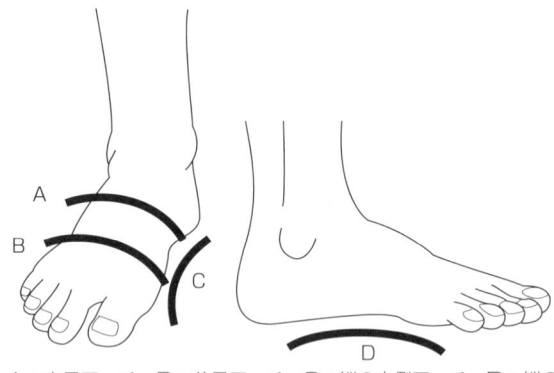

A：中足アーチ，B：前足アーチ，C：縦の内側アーチ，D：縦の外側アーチ

足関節と足部の構造として3つのアーチ構造がある。これらのアーチはスプリングの役目を果たし，衝撃を吸収し，歩行をスムーズにしている。

● 図2-7-2 ● ヒトのアーチ構造

みの足固有筋がある。

足関節と足部の構造として3つのアーチ構造がある（図2-7-2）。これらのアーチはスプリングの役目を果たし，衝撃を吸収し，歩行をスムーズにしている（図2-7-3）。

① **横のアーチ**：第1～3楔状骨，立方骨による中足アーチと第1～5中足骨による前足アーチがある。前者は長腓骨筋が関与し，後者は母趾内転筋がアーチ形成に関与している。

② **縦の内側アーチ**(土踏まず)：踵骨，距骨，舟状骨，第1楔状骨，第1中足骨により形成される。後脛骨筋，前脛骨筋，長母趾屈筋，長趾屈筋，母趾外転筋がアーチ形成に関与している。

③ **縦の外側アーチ**：踵骨，立方骨，第5中足骨により形成される。長・短腓骨筋がアーチ形成に関与している。

ヒトと類人猿のアーチ構造を比較するとヒトは縦方向と横方向にアーチを形成しているのに比して，類人猿は横方向のアーチ形成のみである。したがって，類人猿には土踏まずの構造はみられず，扁平足である。

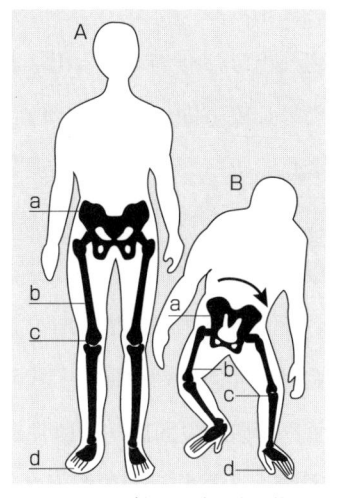

ヒトはスムーズな2足歩行を可能にしているが，サルは2足歩行ではガニマタで体をゆする歩き方しかできない。
a骨盤　b大腿骨　c膝関節　d足
● 図2-7-3 ● **ヒトとサルの歩行**
出典：デビッド・ランバード編，河合雅雄訳『図説　人類の進化』平凡社，1993年，p.86

横のアーチ
縦の内側アーチ
縦の外側アーチ

（3）　足関節・足部の運動学，バイオメカニクス

足関節・足部の運動は関節ごとに行われる。距腿関節は足関節の**底屈**，背屈の運動を行う。足関節の底屈には足部の**回外**を伴い，足関節の**背屈**には足部の**回内**を伴う。距骨下関節は**運動軸**を2つ持ち，**内返し**，**外返し**の運動を行う。横足根関節の運動軸も2つあり，一方が内反，外反の運動を行い，他方が底屈と内転，背屈と外転の運動を行う。足根中足関節は前足部の回内，回外運動を行う。中足指節関節は底屈，背屈と内転，外転の2つの運動を行う。

歩行時にかかる足関節・足部への荷重による負荷は大きい。歩行は**立脚期（体重負荷期）**と**遊脚期（体重非負荷期）**に分けられる。立脚期はさらに荷重が踵（踵接地）から始まり，外側足底接地から中足骨頭へ移り，親指へと移動した後，蹴り出し（母趾離地）を行う。足部のアーチ構造は，歩行時にスプリングとして働くほかに体重移動を円滑にする役

底屈
回外
背屈
回内
運動軸
内返し
外返し

立脚期（体重負荷期）
遊脚期（体重非負荷期）

割を果たしている。ヒトと類人猿との歩行での大きな違いは親指による蹴り出しの有無である（図2-7-4）。ヒトは直立2足歩行を効率よく行うために縦方向のアーチ形成による衝撃吸収と，蹴り出しによる歩行の円滑化を行った。一方類人猿は樹上での移動形態のため足部も手と同様把握の機能を残しているため（図2-7-5），べた足（扁平）でしか歩行できない。

ヒト特有の蹴り出し時の運動として，荷重した親指の回外～前足部（中足骨）の回内～中足部（楔状骨，舟状骨，立方骨）の回外～後足部（踵骨，距骨）の回内～下腿骨の外旋が行われる（図2-7-6）。この運動を過度にくり返すとさまざまな足関節・足部の障害を引き起こしやすい。

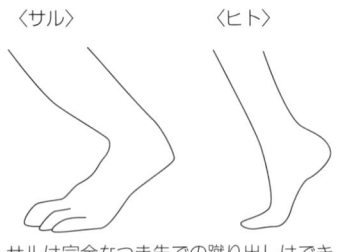

〈サル〉　〈ヒト〉

サルは完全なつま先での蹴り出しはできていない。

● 図2-7-4 ● サルとヒトの歩行時の蹴り出しの違い

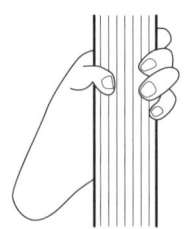

足部は手と同様把握の機能を持つ。

● 図2-7-5 ● 木登り時の足の使用
出典：黒田弘行『からだの歴史』農山漁村文化協会，1990年，p.79

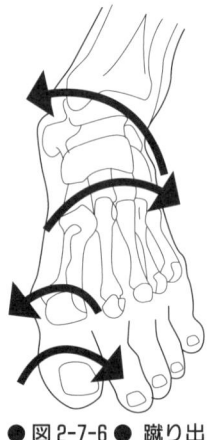

● 図2-7-6 ● 蹴り出し時の関節運動

（4）足関節・足部の有痛性疾患の分類

スポーツ中におこる足関節・足部の問題は急性におこる外傷・傷害と使いすぎやくり返し行われる反復動作などの慢性的におこる障害に分けられる。原因は筋肉疲労，肉ばなれ，打撲傷，捻挫，脱臼，骨折などさまざまである。また，それぞれの**重症度**（重症～中等度～軽症～ごく軽症）や**病期**（急性期～亜急性期～慢性期～治り際）でも状態が異なってくるため，それぞれの状態に見合った適切な評価と対応が必要となる。

足関節・足部の問題にて痛みが起こる状態を大きく4つに分類する。

重症度

病期

1) 運動レベル損傷：急性期，重症

　痛みが激しいために単一の関節を意識的にそして意志的に全神経を集中して，緩慢に運動せざるをえないもの。体重を負荷しようとしたり，重力を負荷しようとすると，激しい痛みが出現する。痛みを起こす動作として，

① 激痛のため足関節・足部を少しでも動かすことができない場合
② 足関節の底屈・背屈だけでも痛みが出現する場合

がある（図2-7-7）。骨折，筋肉断裂，靱帯断裂，関節脱臼・亜脱臼が存在する場合があるので，スポーツ現場では **RICE処置（R＝Rest：安静，I＝Ice：冷却，C＝Compression：圧迫，E＝Elevation：挙上）** のうえ，痛みの軽減する肢位に固定して専門医療機関の受診を勧める。医療機関では骨折，靱帯断裂などがある場合は受傷部位に負担が加わらないように固定もしくは安静処置，鎮痛処置を行う。重症の場合は手術が適応になることもある。関節脱臼・亜脱臼の場合は整復処置が施される。この処置の後でも関節の位置関係に遊び運動の視点での軽微なズレがみられることが多く，放置しておくと慢性的な関節症に陥ることがある。したがって，関節の位置関係をX線画像所見上の診断にとどまらず，ジョイントモビリゼーションの視点で正確に把握し必ず正常の位置関係に戻しておくことが必要となる。受傷日もしくは1〜2日以内に専門家による処置（整復）を行う。その後，損傷部位の自然治癒を目的にして，筋肉機能の改善，関節機能の改善を図りつつ，次の動作レベル損傷状態へと導く。

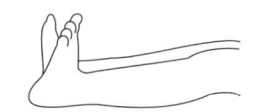

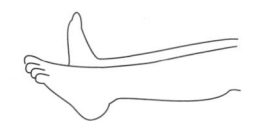

●図2-7-7● 運動レベル

足関節背屈運動

RICE処置（R＝Rest：安静，I＝Ice：冷却，C＝Compression：圧迫，E＝Elevation：挙上）

2) 動作レベル損傷：急性期〜亜急性期，中等度

　下肢・足部における複数の関節運動を一肢全体の運動として同時に半ば意識的に半ば無意識的に行う時に，ある特定の部位に痛みが出現するもの。ある課題（動作）を遂行する途中で痛みが出現するために，課題遂行が不能あるいは極めて困難と訴える。体重を負荷したり，重力を負荷した状態にすると痛みが出現する。痛みを起こす動作として，

① 足関節の底屈・背屈は可能であるが体重負荷で椅子より**起立動作・着席動作**にて痛みが出現する場合

起立動作
着席動作

② 体重負荷にて**しゃがみ込み動作，床からの立ち上がり動作**にて痛みが出現する場合

がある（図2-7-8）。**骨損傷，靱帯不全断裂，関節亜脱臼，捻挫，打撲傷**などが存在する場合がある。競技・練習は一次中断し，早期に医療機関の受診を勧める。損傷した部位に関連する筋肉と血行に対する処置を的確に進める。筋肉機能の改善，関節機能の改善を図りつつ，次の行為レベル損傷状態へと導く。

しゃがみ込み動作
床からの立ち上がり動作

骨損傷
靱帯不全断裂
関節亜脱臼
捻挫
打撲傷

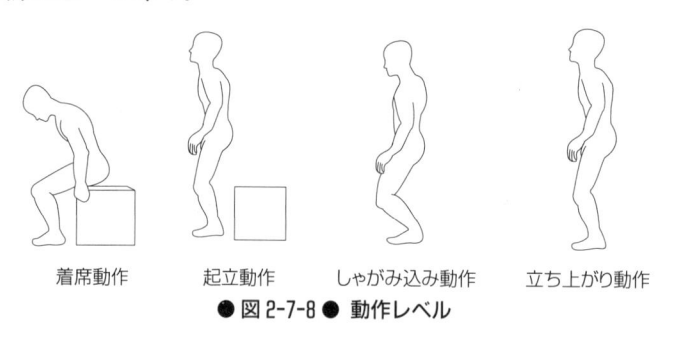

着席動作　起立動作　しゃがみ込み動作　立ち上がり動作
● 図 2-7-8 ● 動作レベル

3）行為レベル損傷：慢性期，軽症

行為レベル損傷

体重負荷～重力負荷～抵抗負荷のある状態で，一肢運動を含めて全身の関節運動を半ば無意識的に行う時に，ある特定の部位に痛みが出現するもの。課題遂行のための動作は可能である。しかし，その行為中に疼痛が出現し，行為の作業能率の低下，作業成績の低下，作業の継続困難を訴える。痛みが発現する動きは重心が変化していく全身運動である。痛みを起こす動作として，

① **階段昇降動作**にて痛みが出現する場合

階段昇降動作

② **歩行動作**（立脚期の体重負荷時）にて痛みが出現する場合

歩行動作

③ **ジャンプ動作・着地動作**にて痛みが出現する場合

ジャンプ動作
着地動作

がある（図2-7-9）。筋肉緊張不均衡，靱帯損傷（軽度），捻挫（軽度），

階段降動作　階段昇動作　歩行動作　ジャンプ動作
● 図 2-7-9 ● 行為レベル

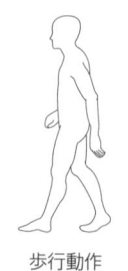

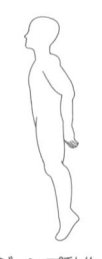

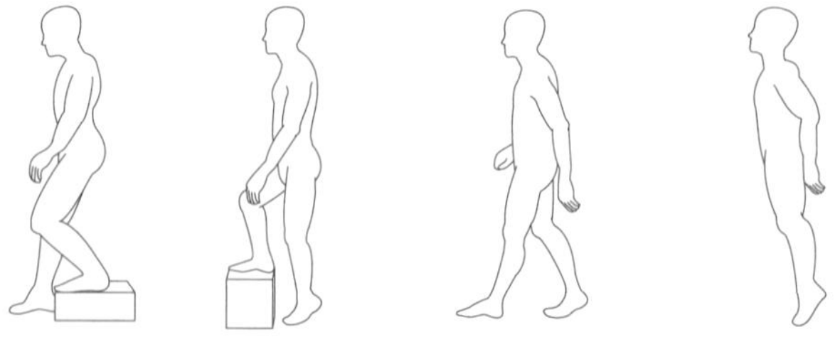

関節不安定症，打撲傷，使いすぎ症候群などが存在する場合がある。練習内容や姿勢などの要因が影響する。ストレッチ体操，筋力増強訓練などの筋肉機能の改善，関節機能の改善を試みながら全身運動の改善を行いつつ，次のスポーツレベル損傷状態へと導く。

4） スポーツレベル損傷：治り際，ごく軽症

体重負荷〜重力負荷〜抵抗負荷のある状態で，重心地点を移動しつつ全力を挙げて全身の関節運動を，完全に無意識的に行う時に，ある特定の部位に痛みが出現するもの。スポーツや労働の継続困難を訴える。重心が前後〜左右〜回旋〜上下方向に移動する全力全身運動で疼痛が出現する。痛みを起こす動作として，

① スポーツ行為中に痛みが出現する場合
② スポーツを終えたのちに痛みが出現する場合

がある。筋肉緊張不均衡，関節不安定症，打撲傷，使いすぎ症候群，気落ちなどが存在する場合がある。練習内容や姿勢などの要因が影響する。ストレッチ体操，筋力増強訓練を中心に全身の機能向上を図る。また，練習の内容・量の検討，姿勢の改善を図ることも必要となる。

> スポーツレベル損傷

（5） 足関節・足部の有痛性疾患の評価と対応

スポーツ現場では痛みの「原因」または「病名」の探索や，「原因」または「病名」ごとの対応よりも出現している症状をあるがままに評価し，それに素直に対応する方法が適当である。症状・所見・病態生理学的原因は多彩ではあるが，まず痛みに注目し，この痛みを発現する部位，痛みを引き起こす関節運動，痛みを発現する動きの分析へと進み，この分析に基づき対応を行う。筆者らは以下のように評価と対応を進めている（図2-7-10）。

1） 問診

受傷機転，既往歴，スポーツ種目，痛みが発現する部位・関節運動・関節運動方向・程度などなるべく詳しく問診する。

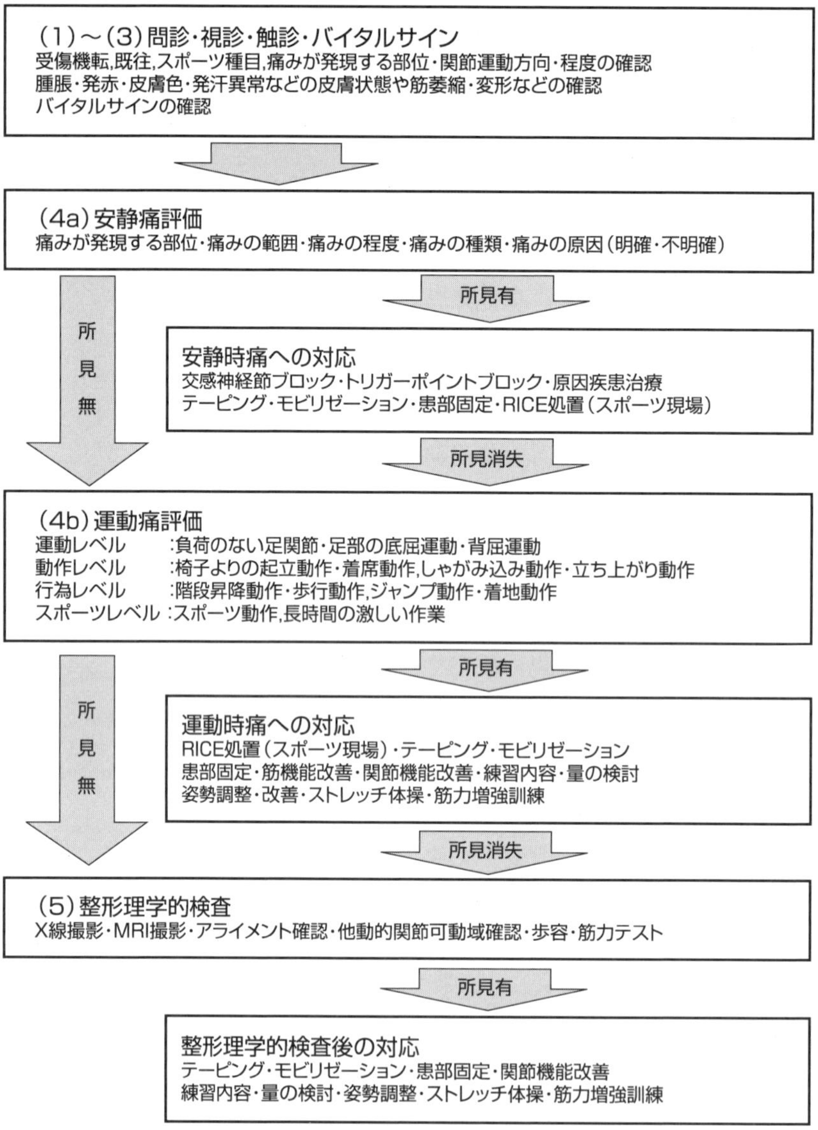

```
(1)〜(3)問診・視診・触診・バイタルサイン
  受傷機転,既往,スポーツ種目,痛みが発現する部位・関節運動方向・程度の確認
  腫脹・発赤・皮膚色・発汗異常などの皮膚状態や筋萎縮・変形などの確認
  バイタルサインの確認
                  ↓
(4a)安静痛評価
  痛みが発現する部位・痛みの範囲・痛みの程度・痛みの種類・痛みの原因(明確・不明確)
                      所見有→  安静時痛への対応
                                交感神経節ブロック・トリガーポイントブロック・原因疾患治療
                                テーピング・モビリゼーション・患部固定・RICE処置(スポーツ現場)
  所見無↓                  所見消失←
(4b)運動痛評価
  運動レベル    :負荷のない足関節・足部の底屈運動・背屈運動
  動作レベル    :椅子よりの起立動作・着席動作,しゃがみ込み動作・立ち上がり動作
  行為レベル    :階段昇降動作・歩行動作,ジャンプ動作・着地動作
  スポーツレベル :スポーツ動作,長時間の激しい作業
                      所見有→  運動時痛への対応
                                RICE処置(スポーツ現場)・テーピング・モビリゼーション
                                患部固定・筋機能改善・関節機能改善・練習内容・量の検討
                                姿勢調整・改善・ストレッチ体操・筋力増強訓練
  所見無↓                  所見消失←
(5)整形理学的検査
  X線撮影・MRI撮影・アライメント確認・他動的関節可動域確認・歩容・筋力テスト
                      所見有→
  整形理学的検査後の対応
    テーピング・モビリゼーション・患部固定・関節機能改善
    練習内容・量の検討・姿勢調整・ストレッチ体操・筋力増強訓練
```

● 図2-7-10 ● 足部・足の評価ダイヤグラム

2) 視診・触診

腫脹・発赤・皮膚色・発汗異常などの皮膚状態や筋萎縮・変形などの受傷部位の確認を行う。

腫脹
発赤
皮膚色
発汗異常

3) バイタルサイン

コンタクトスポーツの現場または受傷後に対応する時,痛みを起こしている部位のみにとらわれずに一見して明確な損傷部位以外の症状・所

見を観察および把握する必要がある．**体温・脈拍・呼吸・血圧・意識状態**などの確認を行う．

体温
脈拍
呼吸
血圧
意識状態

4） 動作評価と対応

重症度の高い動作から確認する．重症の段階で痛みが出現した場合は次の段階の対応には進まない．対応は筋肉と関節，血行に対する処置を的確に進めることが必要である．筆者らは関節運動に関するテーピング，関節運動に関する筋肉のストレッチ，関節の遊び運動を確保する体操を主体に行っている．テーピングに関しては関節運動の制限を目的とする従来のスポーツテーピング以外にも，関節運動に関係した筋肉の活動を向上させ，運動の支持を確保する目的で行うテーピング（図2-7-11）も使用している．重症例や急性期は痛みを軽減する肢位での固定が必要な場合もある．

まず痛みが発生する箇所または関節部位においてもっとも強い痛みを発生する部位とその痛みの発生する方向を確認する．ついでその方向と反対の方向へその関節を保持する．その際，ストレッチされている筋肉に対して伸縮性粘着テープをやや引っ張り気味に貼付する．さらにその状態で痛みを発生する部位とその方向を確認して，上記のテーピングをくり返していく．テーピングやストレッチを行った後，体操を行う．痛みが減少し，その関節の可動域が改善した段階で，その関節の正常な関節の位置関係を改善させる微妙な処置（**モビリゼーション**）を行う．

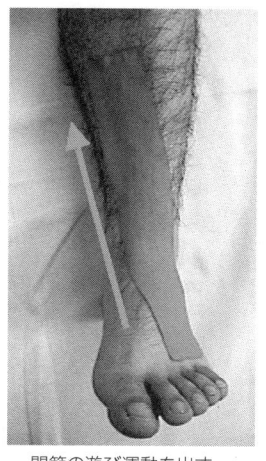

関節の遊び運動を出す．
● 図2-7-11 ● 距骨の後方へのすべりを促すテープ

モビリゼーション

5） 整形理学的評価

X線撮影により**骨損傷，骨配列異常**などを確認する．**前方引き出しテスト，内返しテスト，ストレスX線撮影**は靱帯損傷の評価方法として一般的に行われているが，断裂寸前などの靱帯の場合，これらのストレステストを行うことによって完全断裂へと移行する場合がある．したがって，これらのテストは専門の医療機関で行い，スポーツ現場では行わないことが賢明である．X線検査では骨傷，その他が認められない場合でも症状・所見が疑わしい場合，必要に応じてMRI撮影を行い，**軟部組織損傷**や**骨梁骨折**などの確認を行う．

X線撮影
骨損傷
骨配列異常
前方引き出しテスト
内返しテスト
ストレスX線撮影

MRI撮影
軟部組織損傷
骨梁骨折

（6） 足関節・足部に出現する痛み

　足関節・足部の回りに出現する痛みは，運動の分類として何もしていなくても痛みが出現する安静時痛と，動かしたときに痛みが出現する運動時痛に分けられる。安静時痛が出現している場合，内臓損傷，神経損傷，脳損傷，重度な骨折などが隠れている場合があり，安静時痛のあるときは原因がはっきりするまではスポーツを控え医療機関への受診を勧める。

　また，範囲の分類として下肢の広範囲に出現している痛みとある一部分だけ出現している限局性の痛みの2つに分けられる。

　広範囲に出現している痛みは，足関節・足部より近位の部位の影響つまり腰椎由来の関連性の痛みである場合が多く，足関節・足部に限らず腰椎や股関節，膝関節の機能の評価が必要となる（図2-7-12）。また，**RSD（Reflex Sympathetic Dystrophy：反射性交感神経萎縮症）**でも広範囲に痛みが出現することがある。RSDは急激で強烈な痛みが発現した場合や，**痛み刺激（侵害刺激）**がくり返し引き起こされた場合に発生する。これは侵害刺激が**脊髄反射，交感神経反射**を介して傷害を受けた部位に関連した筋肉を緊張させたり，細動脈を収縮させ血行を悪くさせる。その結果，**筋肉の萎縮，血行不良，浮腫，皮膚異常（皮膚発赤・光沢），冷感，発汗異常，風が吹いただけでも痛くなる**などのやっかいな諸症状を引き起こす。この場合は，体に侵害刺激が伝わらないように損傷部位の安静・保護を行う必要がある。決して無理に練習・試合を続けてはいけない。

　限局性の痛みはさまざまな理学的評価およびX線，MRIなどの画像評価により骨や関節の状態が詳細に検討される。

（7） 足関節捻挫

　足部の捻挫の場合，初期治療が適切に行われていないと後の後遺症（不安定症）につながることがある。捻挫とは「骨と骨との連結部分＝関節」に正常関節運動範囲を越えざるを得ない無理で不意な力が加わって受傷したものである。正常関節運動範囲の逸脱は，連結している「スジ＝靱

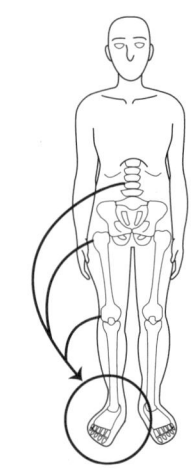

足関節・足部より近位の部位の影響により痛みが出る場合がある。

● 図2-7-12 ● 足の関連痛
出典：ジェフリー・グロスほか著，石川　斉ほか訳『筋骨格系検査法』医歯薬出版，1999年，p.398

RSD（Reflex Sympathetic Dystrophy：反射性交感神経萎縮症）
痛み刺激（侵害刺激）
脊髄反射
交感神経反射
筋肉の萎縮
血行不良
浮腫
皮膚異常（皮膚発赤・光沢）
冷感
発汗異常
風が吹いただけでも痛くなる

帯」,「関節を囲む袋＝関節包」を破っていることである。このことは受傷後,一定期間(靱帯損傷や関節包の修復期間)は痛めた関節の安静～固定が必要であることを意味する。このことを無視したまま練習を再開するといわゆる関節捻挫後の後遺症として不都合な状態が長引くことになる。一方,関節捻挫は正常な関節運動の逸脱後に元の正しい状態に回復しているかが問題となる。関節は複数の骨の断端がお互いに吸い込まれるように美しく運動している。まったく「ぎこちなさ」がない。これが「**関節捻挫＝正常な関節の運動範囲の逸脱**」の後に,「ぎこちない」状態のまま固定もしくは安静をとると,その後に後遺症が残る。したがって,捻挫後まず正しい関節の位置関係に回復させる必要がある。

関節運動は①見えたままの運動(**生理的運動**)と,②見えない関節包内運動(**関節包内副運動・遊び運動**)の２種類がある。捻挫後,生理的運動の制限もみられるが,複雑で難渋するのは一見すると治ったように見えて,実は回復していない関節包内運動の障害である。この関節包内運動が捻挫後に残った傷害・障害の理解のキーポイントになる。「遊び運動」のないまたは少ない機械は破損しやすいように関節も遊びが少ないと傷害・障害を起こしやすい。したがって,遊び運動の確保は関節治療の要である。

ここで,捻挫の治療(後遺症なく早く確実に治すために)のポイントを挙げる。

① 捻挫後,正しい元の関節の位置関係に回復せしめる(極めて微細な操作で専門的治療)。

② その状態でなるべく固定～安静を保つ(図2-7-13)。ただし固定しすぎると線維芽細胞が瘢痕組織に置換されるので逆に後遺症を招く。完全固定は避ける。

③ 関節包内運動(遊び運動)を回復せしめつつ軟骨の栄養状態を健全に保つ(専門的技術)。

関節捻挫
　正常な関節の運動範囲の逸脱。

生理的運動

関節包内副運動
遊び運動

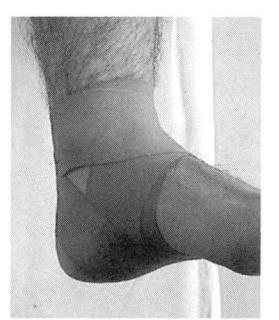

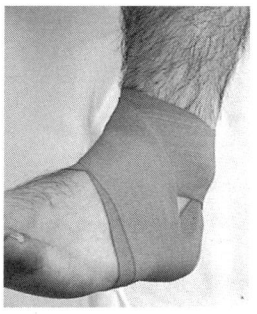

距腿関節や距骨下関節の関節運動を制限させるヒールロック。
● **図2-7-13 ●　足関節に対するテープ**

(8) 足の裏の痛み

かかと部の**足底筋付着部炎**，土踏まず周囲の**扁平足**，**後脛骨筋付着部炎**，親指の膨らみの**種子骨骨折**などがある。

足底筋付着部炎
扁平足
後脛骨筋付着部炎
種子骨骨折

ヒトらしさである直立2足歩行に必要な「蹴り」や「つま先立ち」のくり返しにより，母趾中足趾節関節，足根中足関節，距腿関節の機能障害が発生する。その結果，「蹴り」や「つま先立ち」に必要な足の裏にある筋群の運動効率が低下し，筋肉そのものが疲労，損傷あるいは炎症を引き起こす。さらに運動を継続するとその筋肉が骨につく部位で炎症が発生し痛みが強くなる。痛みは親指～中足骨～足根骨～下腿へと連なる一連の運動が破綻した場合に痛みが発生しやすいため，フォーム調整，歩容（歩行時の姿勢，身体の動揺など）の確認など全体の運動として評価と対応を行う必要がある。

(9) 足部の外側の痛み

第5中足骨頭付近に痛みが出現しやすい。第5中足骨頭の骨端線損傷や骨折，第5中足骨と立方骨との関節の不安定症，短腓骨筋付着部炎などがある。

長時間の歩行や，くり返しの体重負荷運動により足根中足関節や距腿関節の機能障害が発生する。その結果，「蹴り」に働く前足部の回内運動を行う短腓骨筋の運動効率が低下し，筋肉そのものが疲労，損傷あるいは炎症を引き起こす。さらに運動を継続するとその筋肉が骨につく部位で痛みが発生する（図2-7-14）。

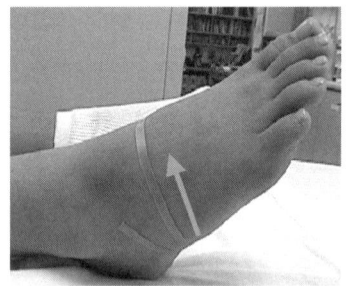

● 図2-7-14 ● 前足部の回内運動を促すテープ

(10) 親指の痛み

痛みの有無にかかわらず外反母趾を呈していることが多い。類人猿の親指は本来樹の上での生活や移動を目的としているため親指は握る，つまむという働きを行っている。ヒトは樹の上での移動から大地への移動へと切り替えたことにより効率の良い歩行として，蹴り出しやつま先立ちを行うようになった。

疲労～傷害・障害～加齢などがあると蹴り出しに必要な筋肉の緊張が

低下し，**開張足**になりやすい。開張足になると親指の中足骨は外側に向きやすいが母趾内転筋の緊張により親指の先端は内方へと牽引される。この状態が**外反母趾**とよばれている。

　痛みが起こる場合はすでに外反母趾の状態になっているため，ただ親指の先端を開き外側に向ければ良いわけではない。親指に関係した筋肉機能の改善を図りつつ，親指の中足指節関節，足根中足関節の関節機能の改善が必要となる（図 2-7-15）。

(11) おわりに

　スポーツにおける傷害・障害は瞬間的に発生する外傷に対しての対応も必要であるが，慢性的に発生している障害に対してどのように対応を行うかも大切である。慢性的な障害の場合，類人猿にはみられないヒトらしさを要求されている運動・動作・行為の反復によって障害を受けている場合もある。その際には痛みの箇所にとらわれず全体の運動として捉え，対応していく必要もある。

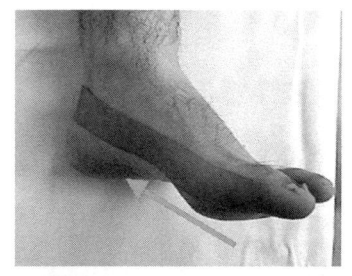

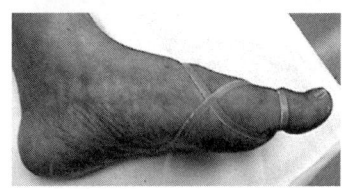

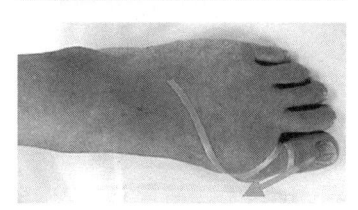

● 図 2-7-15 ● 外反母趾に対するテープ

開張足
外反母趾

【参考文献・引用文献】
1) 有川　功, 小崎利博『ダイヤグラムによる筋骨格系疾患のテープ医療』[第3版] 有川整形外科医院付属整形医学研究所, 2001年
2) 有川　功『整形理学療法のあゆみ　系統発生』有川整形外科医院付属整形医学研究所, 2001年
3) 黒田弘行『からだの歴史』農山漁村文化協会, 1990年
4) ジェフリー・グロスほか著, 石川　斉ほか訳『筋骨格系検査法』医歯薬出版, 1999年
5) 高倉義典『下腿と足疾患保存療法』金原出版, 1997年
6) デビッド・マギー著, 岩倉博光ほか訳『運動器疾患の評価』医歯薬出版, 1990年
7) デビッド・ランバード編, 河合雅雄訳『図説　人類の進化』平凡社, 1993年
8) 寺山和雄, 片岡　治『下腿と足の痛み』南江堂, 1996年

8 下腿・アキレス腱

(1) はじめに

　下腿・アキレス腱における代表的スポーツ外傷には下腿の骨折やアキレス腱断裂がある。また，スポーツ障害としては，疲労骨折やさまざまな筋や腱の炎症がある。外傷・障害の種類によっては，軽症で寛解しやすいものもあれば，重篤で，完治するまで相当な期間を要するものもある。したがって，下腿・アキレス腱のスポーツ外傷・障害に対応するには，外傷・障害に対する正確な知識を有していることが必要である。ここでは，下腿・アキレス腱の機能解剖と評価方法，および代表的なスポーツ外傷と障害の発生機転とリハビリテーションについて解説する。

(2) 機能解剖

　下腿は脛骨と腓骨から構成される。脛骨は体重支持にとって重要で，荷重のほとんどを担っている。腓骨は近位と遠位で脛腓関節を構成するが，荷重にはほとんど関与していない。2つの骨の周囲には，足関節や足部，足指の運動に関わる筋や腱，他に神経や血管が存在する。これらは，2つの骨と骨間膜，筋膜，筋間中隔によって前方，側方，浅後方，深後方の4つの**コンパートメント**（区画）に分けられる（図2-8-1）[1]。前方コンパートメントには，足関節を背屈する前脛骨筋，足指を伸展する長母指伸筋，長指伸筋，前脛骨動静脈，深腓骨神経が含まれる。側方コンパートメントには足部を外がえしする長腓骨筋と短腓骨筋，浅腓骨神経が含まれる。浅後方コンパートメントには，足関節を底屈するヒラメ筋と腓腹筋，足底筋が含まれ，深後方コンパートメントには，足部を内がえしする後脛骨筋，足指を屈曲する長母指屈筋と長指屈筋，脛骨神経，脛骨動静脈，腓骨動静脈が含まれる[1)2)]。なかでも腓腹筋は膝上部で二頭より起こり，下腿を走行していく中間のところで平らな腱となり，アキレス腱として踵骨後方に付着する。ヒラメ筋は腓腹筋の下にあり，

コンパートメント

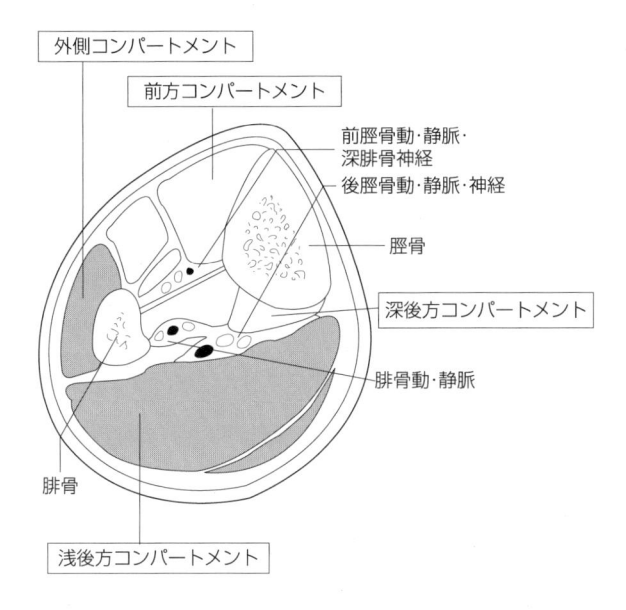

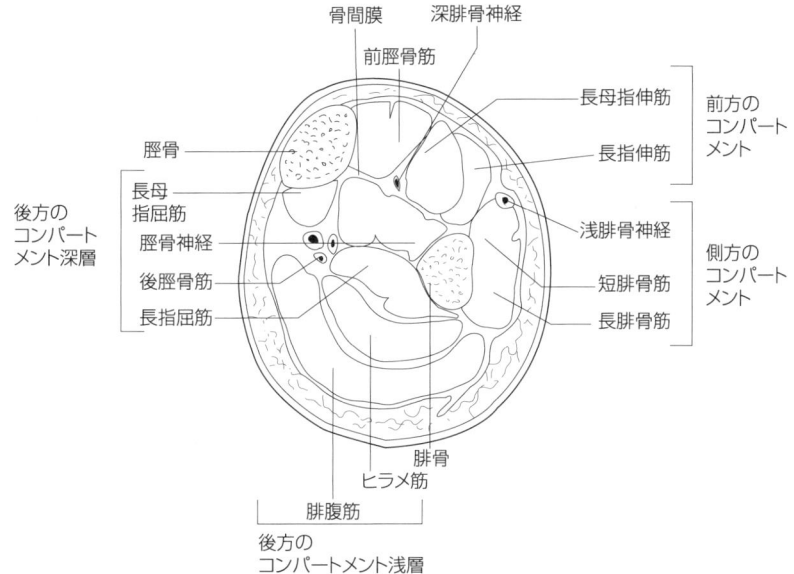

● 図 2-8-1 ● 下腿のコンパートメント

下腿は，2つの骨と骨間膜，筋膜，筋間中隔によって前方，側方，浅後方，深後方の4つのコンパートメント（区画）に分けられる[1]。前方コンパートメントには，足関節を背屈する前脛骨筋，足指を伸展する長母指伸筋，長指伸筋，前脛骨動静脈，深腓骨神経が含まれる。側方コンパートメントには，足部を外がえしする長腓骨筋と短腓骨筋，浅腓骨神経が含まれる。浅後方コンパートメントには，足関節を底屈するヒラメ筋と腓腹筋，足底筋が含まれ，深後方コンパートメントには，足部を内がえしする後脛骨筋，足指を屈曲する長母指屈筋と長指屈筋，脛骨神経，脛骨動静脈，腓骨動静脈が含まれる[1)2)]。

出典：寺山和雄, 辻　陽雄監修『標準整形外科学』［第7版］医学書院, 1999年, p.591, Pfeiffer RP, Mangus BC 著, 平井千貴, 八田倫子, 鈴木　岳訳『テキスト版アスレティックトレーニング』ブックハウス HD, 2000年, p.211より一部改変

脛骨上部と腓骨上部から起こる。下腿を走行し，アキレス腱の深層として踵骨に付着する。距骨下軸が斜めになっているので前足部が床に固定

されているとき，これらの筋は距骨下関節の回外筋となる[3]。

(3) 評価

下腿とアキレス腱の評価では，下腿に足関節や足部，足指の運動に関わる筋や腱が多く存在することから，足関節・足部の可動域検査，足底筋膜・足指屈筋の柔軟性の評価，足部アライメント評価が重要である。

1) 足関節・足部可動域検査

足関節は，底屈，背屈運動が可能であり，足部は外がえし，内がえし，外転，内転の運動が可能である。可動域検査の方法を図2-8-2に示す。このなかでも，足関節背屈可動域は特に重要で，腓腹筋やヒラメ筋，長母指屈筋，長指屈筋，足底筋の短縮の有無に左右される。背屈可動域の低下は距腿関節における下腿の内旋を助長し，下腿への回旋ストレスの原因となる。また，腓腹筋，ヒラメ筋の短縮は，アキレス腱断裂の原因ともなる。スポーツ選手では，少なくとも30度の背屈可動域が確保されていることが望ましい。足関節・足部では様々な代償運動がみられるので，可動域検査の際には，適切な運動軸によって動いているかをチェックすることが重要である。

部位名	運動方向	参考可動域角度	基本軸	移動軸	測定肢位および注意点	参考図
足 ankle	屈曲(底屈) flexion (plantar flexion)	45	腓骨への垂直線	第5中足骨	膝関節を屈曲位で行う	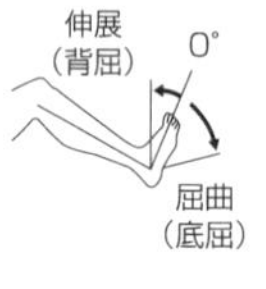 伸展(背屈) 0° 屈曲(底屈)
	伸展(背屈) extension (dorsiflexion)	20				
足部 foot	外がえし eversion	20	下腿軸への垂直線	足底面	膝関節を屈曲位で行う	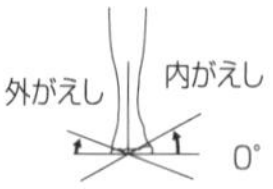 外がえし 内がえし 0°
	内がえし inversion	30				
	外転 abduction	10	第1,第2中足骨の間の中央線	同左	足底で足の外縁または内縁で行うこともある	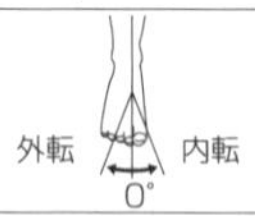 外転 内転 0°
	内転 adduction	20				

出典：日本整形外科学会，日本リハビリテーション医学会，1995年

● 図2-8-2 ● 足関節・足部関節可動域検査

2） 足底筋膜・足指屈筋の柔軟性評価

　足関節底背屈中間位で，足底の足底筋膜部や足指屈筋部を圧迫しながら足指を伸展させる。このとき，十分な伸展が得られない場合，足底筋膜や足指屈筋の短縮が考えられる。また，足指伸展時に何ら抵抗感がなく過度な伸展が得られる場合には，足底筋膜や足指屈筋の緊張が不十分であり，荷重時におけるアーチの保持などに対して有効に機能していないことが考えられる。足底筋膜や足指屈筋の短縮は，ハイアーチの原因となり，動作時における下腿への回旋ストレスの原因となる。また，足底筋膜や足指屈筋の緊張が不十分な場合は回内足の原因となり，荷重機能が有効に作用せず，下腿の回旋ストレスの原因となる。

3） 足部アライメント評価

　下腿・アキレス腱に関係するアライメント評価としては，下腿踵骨角（leg-heel alignment）[4]，内側縦アーチ高，外反母趾角がある。下腿踵骨角は，下腿の長軸と踵骨長軸のなす角を計測するもので，踵骨の内外反の程度がわかる（図2-8-3）。内側縦アーチ高は，本来レントゲン像をもとに計測するが，便宜上，床面あるいは足底面にあてた板から舟状骨粗面までの距離を計測する（図2-8-4）。外反母趾角は，第1中足骨と母指のなす角である（図2-8-5）。これらのアライメントは，背臥位（非荷重位）と立位（荷重位）の双方で計測して比較することが望ましい。

下腿踵骨角（leg-heel alignment）
内側縦アーチ高
外反母趾角

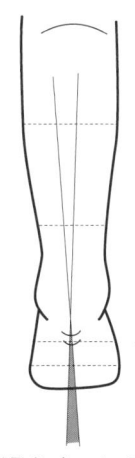

下腿踵骨角（leg-heel alignment）は，下腿の長軸と踵骨の長軸のなす角を計測する。
● 図2-8-3 ● 下腿踵骨角[4]

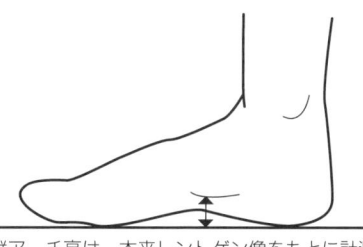

内側縦アーチ高は，本来レントゲン像をもとに計測するが，便宜上，床面あるいは足底面にあてた板から舟状骨粗面までの距離を計測する。背臥位と立位の双方で計測し，比較することが望ましい。
● 図2-8-4 ● 内側縦アーチ高

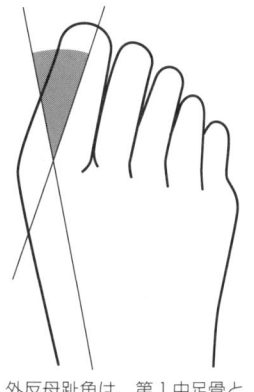

外反母趾角は，第1中足骨と母指のなす角を計測する。母指が第2指と近づく方向が外反である。
● 図2-8-5 ● 外反母趾角

(4) 代表的疾患

ここでは，下腿・アキレス腱の代表的スポーツ外傷・障害として，**シンスプリント，下腿コンパートメント症候群，アキレス腱断裂，アキレス腱炎**について，発生機転とリハビリテーションについて述べる。

シンスプリント
下腿コンパートメント症候群
アキレス腱断裂
アキレス腱炎

1) シンスプリント

① 発生機転

シンスプリント（過労性脛部痛）は，一般に脛骨中・下1/3の後内側痛のことを指し，発生原因についてはヒラメ筋，後脛骨筋，長母指屈筋，長指屈筋などの足関節や足指を底屈させる筋の脛骨付着部に骨膜炎を来すと考えられてきた[5]。しかし，概念的には運動により加わる衝撃や足部屈筋群の使いすぎにより生じる筋や腱の炎症と考えられている[6]。したがってシンスプリントはある特定部位の疼痛を示したり，特有の病態を示すものではないことがわかる。シンスプリントの発生には上記の足関節・足部屈筋の短縮のほか，下腿への回旋ストレスが大きく関与している。下腿への回旋ストレスが増大する原因としては，足関節背屈可動域の低下や回内足（扁平足）が考えられる。足関節背屈可動域低下の原因としては，下腿三頭筋の短縮やハイアーチがある。シンスプリントは，下腿への回旋ストレスが大きく加わる素因をもった選手がランニングやジャンプを頻回にくり返すことで生じると考えられる。

② リハビリテーション

シンスプリントのリハビリテーションとしては，足関節周囲の筋力強化やストレッチング[5)7)]，アイシング，**交代浴**，足底板，テーピング[7]などが紹介されている。しかし，いずれの方法も発生原因が多岐にわたるため，一様なリハビリテーションでは効果にばらつきが出てくる[8]。適切に評価し，短縮筋が原因の場合は該当筋のストレッチング，フォームに問題がある場合は矯正，炎症の増悪期には寒冷療法など，柔軟なアプローチが必要である。

交代浴

2) 下腿コンパートメント症候群

① 発生機転

図2-8-1に示すコンパートメント（区画）の内圧が何らかの原因によって上昇し，そのために血行障害や神経障害を来して筋の機能不全や筋壊死にいたるものである[1]。原因は明確にはされていないが，コンパートメント内の筋が過度に収縮をくり返し筋内圧が上昇した結果，筋が腫脹することで生じると考えられている[9]。また，打撲などで体内に生じた出血や組織液の滲出による内圧増大も原因として考えられる。下腿では前方コンパートメントに発症しやすく，**前脛骨筋症候群**と呼ばれる。

前脛骨筋症候群

② リハビリテーション

神経症状がみられたり，皮膚の血行不良が観察される場合は医療機関の受診が必須である。この場合の応急処置としては，寒冷療法と患肢の挙上が必要である。ただし，患部の圧迫は禁忌である。症状の進行程度によっては緊急手術を要する場合がある。症状が重篤でない場合は，軽い自動運動がよいとされている[1]が，急性増悪もみられるので，医療機関を受診させることが望ましい。

3) アキレス腱断裂

① 受傷機転

アキレス腱断裂は，急なダッシュの初期や跳躍時，着地時など，急激かつ力強い足関節底屈動作や過度な足関節背屈強制によって生じる。下腿三頭筋の柔軟性が低下している場合に起こりやすい。しかし，体重のみが負荷となる運動中にも生じることから，アキレス腱断裂の発生には，アキレス腱炎などの変性がまずあって，アキレス腱自体の強度が低下していることが誘因の1つであると考えられる。アキレス腱断裂がみられても，その他の底屈筋群で足関節底屈は可能であるため，腹臥位での足関節肢位の確認や**下腿三頭筋把持テスト**で断裂の有無を確認する必要がある（図2-8-6）。

下腿三頭筋把持テスト

② リハビリテーション

急性期には，応急処置として寒冷療法と患部の圧迫を行う。足関節底屈位で固定し，医療機関を受診させる。回復期では，下腿三頭筋の愛護

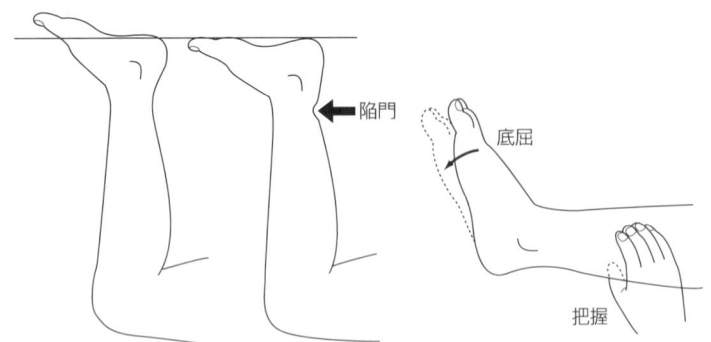

アキレス腱が断裂している場合でも，その他の底屈筋群で足関節底屈は可能であるため，腹臥位での足関節肢位の確認や下腿三頭筋把持テストで断裂の有無を確認する必要がある。
腹臥位で膝関節を90°屈曲させた場合，非断裂側ではやや底屈位となるが，断裂側では中間位を呈す（左図）。下腿三頭筋把持テストでは，検者が下腿三頭筋をつかんでそれにつれて反射的に足関節が底屈すれば正常である。アキレス腱断裂においては，足関節の底屈はみられない。

● 図 2-8-6 ● アキレス腱断裂の鑑別検査
出典：石井清一，平澤泰介監『標準整形外科学』［第8版］医学書院，2002年，p.584より一部改変

的なストレッチングと軽負荷からの筋力トレーニングを実施する。不全断裂の場合の筋力トレーニングは肉ばなれの筋力トレーニング方法に準じ，痛みが発生する肢位と収縮様式を理解しそれを避けることで，痛みを伴わない積極的なリハビリテーションが実施できる。

4） アキレス腱炎

① 発生機転

アキレス腱炎は使いすぎ症候群の1つで，ジャンプやランニングなどで下腿三頭筋の遠心性収縮，求心性収縮をくり返す競技においてアキレス腱に比較的大きな牽引力が頻回にわたって加えられることにより起こる。アキレス腱炎はこのような下腿三頭筋の使いすぎによる腱の弱化，変性を基盤として生じる。アキレス腱炎には内側型と外側型があり，この場合は下腿と踵骨のアライメントに影響を受ける。足関節内反捻挫の既往が頻回にある選手は，足関節の外側不安定性が大きいため外側型のアキレス腱炎になりやすい。また，アーチの低い選手では，足関節内側不安定性が大きいため内側型のアキレス腱炎になりやすい。

② リハビリテーション

アキレス腱炎のリハビリテーションでは，痛みを誘発させないような

配慮が必要で，痛みが出ない範囲で練習を実施させる。リハビリテーションとしては，寒冷療法による炎症の沈静化，超音波療法による腱の柔軟性獲得や腱の治癒促進，下腿三頭筋のストレッチングと筋力トレーニングが主である。下腿三頭筋のストレッチングは愛護的に行い，過度な痛みが生じない範囲でゆっくり行う。筋力トレーニングも，痛みが生じない負荷量と回数を設定し，痛みのない運動範囲で実施する。また，テーピングや足底板の処方や消炎鎮痛剤の塗布も有効である。

【参考文献】
1）寺山和雄，辻　陽雄監修『標準整形外科学』[第7版]医学書院，1999年，pp.590-592
2）Pfeiffer RP, Mangus BC 著，平井千貴，八田倫子，鈴木　岳訳『テキスト版アスレティックトレーニング』ブックハウスHD，2000年，p.211
3）Cailliet R 著，荻島秀男訳「足と足関節の痛み」[原著第2版]医歯薬出版，1991年，p.17
4）横江清司「leg-heel alignment とスポーツ障害」『臨床スポーツ医学』14，1997年，pp.511-516
5）武藤芳照編著『スポーツ障害のメカニズムと予防のポイント』文光堂，1992年，p.38
6）Rachun A et al., Standard nomenclature of athletic injuries. *American Medical Association*, Chicago, 1966
7）白木　仁「シンスプリントのリハビリテーション」『臨床スポーツ医学』13，1996年，pp.511-517
8）大工谷新一「スポーツによるシンスプリントに対する理学療法では，発生原因の究明と原因に即したアプローチが必要である」『近畿理学療法士学会誌』29，1999年，pp.40-41
9）加倉井周一，渡辺秀夫編「PT・OT のための整形外科学」『運動器疾患とリハビリテーション』[第2版]医歯薬出版，1997年，p.320

まとめ

1. 関節脱臼整復は，微妙な位置関係のズレがみられることが多いため，X線画像所見上の診断にとどまらず触診にて正常の位置関係を把握し，ジョイントモビリゼーションの視点で治療する必要がある。

2. 治療の手順としては，急性期のRICE処置の後，自然治癒を目的として，筋機能の改善，関節機能の改善を図りつつ，動作レベルへと導く。

3. スポーツ現場では痛みの「原因」または「病名」の探索や，「原因」または「病名」ごとの対応よりも，出現している症状をあるがままに評価し，それに素直に対応する方法が適当である。

4. RSDの場合は，体に侵害刺激が伝わらないように損傷部位の安静・保護を必要とする。

5. 上肢の広範囲に出現している痛みは，頸椎や肩甲帯由来の関連痛であることが多く，遠位関節に限らず頸部から肩甲帯の機能評価が必要となる。

6. 痛みに対する運動方法の原則は「no pain flee movement：痛くない方向に動かしなさい」である。

7. 肩関節の治療では，可動性（モビリティ）と安定性（スタビリティ），また狭義の肩と広義の肩，さらに体幹や下肢との関係としての評価が要求される。

8. 腰痛治療において，特に骨盤傾斜コントロールによる股関節および下部体幹の活動パターン再学習が，スポーツ動作の腰椎・骨盤リズム改善を促す。

9. 頸部の受傷直後は無造作に動かさずに，頸椎カラーを用い安静とアイシングを行うようにする。

10. 股関節は姿勢制御に大きく関与する。治療としては運動連鎖や解剖学的な筋連結を考慮し，動作分析と再発防止を行う必要がある。

まとめ

11 大腿四頭筋挫傷の急性期治療では，局所に対する過度なストレッチングやマッサージを施行すると骨化筋炎や筋拘縮を招来する恐れがあるため慎重な対応が必要である。

12 肉ばなれの多くはハムストリングに発生し，多くの場合受傷筋を伸張した疼痛緩和肢位をとるため，受傷時の臨床観察が重要となる。亜急性期以降の治療としては局所にとどまらず広い範囲の筋を弛緩させ，動静脈・リンパ管を開放させ，速やかな自然回復を促す。

13 膝靱帯損傷のリハビリテーションでは，損傷靱帯の治癒過程と筋力や可動域の所見，動作時のアライメントを考慮し動作を段階的に獲得させていくことが重要である。

14 アキレス腱断裂では，その他の足関節底屈筋群で底屈が行えるため，下腿三頭筋把持テストで鑑別する必要がある。

第3章 種目特性とリハビリテーション

1 総　論

(1) はじめに

　傷害を持つスポーツ選手の最終目標は，競技活動への復帰である。競技に復帰させるには激しい身体活動に耐えられる身体能力と競技特性を知り，競技に応じた身体能力を獲得させるアスレティック・リハビリテーションが大切である。

　競技特性を考えるとは，競技中にどのような運動を頻繁に行い，どのような傷害を起こす可能性が高いのかを熟知し，発症および再発予防について考慮することである。

競技特性

　陸上競技では走る，跳ぶ，投げるという3つの基本的な運動をより高い水準で競う競技特性がある。しかし陸上競技のどの種目を選択するかによって大きく競技特性が変わってくる。たとえば短距離の選手であれば大腿部後面のハムストリングスの傷害がもっとも多く，跳躍競技の棒高跳びでは高いところから落下するため骨折や脱臼が認められる。また，野球やラグビーなどのように1つの競技においてもポジションごとの競技特性がみられる。

　スポーツ活動時の救急処置は，スポーツ傷害を最小限に押さえるために必要不可欠である。基本的な知識（**RICE処置**）を身につけ，落ち着いて行動することが大切である。救急病院の連絡先や搬送方法などについても事前に確認しておく必要がある。

RICE処置

　競技を行う上で高頻度に発症する傷害に主眼を置いて，ウォーミングアップとクーリングダウンを十分に行うことにより，傷害を予防することも重要である。

本稿ではアスレティック・リハビリテーションを理解する上で必要となる基本的な事項を中心に解説する。

(2) スポーツ活動時の救急処置

RICE 処置（図3-1-1）

出血を伴わない外傷（捻挫・打撲など）に対する一般的な応急処置の原則はRICEである。

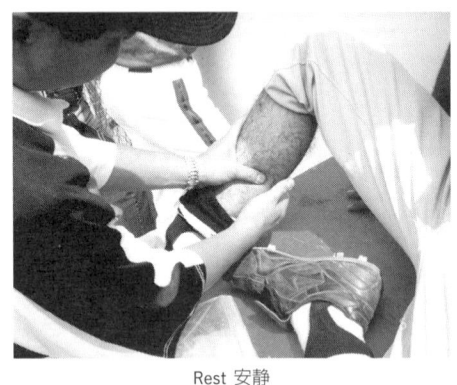

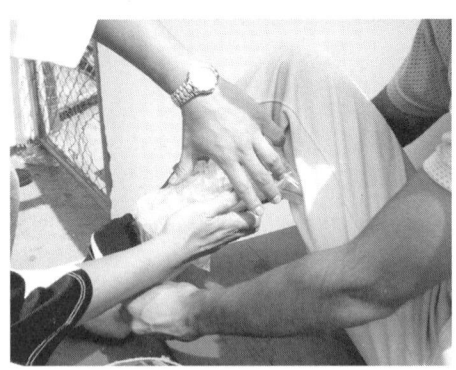

Rest 安静　　　　　　　　　Ice 冷却

Compression 圧迫　　　　　　Elevation 挙上

● 図3-1-1 ● RICE 処置

【R (rest) 安静】

固定や免荷によって損傷部位の安静を図り，急性期には全身を安静に保つ必要がある。

【I (ice) 冷却】

受傷後24～72時間は，冷却することにより代謝を低下させ，腫脹を抑えることで二次的に起こってくる疼痛や浮腫を抑制する。患部の冷却は凍傷の発生に留意し15～20分間行い，体表温度や感覚が回復した時点で

【C（compression）圧迫】

腫脹，内出血を抑えるために弾性包帯やアンダーラップなどで患部を圧迫する。患部より数cm遠位部より巻き始め，均等の圧でやや強めに圧迫し，患部を越えてからは徐々に緩めに巻く。患部の皮膚色，感覚などを確認し，循環障害を起こさないように注意する。

【E（elevation）挙上】

心臓よりも高く挙上することで，血管内部の圧力を減らし腫脹を軽減させる効果がある。

（3）コンディショニング

1）ウォーミングアップ

スポーツ活動を行う前に，身体に刺激や負荷を与え，筋活動に伴う体温上昇や血流量の増大を図る。最初に競技に使用する頻度の高い筋群に短いストレッチを実施する。そしてジョギングやウォークなどの全身的な有酸素運動を取り入れ体温上昇，呼吸循環機能の向上をはかる。最後に各競技特有の動作に関するウォーミングアップに移行する。競技特性に応じたスタートダッシュや急激な方向転換を必要とするステップ動作などを行う。ホイッスルなどを使用し反応性を高める運動も効果的である。ウォーミングアップの実施時間については季節や環境温度，競技活動の内容などによって異なるが，約30分程度を目安とする。

ウォーミングアップの最終目的は身体の各器官の機能を向上させ，スポーツ活動や競技活動への準備態勢を整えることである。

2）クーリングダウン

クーリングダウンの目的は全身あるいは局所の疲労回復を促進することであり，効果としては腫脹や炎症の軽減，柔軟性の改善が挙げられる。試合や練習後には軽運動を取り入れ，ストレッチングやアイシングなどを行う。軽運動とはウォーミングアップとは逆にジョギングから歩行に

至るなどして，体温や発汗，心拍数を穏やかに安静状態に近づけることである。ストレッチングは反復する負荷により減少した柔軟性の回復が目的である。方法は大きな反動をつけず，軽負荷により数十秒以上かけてゆっくりと伸張する。アイシングは野球の投手の肘，肩のように特定の筋肉を酷使した場合には運動終了時に行うのが望ましい。方法は氷をパックに入れて体表部から圧迫固定する方法が一般的である。また，アイシングを行う時間は環境温度，競技活動の内容などによって異なるが，約15分程度を目安とする。特に凍結したアイスパックやコールドスプレーは短時間で凍傷を起こすので用いるべきではない。

（4） 運動における基本的事項

1） 基本二大肢位（図3-1-2）

① 自然立位
　下肢は足を平行にやや開くか，両踵をつけて足先を外側に向ける。上肢は体側に垂らし，手掌は体側に向けてまっすぐ起立する。

自然立位

② 解剖学的立位
　肘を完全伸展し，手掌を前面に向けた立位で，下肢は自然立位の場合と同様である。

解剖学的立位

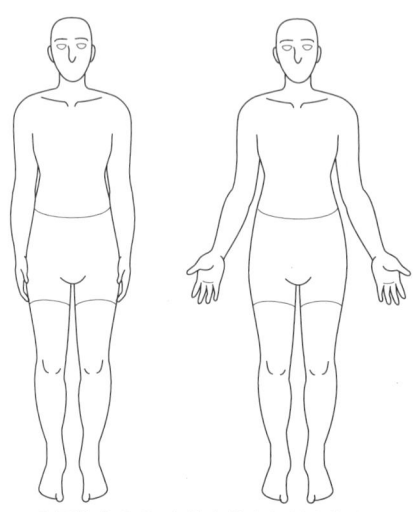

● 図3-1-2 ● 自然立位と解剖学的立位
出典：嶋田智明，和才嘉昭『測定と評価』［第2版］
医歯薬出版，2000年，p.50より一部改変

2) 解剖学的基本面（図 3-1-3）
① 矢状面

体を左右に分ける基本面である。均等に体を左右に分ける面を正中矢状面とする。

② 前額面

体を前後に分ける基本面である。

③ 水平面

体を上下に分ける基本面である。

④ 矢状水平軸

前額面における前後方向の水平な軸である。

⑤ 前額水平軸

矢状面における左右方向の水平な軸である。

⑥ 垂直軸

水平面を運動面として回転する中心軸である。

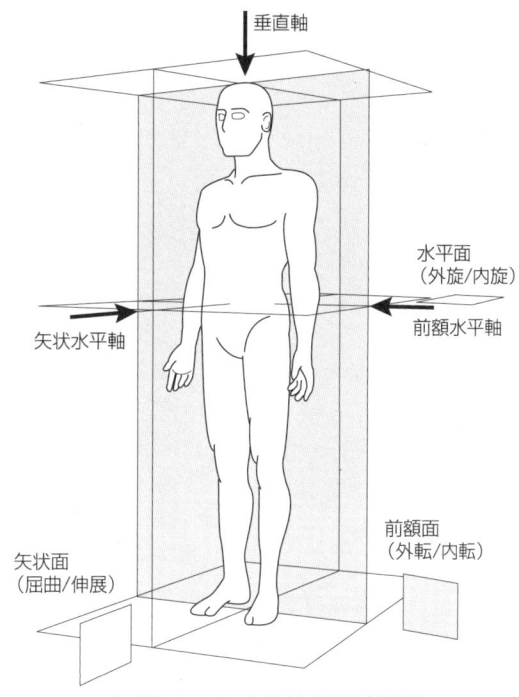

● 図 3-1-3 ● 身体基本面と基本軸
出典：板場英行「関節の構造と運動」吉尾雅春編『標準理学療法学　運動療法学　総論』医学書院，2001年，p.30より一部改変

3) 関節運動（図 3-1-4，図 3-1-5）
① 屈曲・伸展

矢状面における前額水平軸の運動である。

② 外転・内転

前額面における矢状水平軸の運動である。体の中心から離れる運動を外転，逆の運動を内転という。

③ 外旋・内旋

水平面における垂直軸での回旋運動である。前面が内方を向く運動を内旋，逆の運動を外旋という。

④ 水平屈曲・水平伸展

肩関節外転90°における水平面，垂直軸での運動である。

⑤ 回内・回外

前腕においては，自然立位の状態が中間位を示し，前腕を解剖学的立位の方向に動かす場合を回外，その逆を回内という。肩の回旋運動を防ぐために肘を90°屈曲し上腕を体側につけた位置で行うことが大切である。

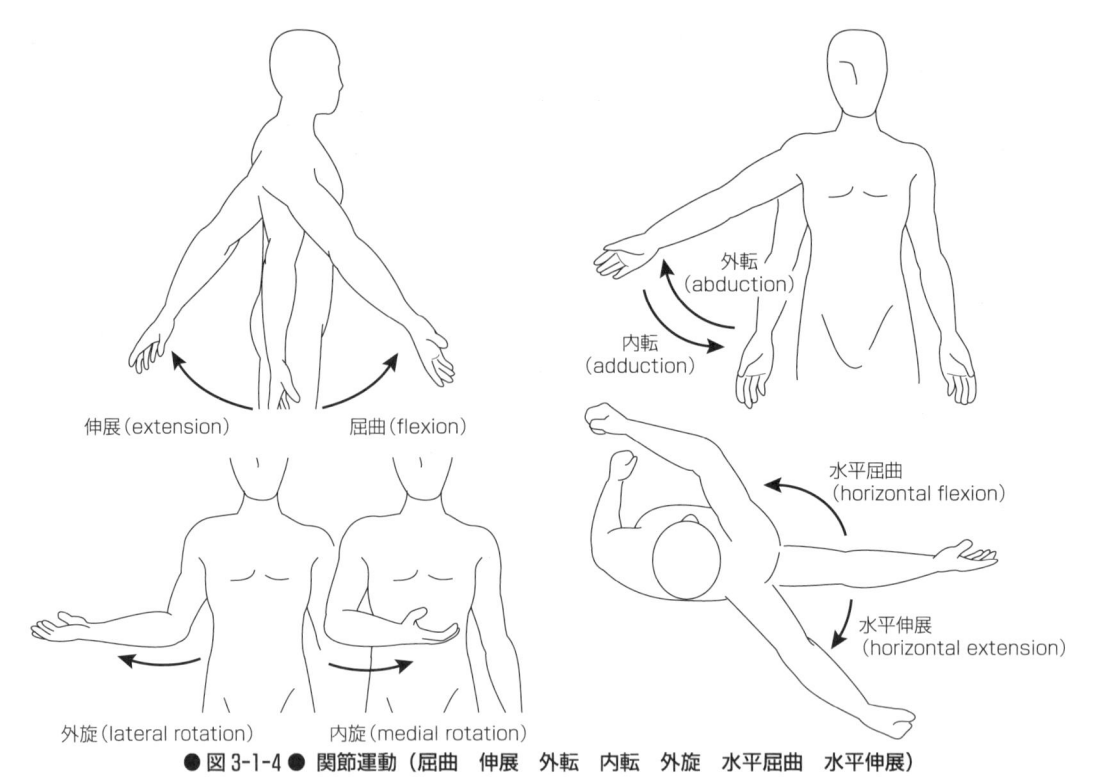

●図 3-1-4● 関節運動（屈曲　伸展　外転　内転　外旋　水平屈曲　水平伸展）
出典：図 3-1-3に同じ，p.31より一部改変

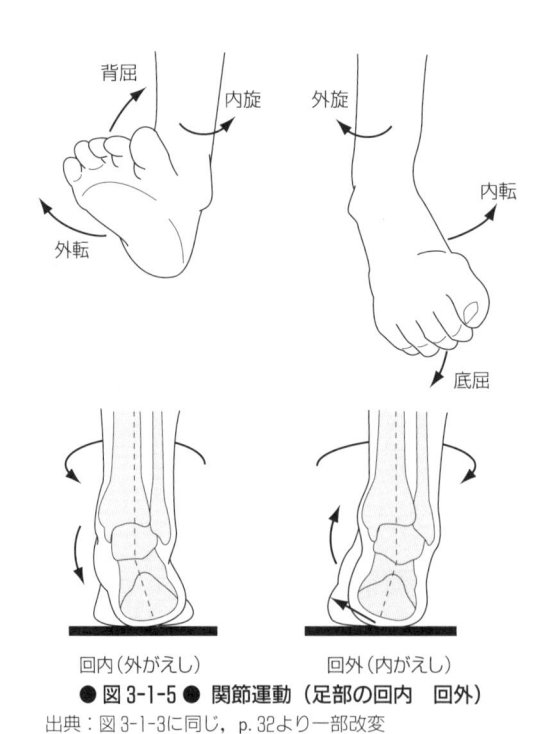

●図 3-1-5● 関節運動（足部の回内　回外）
出典：図 3-1-3に同じ，p.32より一部改変

　足部においては，足底の内側が挙上する動きを回外あるいは内がえしという。逆に足底の外側が挙上する動きを回内あるいは外がえしという。

4）筋収縮（図 3-1-6）

筋収縮は関節運動を伴わない等尺性収縮と，関節運動を伴う等張性収縮に分けられる。等張性収縮は，求心性収縮，遠心性収縮，等速性収縮に分けられる。

```
筋収縮 ─┬─ 等尺性収縮：関節運動なし
        └─ 等張性収縮：関節運動あり ─┬─ 求心性収縮：筋の長さが短くなる
                                      ├─ 遠心性収縮：筋の長さが長くなる
                                      └─ 等速性収縮：関節運動の速度が一定
```

● 図 3-1-6 ● 筋収縮の分類

① 等尺性収縮

筋の長さを変えずに収縮して張力を発揮し，関節運動が起きない運動をいう。

② 等張性収縮

筋の長さを変化させながら収縮し，関節運動を伴う運動をいう。

③ 求心性収縮

筋の長さが短縮しながら収縮する運動をいう。

④ 遠心性収縮

筋の長さが伸びながら収縮する運動をいう。

⑤ 等速性収縮

関節運動の速度が全可動域を通して一定に制御された運動をいう（図 3-1-7）。

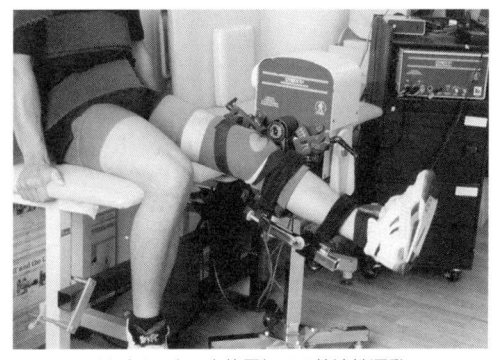

サイベックスを使用しての等速性運動
● 図 3-1-7 ● 等速性収縮

（5）閉鎖性運動連鎖と開放性運動連鎖（closed kinetic chain と open kinetic chain）

1）閉鎖性運動連鎖（CKC）（図 3-1-8）

四肢の遠位端が床や物に接している状態での運動形態をいう。床や物の接触面からの反作用を受けるような状態をいう。下肢の場合では足底面が接地し，地面からの反作用を下肢が受けるような状態である。

2）開放性運動連鎖（OKC）（図 3-1-9）

四肢の遠位端が床や物に接していない状態での運動形態をいう。床や

ハーフスクワット　　　　　　　　フォワードランジ
● 図3-1-8 ● 閉鎖性運動連鎖（CKC）

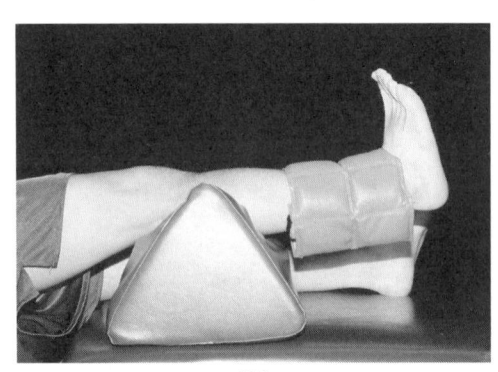

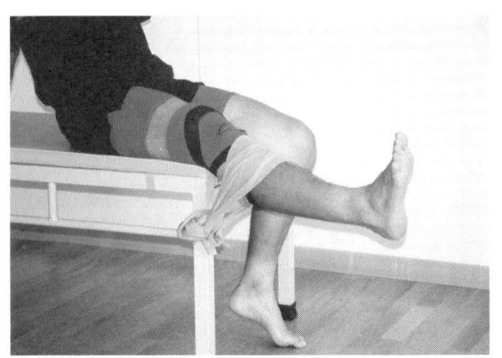

重り　　　　　　　　　　　　　チューブ
膝伸筋 OKC トレーニング
● 図3-1-9 ● 開放性運動連鎖（OKC）

物の接触面からの反作用を受けない状態をいう。具体的には椅子に座った状態で、重りを装着し膝を伸展させる状態等をいう。

以上、アスレティック・リハビリテーションを実施するためには、基本的な運動学、運動療法に関する知識が必要である。

【参考文献】
1）嶋田智明，和才嘉昭『測定と評価』［第2版］医歯薬出版，2000年
2）板場英行「関節の構造と運動」吉尾雅春編『標準理学療法学　運動療法学　総論』医学書院，2001年

2 陸上競技

(1) 競技特性

陸上競技はフィールド，トラック，およびロードなどで競技が行われ，歩く，走る，跳ぶ，あるいは投げるといった運動の基本ともいうべき動作をいかに速く，どこまで高く，どれだけ遠くに，を競う競技である（表3-2-1）。

他の競技におけるスポーツ傷害と同様，その競技特性ゆえに，傷害にもそれぞれの特徴が現れている（表3-2-2）。また運動の行われる環境や用具の状況が，傷害の発生に影響を及ぼすことも多い。以下に各種目の特性と特徴的な傷害について述べる。

● 表 3-2-1 ● 陸上競技における主な競技種目[1]

走る	短距離走：100 m，200 m，400 m 中距離走：800 m，1500 m 長距離走：5,000 m，10,000 m，3,000 m 障害物競走 　　　　　ロードレース（マラソン含む），駅伝競走，クロスカントリーレース ハードル：110 m ハードル，400 m ハードル競走
跳ぶ	走り幅跳び，走り高跳び，三段跳び，棒高跳び
投げる	砲丸投げ，円盤投げ，ハンマー投げ，やり投げ

● 表 3-2-2 ● 陸上競技の種目別における比較的よくみられる障害[1]

短距離走 ハードル走	ハムストリングス肉ばなれ，骨盤の剥離骨折，ハードルによる膝・足部の打撲	シンスプリント，アキレス腱炎，腰痛，足関節捻挫，スパイクによる創傷，足底筋膜炎
中長距離走	腸脛靱帯炎，下肢疲労骨折，水疱（マメ），爪下血腫，膝蓋骨軟化症，陥入爪	
走り幅跳び	膝関節靱帯損傷	ハムストリングス肉ばなれ，腰痛，アキレス腱炎，シンスプリント，足関節捻挫，ジャンパー膝，スパイクによる創傷，半月板損傷，足底筋膜炎
三段跳び	踵打撲	
走り高跳び	足関節外反捻挫	
棒高跳び	踵打撲，骨折，肩関節障害	
砲丸投げ	手関節障害，足趾打撲	腰痛，足関節捻挫，半月板損傷，手指創傷
円盤投げ	股関節内転筋痛	
ハンマー投げ	肩関節障害	
やり投げ	肘関節障害，肩関節障害，腰背筋痛，股関節内転筋肉ばなれ	

(2) 傷害の特徴

1） 走る

　短距離走やハードル走では，短時間に爆発的な力を発揮する特徴があり，大腿部肉ばなれの発生頻度が高い。とくに大腿部後面にあるハムストリングスの肉ばなれは短距離選手の傷害の約半数を占めるほどの高率である。

　また，外傷だけでなく，くり返される衝撃によって引き起こされる障害の発生も多く，とくに膝から下の部分に集中して起こっている。特徴的な障害として下腿の疲労骨折や，シンスプリントやアキレス腱炎，膝蓋軟骨軟化症，腸脛靱帯炎，足底筋膜炎などが高率でみられる。

2） 跳ぶ

　跳躍競技は「跳んだ距離」を競う種目（走り幅跳び，三段跳び）と，「跳んだ高さ」を競う種目（走り高跳び，棒高跳び）があるが，いずれの種目も遠くに，あるいは高く跳ぶための準備として助走（踏切前のランニング）を伴っている。助走により加速された後の踏み切り（着地）時には走行時よりもさらに大きな衝撃が加わり，減速あるいは衝撃吸収に働く部位に，負荷が大きくかかる。大腿の前面にある大腿四頭筋は着地時に強く働き，衝撃を吸収して膝関節を安定させる働きをしているため，もっとも傷害を受けやすい。また膝蓋大腿関節に加わる衝撃も非常に大きく，膝蓋軟骨の磨耗・変性を生じやすい。とくに走り高跳び選手における**ジャンパー膝**とさらに足関節傷害の発生が高率である。

ジャンパー膝

3） 投げる

　投てき競技における傷害は，投げる動作によって生じる障害と，投てき物による外傷に分けられる。重量物を全力で投げる競技だけに，不適切な投てきフォームやウォーミングアップの不足に起因する肩関節，肘関節，手関節，腰部の傷害が多い。とくにオーバーハンドスローイングを行い，肘関節の無理な動き（外反）が強制されるやり投げがもっとも傷害を受けやすく，肘関節傷害の発生頻度が高い。また投てき競技も他

の動作同様，フォームやタイミングのズレにより傷害を招くばかりか，重量物を扱う運動であり，体幹の屈伸・捻転を反復する運動が多いことなどから，腰痛の発生も多い。

(3) リハビリテーション

このような特徴を踏まえ，陸上競技に多くみられる傷害に対する，現場でのアスレティック・リハビリテーションについて述べる。

1) 「肉ばなれ」のアスレティック・リハビリテーション

① 大腿部の肉ばなれ

肉ばなれは運動中の急激な動作などにより，筋膜および筋線維の一部に損傷を伴う傷害である（筋肉が完全に切れるのは「筋断裂」で肉ばなれとは区別する）。肉ばなれは大腿部屈筋群（ハムストリングス）にもっとも多く（図3-2-1），発症機転としては，ランニング中やダッシュ時に多く発症している。また筋の柔軟性の低下，疲労，筋力低下，ランニングフォームの不良，さらに気温の変化なども誘因の1つで，普段のコンディショニングが大切である。

② 処置と治療

受傷後1～3日の急性期では軽症であっても，炎症症状の改善と疼痛除去を目的として，**RICE処置**，免荷を徹底して行う。また股関節，膝関節の周囲筋のストレッチ（図3-2-2）を行うとともに，**OKCトレーニング**として，レッグカールによるハムストリングスの強化を自動運動から開始する。またハムストリングスは膝関節と股関節にまたがる2関節筋であり，近年の研究報告から，スプリント能力につながる身体の前方への推進力は，股関節の伸展運動がもっとも深く関与しているということから，股関節に着目して股関節の伸展運動（R-SLR）によるハムストリングスの強化も行っていく（図3-2-3）。

およそ4～14日の亜急性期では，患部の炎症症状がある程度改善され

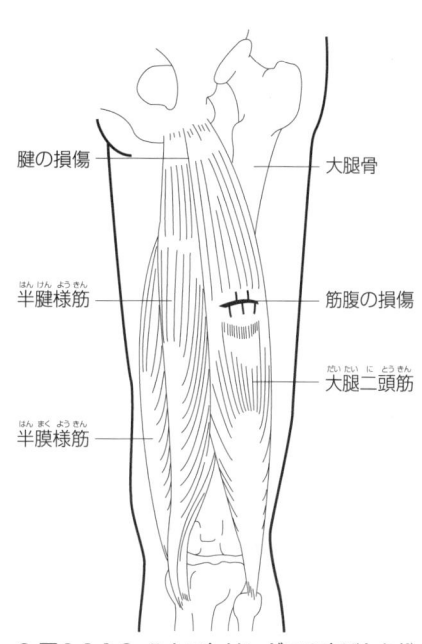

● 図3-2-1 ● ハムストリングスの肉ばなれ[10]

RICE処置
OKCトレーニング

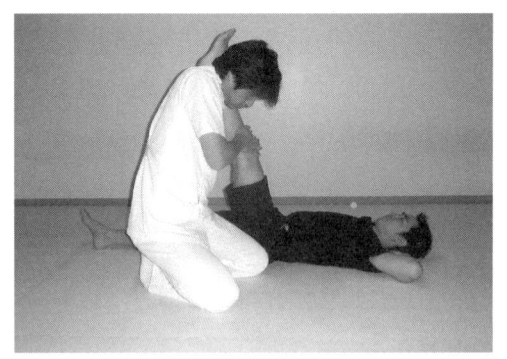

ハムストリングスのストレッチ

腸腰筋のストレッチ  　　　　　　　　　　　　　　　大腿直筋のストレッチ

● 図3-2-2 ● 股関節周囲筋のストレッチ

ハムストリングスの強化（無負荷） 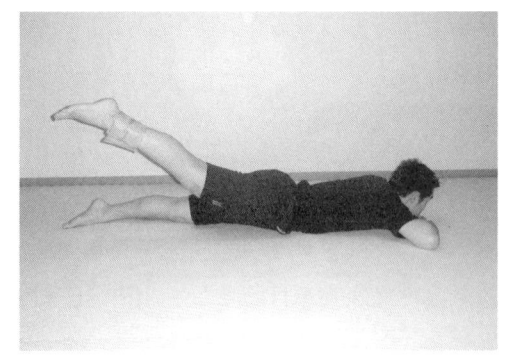　　　　　　　　ハムストリングスの強化（負荷あり）

● 図3-2-3 ● 股関節伸展運動（R-SLR）

たことを前提に，患部の血行改善，除痛を目的に温熱療法，低周波，マッサージなどの治療を行う．ストレッチは継続し，積極的に筋の柔軟性を獲得し，徐々に患肢に体重をかけていく．またレッグカール，R-SLR等のOKCトレーニングの負荷量のアップを図る．

スプリント動作時には，**コンセントリック**な筋収縮から**エキセントリック**な筋収縮の切り替えが必要である．また，2関節筋が，一方の関節で伸展を余儀なくされ，もう一方の関節では収縮するように働いたりと，

コンセントリックとエキセントリック

前者は求心性収縮とも呼ばれ，筋が抵抗に打ち勝つだけ張力を発生して，筋の短縮が起こる．これに対し，後者は遠心性収縮とも呼ばれ，加えられた抵抗が筋張力より大であれば筋は収縮しても伸びる．

身体には特異的な負荷がかかっている。そのため，上述したトレーニングを考慮し追加していく必要がある。具体的には自体重を利用したCKCトレーニング（図3-2-4）や，自転車エルゴメーター等を行わせる。しかしこの時期，痛みを伴うような負荷は避けるべきである。

　受傷後2週を過ぎれば，患部の痛みは減少，あるいは消失するため，ハムストリングスを中心とした下肢筋群のエキセントリックトレーニング（図3-2-5）や軽いジョギング等を追加してゆく。しかしこの時期は，安易にメニューを増やすと再発する可能性が高いため，十分なウォーミングアップとクーリングダウンを徹底して行い，再発予防に努める。

　また従来言われているような単なる最大筋力や筋持久力の回復だけでは，競技に必要となる機敏な動作，あるいは動きのコントロールの獲得はできない。実際のスポーツ活動時には複数の関節が関与して，数多くの下肢筋群が活動し，すばやい収縮・弛緩の切り替えも余儀なくされる。したがって下肢の複合関節運動を基本とするすばやい動きづくりや着地動作などで神経―筋の協調性を養うことも重要である。そのため2関節筋であるハムストリングスにはランニング（疾走）動作等に要求される，

両脚支持（りょうきゃくしじ）　　　　台を使用した両脚支持

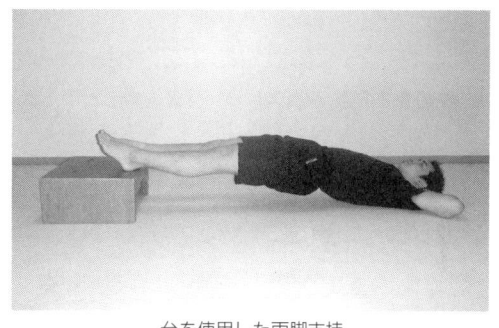

片脚支持（へんきゃくしじ）　　　　台を使用した片脚支持

● 図3-2-4 ● 肩と足部を支点とした股関節伸筋群の強化

レッグランジ

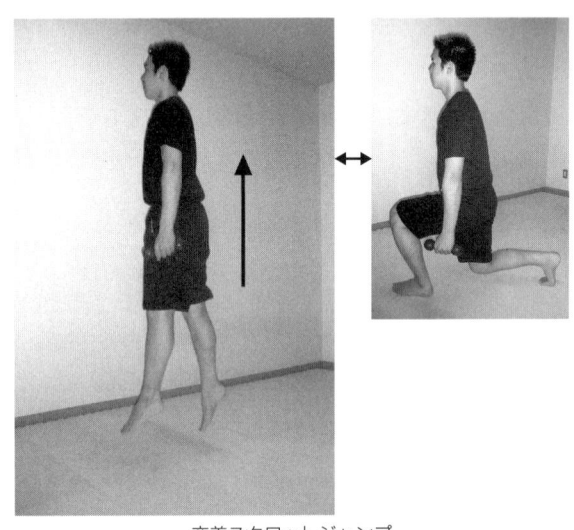

交差スクワットジャンプ

● 図 3-2-5 ● ハムストリングスを中心とした脚筋群の強化

　すばやい複雑な運動様式に対応できるように動きづくりのトレーニングを段階的に複雑化，加速化していき，実際にランニング動作に近づけていくように配慮すべきである。具体的には無負荷でのペダリング（図3-2-6）や，ラダー，ミニハードルを用いたトレーニングも行い，段階的に動きを複雑かつスピーディにしていくことも大切である。

　以上のメニューを行い，とくにジャンプ，ダッシュ，ランニング（70〜80％のスピードでのシャトルラン）で，痛み，恐さがなければ専門種目に復帰する。その際，大腿部へのテーピングやサポーターを併用すると再発予防に効果的である。

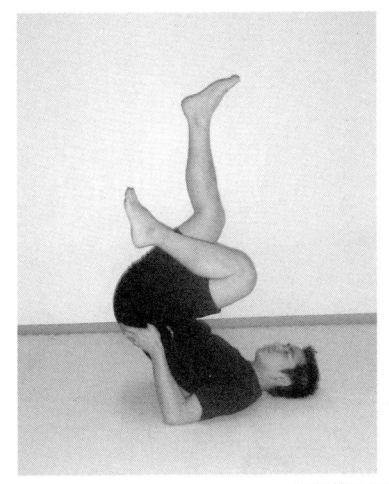

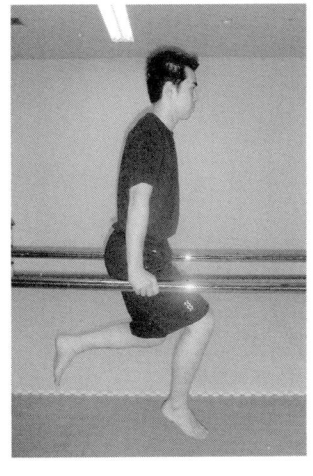

無負荷での空こぎ
● 図 3-2-6 ● 足の動きづくりの一例

2）「シンスプリント」のアスレティック・リハビリテーション

① シンスプリント

下腿部のさまざまな痛みを総称して**シンスプリント**と呼ぶが，一般的には脛骨後部の内側に集中する痛みととらえられている。定義や概念にはさまざまな説があるが，下腿後面の筋群，とくに内側の筋群（ヒラメ筋，長趾屈筋，後脛骨筋など。図3-2-7）やこれらを覆う筋膜の牽引により脛骨の骨膜に微細損傷を来したもので，下腿内側の筋群の疲労による伸張性の低下や足部の過回内，足部の疲労による衝撃緩衝能の低下などが発生基盤となると考えられている。通常運動を中止すると痛みが軽快し，運動を開始すると増悪する。この痛みを我慢して練習を続けていると，**疲労骨折**に発展する可能性がある。シンスプリントの原因は主に使い過ぎによることが多いが，春先のシーズンはじめや長期休暇明けなどの，運動をしていない期間が長く，急に運動を開始した時，さらに路面（サーフェイス）の硬さなどの条件が重なった時に発症することが多い。

② 処置と治療

自発痛や腫れ，熱感などの炎症症状を伴う急性期ではRICE処置を徹底させ，前述した下腿内側後面の筋群の緊張や腫脹を低下させる。また下腿三頭筋，とくにヒラメ筋のストレッチを十分に行う（図3-2-8）。足関節周囲筋の筋力強化は患部の疼痛が発生しない範囲で，OKCによるゆるやかな等尺性収縮から行い，段階的に等張性へと進めていく（図3

シンスプリント

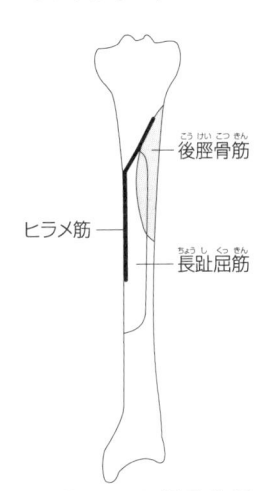

● 図 3-2-7 ● 脛骨後面の筋付着部[5]

疲労骨折
微細な外力が正常な骨に繰返して作用し，その集積として起こる骨折。症状は疼痛，腫脹であり，重症になると骨接合術が必要な場合もある。

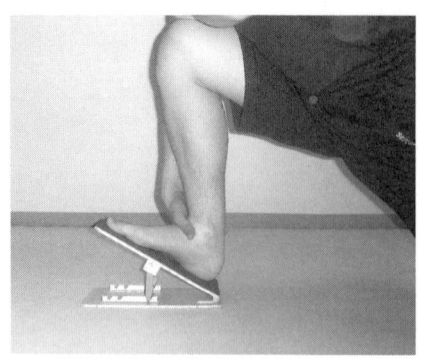

●図3-2-8● ヒラメ筋のストレッチ

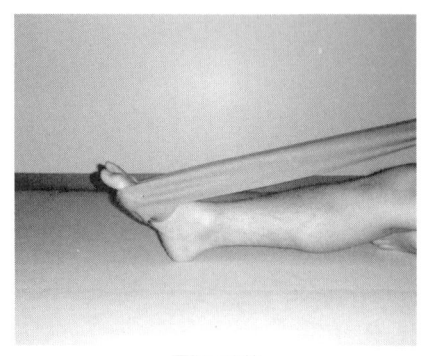

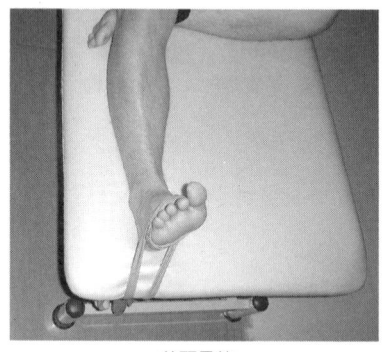

下腿三頭筋　　　　　　　　　　　前脛骨筋
●図3-2-9● ゴムチューブを用いた筋力トレーニング

-2-9)。なお，歩行に際して患部の疼痛が明らかな場合には，足底板やテーピングを用いて踵部の挙上，**内側縦アーチ**の保持を行う。

　初期症状が改善したら，温熱療法に切り替え，局所の血行改善を促し，除痛を図った後ストレッチングを行い，その後持久性・心肺機能のトレーニングを兼ねて自転車エルゴメーターやウォーキングなどにてウォーミングアップを行う。とくに背屈制限があると，アキレス腱をはじめとする足関節底屈筋群に伸張ストレスが加わり，代償として膝関節屈曲，足の回内が強まり，膝伸展機構の損傷，回内足障害を発生させるため，十分伸張する。また筋力トレーニングとして，OKCによるチューブエクササイズから徐々にCKCによるヒールライズ（図3-2-10）を行い，足関節底屈筋を強化し，その他足関節周囲筋のバランスを考慮して，足関節内反，外反，背屈方向への筋力強化および，タオルギャザー等を利用した足部内在筋の強化，さらにはバランスボードを使用したトレーニングも行っていく。また，足部の接地や下肢全体の協調的な動きの再獲得のた

内側縦アーチ

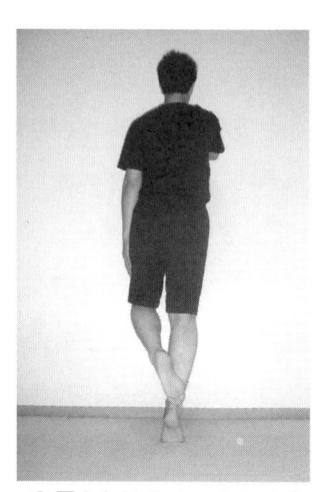

●図3-2-10● ヒールライズ

めにスクワットを利用する。このスクワットでは膝の外反（Knee in）—Toe out（図 3-2-11）とならないよう，足先と膝を同一方向とし，足部での荷重のシフトにより，患部の疼痛の変化を自覚させるようにする。また Toe out で回内位にならないよう足部の接地を意識し，爪先を進行方向に向けて直線を歩行するトレーニング（図 3-2-12）も行う。

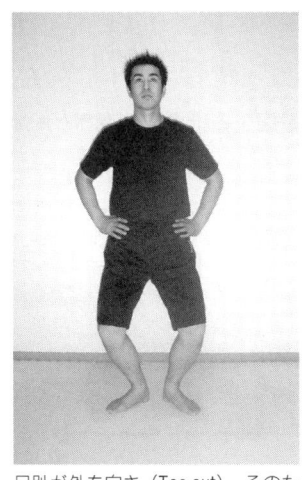

足趾が外を向き（Toe out），そのため足部・足関節が回内・外反している。
● 図 3-2-11 ● 悪いパターンのスクワット

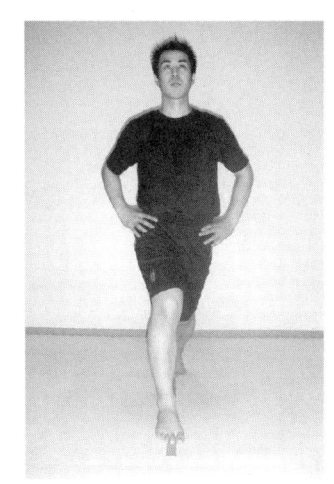

フロアに貼ったテープに沿って歩行させ，フットワークを意識させる。
● 図 3-2-12 ● フットワークの意識

　練習後にはクーリングダウンを十分に行い，患部のアイシングや，サポーターによる下腿の保護も指導する。

　回復期のトレーニングにて十分な効果が得られれば，種目動作の再学習と再発予防の強化トレーニングに移行する。ウォーミングアップを十分に行った後，ランニングや軽いジャンプ動作を学習させる。また足関節周囲筋群の筋力トレーニングも引き続き補強練習として励行させる。

　またランニングは芝生の上など柔らかいところからはじめた方がよい。さらにシューズの磨耗もチェックし，グランドサーフェイスの選択も行い，発症にいたる原因を追究することも，治癒遅延・再発予防につながる。

3）「腸脛靱帯炎」のアスレティック・リハビリテーション

① 腸脛靱帯炎

　腸脛靱帯は，膝関節の外側の安定性を保つ重要な構成体の1つで，膝

の屈伸に際し大腿骨外側上顆を乗り越えて動く（図3-2-13）。そのためランニングでは膝の屈伸がくり返されるたびにこの靱帯と大腿骨外側上顆との間に摩擦が生じる。とくにランニング時の下肢アライメントが**O脚（内反膝）**ならびに回内足を示すような選手であれば、膝関節の外側構成体の伸張ストレスが増加し、摩擦力がより大きくなって炎症を起こす。

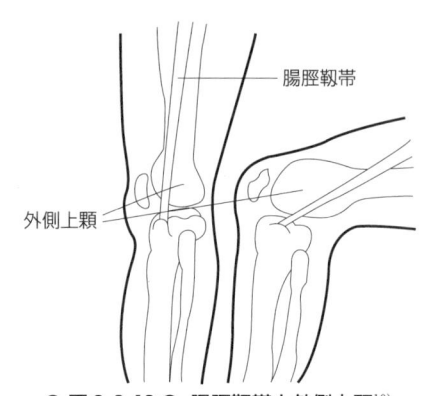

さらに炎症症状を増悪させる因子として、走路の傾斜やシューズの磨耗の問題、トラックでの同一方向に偏った周回走行等が挙げられる。

② 処置と治療

トレーニング要因としてオーバーユースが明らかな場合は練習量を減少することが大切であるが、炎症症状の強い急性期では、消炎と鎮痛を目的とした安静、アイシング等の物理療法を徹底する。

初期症状が改善したら、筋の柔軟性の増大や筋力強化を行っていく。実際には前述した障害と同様、温熱療法を行い、十分温め、除痛を行った後、腸脛靱帯をストレッチする。セルフストレッチで十分伸張効果が出ない場合は、パートナーストレッチングを行う。背臥位となり、ストレッチする側の股関節を屈曲位にし、そのまま反対側に下肢・体幹を回旋していく。体幹の回旋が終了した時点で、大腿外側が伸張される。この際、大腿外側部に軽く圧迫を加えると効果的である（図3-2-14）。

また筋力強化は痛みの出ないOKCトレーニングより開始して、バスケットボール等を使用した股関節の内転・内旋を行い（図3-2-15）、徐々

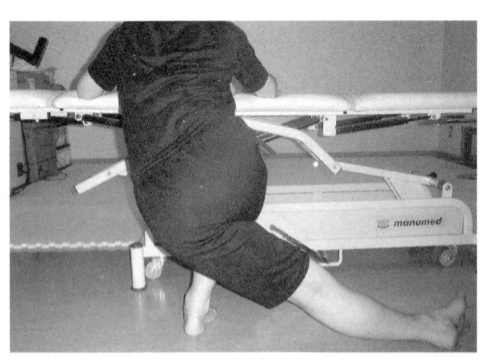

● 図 3-2-13 ● 腸脛靱帯と外側上顆[10]

内反膝（O脚）
下肢が膝において外方凸、内側凹面の彎曲をなすもの。通常、左右対称であるので、そのときはO脚と呼ばれる。

セルフストレッチ 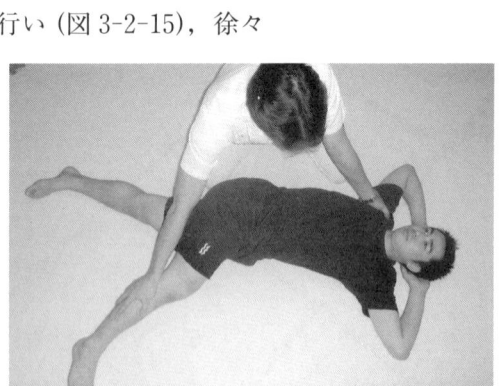　　　　パートナーストレッチ
● 図 3-2-14 ● 腸脛靱帯のストレッチ

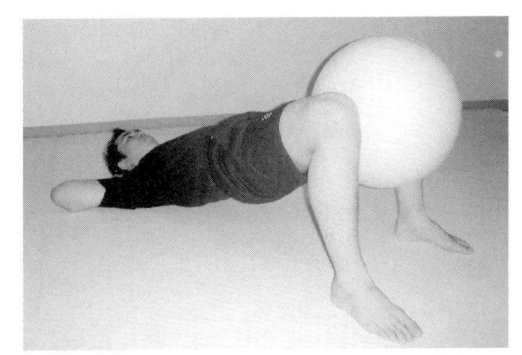

● 図 3-2-15 ● 股関節周囲筋のトレーニングボールを用いた内転・内旋

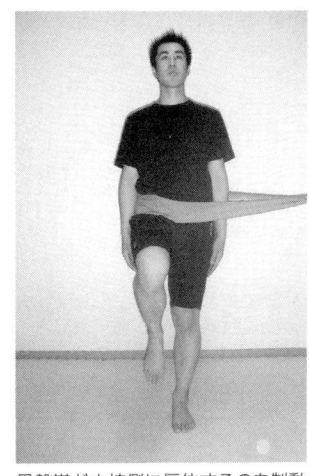

に荷重位での CKC トレーニングとして，フォワードランジ動作を追加していく。とくに股関節周囲筋にターゲットを置き，荷重下での骨盤帯の安定のために積極的に実施する。チューブを用いた片脚スクワットは，骨盤帯（重心）位置の安定に効果的である（図 3-2-16）。

また症例によりO脚など膝の内反傾向がみられる場合はテーピングの処方や，外側ヒールウェッジ等の足底板を処方したり，踵の外側が硬い靴を使用させる。足部の過回内がみられる場合は内側のアーチパッドを処方する。さらに環境要因に関しては，アスファルトやコンクリートなどの固い路面を避けること，トラック走ではコーナー走を避けたり，時計回りのランニングを導入することを選手に指導する。

骨盤帯が支持側に偏位するのを制動しながらスクワットを行う。
● 図 3-2-16 ● 片脚スクワットトレーニング

CKC トレーニング

【参考文献】
1）福林　徹編『整形外科アスレチックリハビリテーション実践マニュアル』全日本病院出版会，1998 年，pp. 150-161（山本利春）
2）臨床スポーツ医学編集委員会編『スポーツ外傷・障害の理学療法』文光堂，1997 年，pp. 138-143（山本利春）
3）臨床スポーツ医学編集委員会編『スポーツ外傷・障害の理学療法』文光堂，1997 年，pp. 244-249（白木　仁）
4）臨床スポーツ医学編集委員会編『スポーツ外傷・障害の理学療法』文光堂，1997 年，pp. 339-344（山本利春）
5）鳥居　俊「シンスプリントに対するアスレチックリハビリテーション」『臨床スポーツ医学』16 (4)，1999 年，pp. 431-434
6）白木　仁「シンスプリントのリハビリテーション」『臨床スポーツ医学』13 (5)，1996 年，pp. 511-517
7）高倉義典編『下腿と足疾患保存療法』金原出版，1997 年，pp. 226-231（大久保衛）
8）武富由雄編『理学療法技術ガイド』文光堂，1997 年，pp. 807-813（小柳磨毅）
9）臨床スポーツ医学編集委員会編『スポーツ外傷・障害の理学療法』文光堂，1997 年，pp. 329-333（浦辺幸夫）

10) 魚住廣信『スポーツ外傷・障害とリハビリテーション』山海堂，1996年，pp. 121-141

3 水　泳

(1) はじめに

　水泳は水中において，上下肢で水を後方へ押しやることで推進力を生み出し，そのスピードを競う競技である。水中で活動する点が特異的で，身体には**水の粘性**による大きな抵抗や，浮力による**重力と逆方向の負荷**などが加わる。また身体がどこにも接地しない不安定な状態で行うので，体幹を一定の肢位に固定する能力が必要になる。

> 水の粘性
> 重力と逆方向の負荷

　水泳競技では，一度の大きな外力による外傷は少なく，同一動作をくり返し行うことによる障害の発生頻度が高い。長期的なシーズンオフがないことも，障害が多い原因の1つとなっている。

　競泳選手における障害の発生部位は，腰部，肩関節，膝関節の順に多く，代表的な障害としては，**腰椎分離症，水泳肩，平泳ぎ膝**があげられる（図3-3-1）[1]。

　ここでは，水泳肩および平泳ぎ膝を中心に，その障害とリハビリテーションについて述べる。

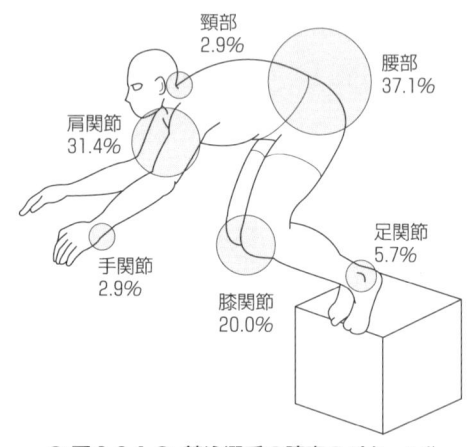

● 図 3-3-1 ● 競泳選手の障害のパターン[1]

頸部 2.9%
腰部 37.1%
肩関節 31.4%
手関節 2.9%
膝関節 20.0%
足関節 5.7%

> 腰椎分離症
> 水泳肩
> 平泳ぎ膝

(2) 障害の特徴

1) 水泳肩（swimmer's shoulder）

　クロール，バタフライ，背泳における推進力の50～70％は上肢の動きによって得られているため，上肢への依存度が高く，中でももっとも大きな可動性を必要とされる肩関節の障害が発生しやすい[2]。

　主な原因としては，ストローク時に肩関節の回旋動作をくり返し行うことにより，肩関節の上方部で上腕二頭筋長頭腱や腱板がこすれ合い，炎症が生じる**インピンジメント症候群**がある。その症状は，腕を挙上したときの肩の前方および外側の痛みや，引っかかり感などである。イン

> インピンジメント症候群

ピンジメント症候群を起こさないためには肩関節の後方にある軟部組織の柔軟性が必要である。

さらに，クロールや背泳においてはローリング（体幹の左右の回旋運動）がなめらかなストロークを助けるが，体幹の筋力や柔軟性，肩甲帯と肩関節のスムーズな動きがなければローリングがうまく行えない。そのために，肩関節の内旋運動を強め，肩関節前方の筋，腱や関節包，靱帯への伸張ストレスが過大となり損傷を引き起こす。

2）平泳ぎ膝（breaststroker's knee）

平泳ぎでは，上肢の障害よりも膝関節の痛みを訴えるものが多く[3]，その症状はキック始動時の膝関節内側の痛みである。

平泳ぎのキック動作は，**ウィップキック**（蹴り足）が主流であり，蹴り始めに股関節の外転角度が少なく，足部を外転（つま先を外側に向ける）させて水を蹴る。そのため股関節を内旋させ膝を外反し，下腿が外旋強制された肢位で膝を伸展する。このとき，膝の内側には強い伸張ストレスが加わり，内側側副靱帯や膝蓋骨の内側付近に炎症が生じる（図3-3-2）[3)4)]。

ウィップキック
平泳ぎのキック動作の1つ。他にはウェッジキック（はさみ足）がある。

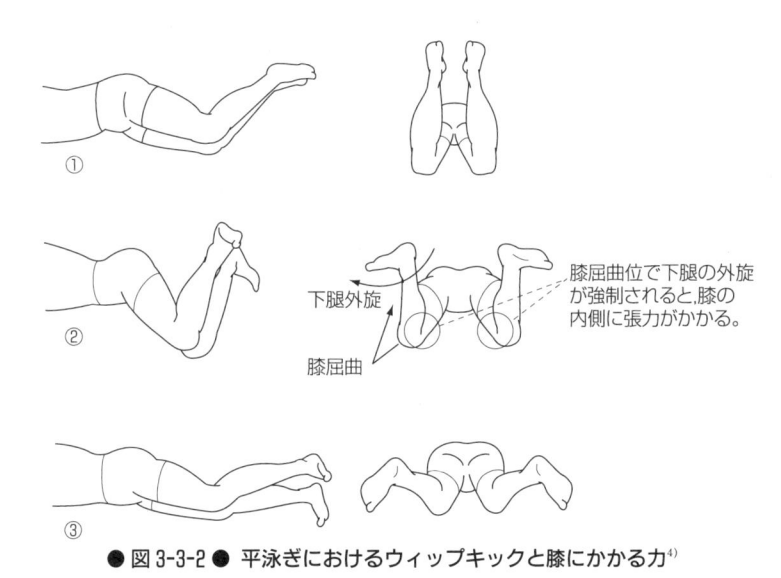

● 図3-3-2 ● 平泳ぎにおけるウィップキックと膝にかかる力[4)]

また呼吸動作時には脊柱は伸展し，腰椎前弯による過度の骨盤前傾が生じやすく，股関節の内旋をさらに強制するため，膝関節の内側への伸張ストレスが過大となり，損傷を引き起こす。

（3） リハビリテーション

　水泳肩や平泳ぎ膝は，一部分に過度の負荷が集中し，それがくり返されることにより生じる。ここでは，使いすぎに対する対処法および，障害を起こしにくい動作の獲得を中心に述べる。

1） 柔軟性の改善
　中学，高校から競技を開始した選手や，肩関節の柔軟性が乏しい選手はインピンジメント症候群を生じやすく，予防するためには関節可動域の拡大が必要となる。
　目的とする筋は，肩関節周囲筋，回旋筋群，上腕二頭筋，上腕三頭筋などで，肩関節の前面，後面部の伸張感や違和感が残らないようにストレッチする。とくにバタフライでは体幹のローリングがなく，上肢の入水時に肩関節の内旋，屈曲および肩甲骨の内転が強要されるため，十分な可動域が必要である。
　また，滑らかなローリングを獲得するには，上肢のみならず体幹・下肢の筋（とくに股関節屈筋群，内・外旋筋群）の柔軟性も必要である。
　平泳ぎ膝については，大腿から下腿のストレッチング，とくに股関節内転筋群，内・外旋筋群（図3-3-3，図3-3-4），膝内側の靱帯のストレッチングを重点的に行う。

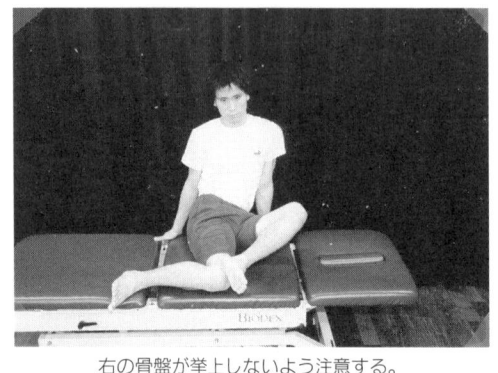

右の骨盤が挙上しないよう注意する。
● 図3-3-3 ● 外旋筋のストレッチング

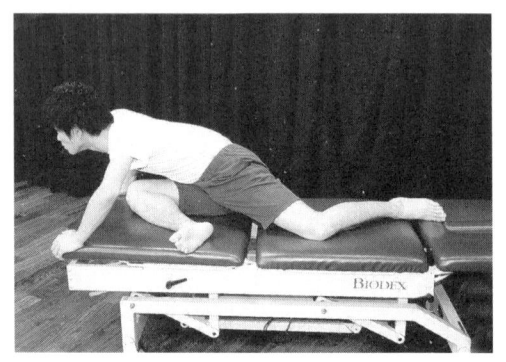

胸を膝に近づけていく。
● 図3-3-4 ● 殿筋のストレッチング

2） 筋力強化
　水泳肩では，肩甲帯（肩甲骨を胸郭に固定する筋力）と肩関節（上腕

骨を肩甲骨に固定する筋力）の固定性の獲得が必要である．肩甲帯の固定性を獲得するには，腕立て伏せやおもり負荷を用いて，大胸筋，広背筋，僧帽筋，前鋸筋，菱形筋の強化を行う．肩関節の固定性獲得には，チューブやおもり負荷を使用した回旋筋群，三角筋，上腕二頭筋，上腕三頭筋の強化を行う．回旋筋群，大胸筋，広背筋は上肢で推進力を得るために重要な筋である．

次に図3-3-5の運動により肩甲帯と肩関節の連動した固定性が獲得できる．この運動が行えない場合（両側肩甲骨間の溝の出現）は，各々のトレーニングの効果が十分でないことも考えられる．

平泳ぎ膝については膝蓋大腿関節の安定性を高めるために，チューブやスクワットによる大腿四頭筋の強化を行う．また，体幹および股関節周囲筋（特に内・外旋筋群）の強化も重要である（図3-3-6，図3-3-7）．

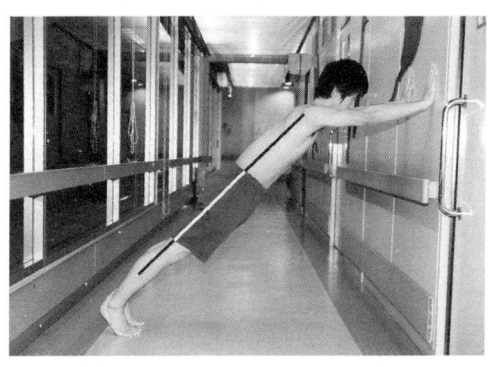

両側肩甲骨の間に溝をつくらないように両手を前に突き出して保持する．
● 図 3-3-5 ● 肩甲帯および体幹筋の強化

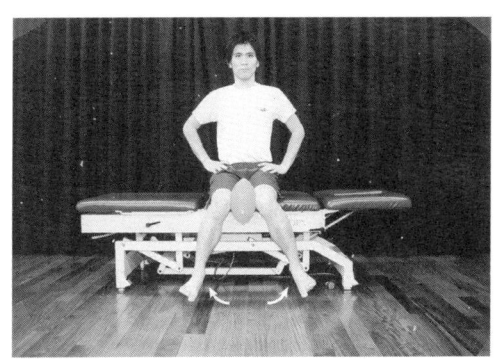

ボールを落とさないように足部を外へ開く．この際腰が丸くならないように注意する．負荷量を上げるために足部にゴムチューブを巻いて行ってもよい．
● 図 3-3-6 ● 股関節内旋筋の強化

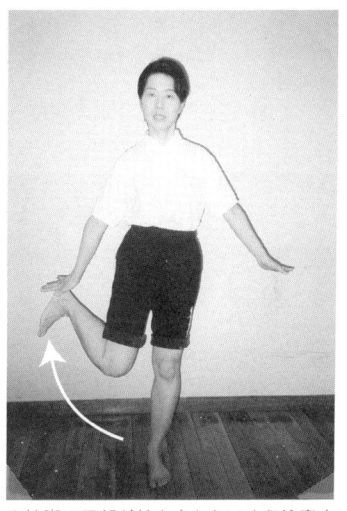

支持脚の足部が外を向かないよう注意する．体幹の側屈や右の骨盤の挙上がおきないよう注意する．
● 図 3-3-7 ● 股関節の内旋運動

さらに，水泳においては，足部がどこにも接地しない状態で活動するため，体幹の固定性が必要となり，体幹筋（腹筋，背筋）の強化が重要となる．体幹筋の弱化は肩や膝の障害にもつながる．筋力トレーニング

の際には浮力の影響を考慮し，陸上において水中と同じ条件にするためにうつ伏せ姿勢を仰向け姿勢にして行う。これは浮力が陸上の重力負荷とは逆方向の力となるためで，たとえばクロールの姿勢をとった際に，陸上では重力により背側より力がかかるが，水中では，腹側より押し上げる方向の力が加わる（図3-3-8〜12）。

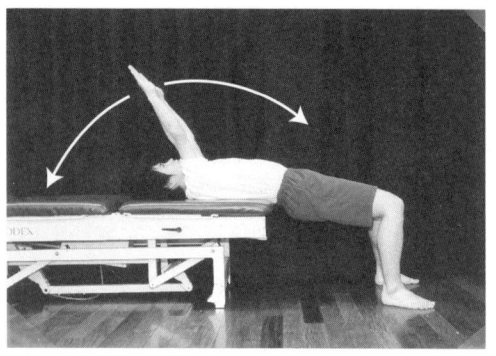

両側同時あるいは交互に上肢挙上動作をくり返し行う。
● 図3-3-8 ● ブリッジ動作

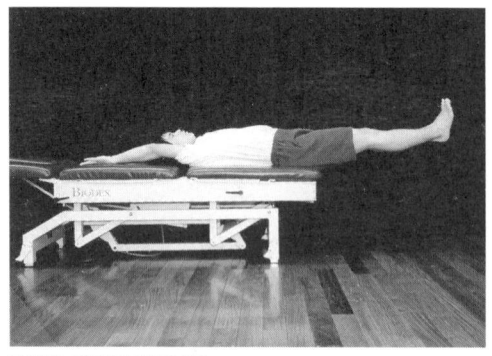

下肢を水平位に保持する。
腰椎が前彎しないように注意する。
体幹筋が弱い場合には頸部を屈曲させると腹圧があがり，腰椎の前彎を抑えられる。
● 図3-3-9 ● 下肢の保持

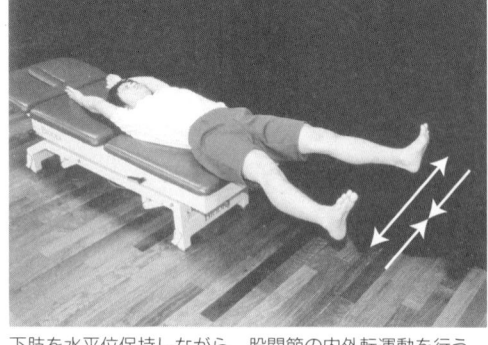

下肢を水平位保持しながら，股関節の内外転運動を行う。
腰椎が前彎しないように注意する。
● 図3-3-10 ● 股関節　内・外転

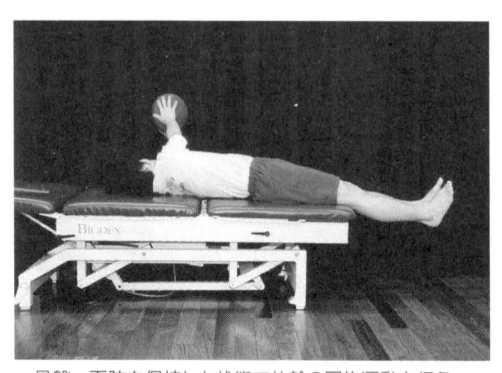

骨盤，下肢を保持した状態で体幹の回旋運動を行う。
● 図3-3-11 ● 下部体幹固定の体幹ローリング

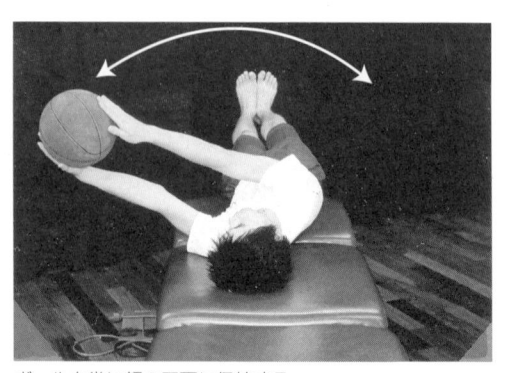

ボールを常に顔の正面に保持する。

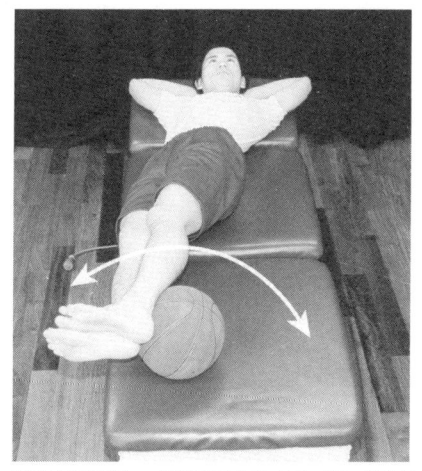

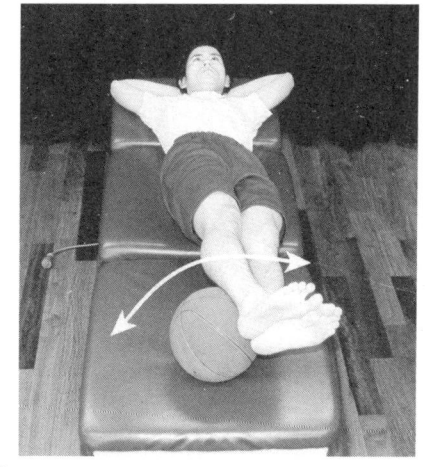

足部より開始し，骨盤まで大きくローリングさせる。
両肩が浮かないように骨盤の回旋動作を行う。

● 図 3-3-12 ● 上部体幹固定の体幹ローリング

3） アイシング

　練習終了直後にアイシングを行う(15～20分)。部位は，肩ではストロークによりインピンジメントや伸張ストレスが加わる肩関節前面および外側，膝ではキック動作により伸張ストレスが加わる膝の内側である。アイシングを施行することで，練習により生じた局部の炎症反応を減少させ，また，疲労の回復を促進させることができる。

4） フォームの改善

① クロール

【リカバリー（手をかき始め位置に戻す）動作】

　手が肘より後方に残ったままの状態で上腕部を前方へ出そうとすると，肩関節内旋が強いられ，インピンジメント症候群を引き起こしやすくなる。そのため早めに手を肘よりも前方に出し，肩関節が外旋位をとるような状態でリカバリーを行う。また，入水時にも手掌を過度に外側に向けると肩関節の内旋が強いられるため，外側へ向けすぎないよう注意する。

【呼吸側】

　呼吸側では，体幹のローリングが大きくなり肩関節へのストレスが少なくなる。そのため肩関節障害を有する場合には呼吸を障害側で行うこ

とも検討する。

【ローリング】

　体幹の回旋を利用することで，肩関節のみでハイエルボーを保つよりも肩関節の負担は減少する。

【肩甲帯の動き】

　肩関節への負荷が少なく，円滑な肩の回旋運動を行うためには，体幹，肩甲骨，上腕骨のそれぞれの動きが独立して行われるのではなく，体幹の回旋に伴い肩甲骨が動き，肩甲骨の動きに伴い上腕骨が動くといった，一連の動作として行われることが必要である。図3-3-13は肩回し運動で，最初は左右同時にゆっくりとしたスピードから開始し，つぎに実際のストロークを意識しながら左右交互にスピードをあげて行う。その際，肘の動きよりも肩甲骨の動きを常に意識するよう指導する。肩甲骨の可動性が獲得されれば，体幹は自然とローリングすることが可能となる。この運動は，フォーム修正後のセルフチェックにも用いることができる。

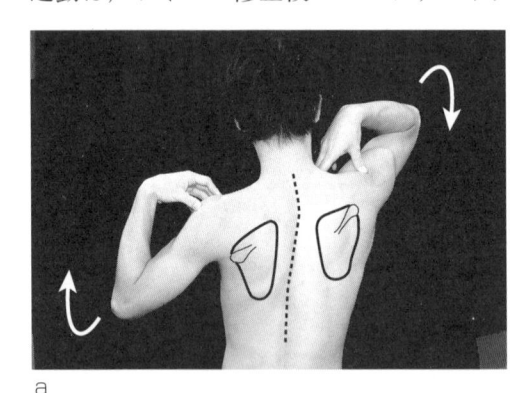

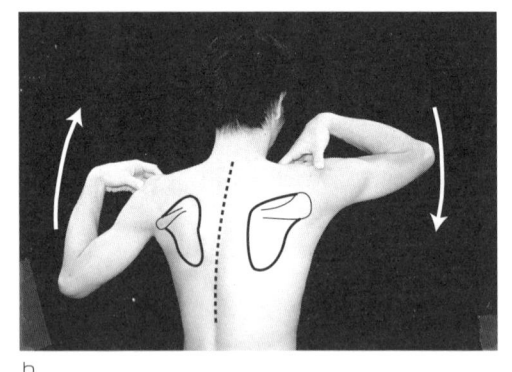

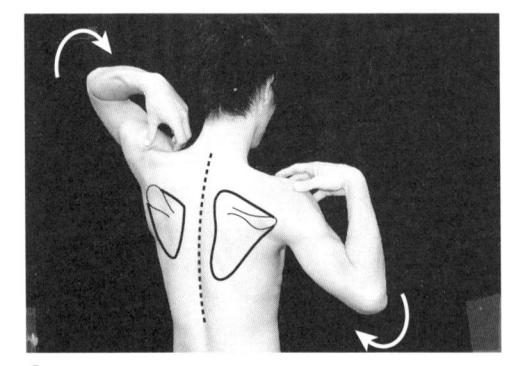

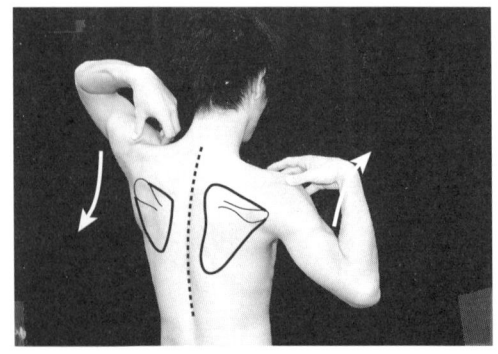

肘で大きく円を描く。肩甲骨を動かすように意識して行う。(a→b→c→d)

● 図3-3-13 ● 肩まわし

② 平泳ぎ

【姿勢】

矢状面からみて体全体のラインをやや「へ」の字に保つ。そり返りすぎ（腰椎の過度の前彎）たり，「へ」の字になりすぎ（腰椎の後彎）たりしないよう注意する。

【リカバリー動作】

膝をこぶし1つまたは1つ半ぐらいの幅に広げながら，膝を中心に曲げ，殿部のほうに引く（図3-3-14）[6)7)]。

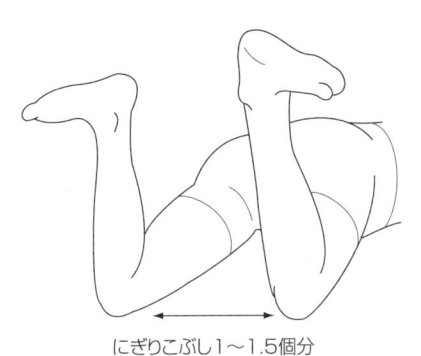

● 図3-3-14 ● ウィップキック
リカバリーの際の両膝間の距離
にぎりこぶし1～1.5個分
出典：吉村 豊ほか『ステップアップスポーツスイミング』池田書店，2000年，p.34より一部改変

【呼吸動作】

あごを突き出した姿勢では，体幹が過伸展し腰椎前彎位となるため，腰痛の原因となりやすい。また下肢も沈み，その結果抵抗も大きくなるため，あごを十分に引いた動作を獲得させる。

（4） 競技復帰

水泳肩の疼痛の程度は表3-3-1のように分類され[2)]，水泳練習はこれらの症状の程度によって異なる。

クラス3，4にある選手は安静が第一で，上肢を使った練習は控える。平泳ぎ膝についてもこの疼痛の分類を参考にし，キック動作を禁止する。その間は炎症や疼痛を軽減させるための物理療法（温熱や電気治療，アイシング）を行い，患部外ト

● 表3-3-1 ● 水泳肩の症状[3)]

クラス1：水泳活動後のみに疼痛を生じるもの。
クラス2：水泳活動中か後に疼痛を生じるが，水泳活動には支障をきたさないもの。
クラス3：疼痛により水泳活動に支障をきたし，競技力に影響を与えるもの。
クラス4：疼痛により水泳活動が行えないもの。

レーニングを行う。

　クラス1, 2にある選手は，ストレッチングとアイシングを十分に行いながら練習を継続する。1日の泳ぐ距離を制限し，ストロークやブレス数を減らす。ハンドパドルやパワーバケツなど水中での負荷増大用具の使用を禁止する。水泳肩ではキックボードの使用（肘関節を軽度屈曲した状態で保持）によるキック練習，平泳ぎ膝ではキックボードを膝の間にはさんだストロークの練習など，主に患部以外の部位で行える練習をする。また，キックやバサロを用いた潜水や他の泳法などを行い，持久力の低下防止を心がける。

　痛みが消失し，柔軟性，体幹の固定性および肩甲帯と肩関節の円滑な動き等が獲得され，フォームが改善されれば競技を再開する。軽負荷のものを反復練習し，異常がないことを確かめながら徐々に距離および負荷量を増していき，もとの練習量へと戻していく。

（5）おわりに

　水泳肩および平泳ぎ膝の障害とリハビリテーションについて述べてきたが，競技を行うにあたり，より高い身体能力の獲得が大切である。そのためには，柔軟性の改善，筋力増強，アイシングなどを十分に行い，フォームの改善をしていくことが大切である。

【参考文献】
1) 武藤芳昭『水泳の医学II』ブックハウス，1990年，p.117
2) 長谷川伸ほか『臨床スポーツ医学』Vol.18, 2001年，pp.33-42
3) 金岡恒治ほか『スポーツ障害　NEW MOOK 整形外科』No.3，金原出版，1998年，pp.266-273
4) 武藤芳照『図解スポーツ障害のメカニズムと予防のポイント』文光堂，1992年，pp.45-56
5) 吉見知久ほか『臨床スポーツ医学』Vol.4, 1987年，pp.1261-1266
6) 吉村　豊ほか『ステップアップスポーツスイミング』池田書店，2000年，pp.22-43
7) 田中孝夫『速くきれいに泳ぐ水泳教室2』高橋書店，2001年，pp.68-89

4 スケート

(1) はじめに

　スケート特有の姿勢は，**体幹前傾位**を保持し，重心を低くすることにより腰背筋，ハムストリングスに伸張，腹筋，腸腰筋に短縮を強いている。スケーティング動作では体幹前傾位保持と回旋などは背筋群を，ストローク前半の前方への踏み込みでは大腿四頭筋，ストローク後半のプッシュオフではハムストリングス，股関節伸展による蹴り出しでは殿筋群を主に活動させていると考えられる。したがって，**筋力の不均衡**や前傾姿勢のまま下肢の筋を強く使用しなければならないことから，スケーティング動作では腰背部にかかる負担は大きく，疲労由来による**筋筋膜性の腰痛**がみられやすい。

　またスケート競技は種目をスピードスケート，ショートトラックスピードスケート，フィギュアスケート，アイスホッケーに大別でき，各競技種目の傷害特性として腰痛以外に以下のものがあげられる。

　スピードスケート，ショートトラックスケートでは，スケートブレードによる創傷，転倒などの急性外傷以外に，左回転という一方向性の運動特性による膝の使い過ぎ症候群である腸脛靱帯炎などの障害が発生しやすい。ショートトラックスピードスケートの場合はその競技特性により，接触などの外傷が多々みられる。

　フィギュアスケートではジャンプ，回転といった運動特性から，転倒による足関節捻挫などの外傷，硬質な氷上への連続着地による半月板損傷などの関節障害がみられる。

　アイスホッケーは氷上の格闘技といわれる激しいコンタクトスポーツであるため，肩鎖関節亜脱臼，膝関節靱帯損傷，手・足関節捻挫などの関節傷害が多発しやすい。

（2） 競技別アスレティック・リハビリテーション

1） スピード，ショートトラックスケートのアスレティック・リハビリテーション

　腰痛や腸脛靱帯炎などの使い過ぎ症候群の予防のためには，十分な休養と体幹・股関節周囲筋の柔軟性は必要不可欠であり，そのためにも日頃からの体幹や股関節のストレッチングが重要である。また重心の低い姿勢を保持するためには**足関節背屈**も大きな影響を及ぼすため，**腓腹筋やヒラメ筋のストレッチング**も必ず行う。

　スケーティングの姿勢は，腰背筋群と相反する腹筋群の筋力低下や下肢を前方に踏み出す腸腰筋の短縮や筋力低下により，腰背部筋で**代償運動**を行う。これが腰痛を惹起する要因となりうる。よってスケーティングでよく活動する背筋群や殿筋群，大腿筋群の強化ももちろんであるが，腹直筋，外腹斜筋などの**腹筋群や腸腰筋の筋力強化**が重要となる。

　また**左回りという競技特性**から右大腿部外側筋群，左大腿部内側筋群の発達による筋の不均衡が生じやすい。またカーブでのコーナリング時に左下肢の使い過ぎによる腸脛靱帯炎が起こりやすい。

　これらの予防としては十分な休養とストレッチングや筋力強化が重要である。ストレッチングは大腿四頭筋の内側・外側広筋の柔軟性維持を，筋力増強は内側・外側広筋を強化し，できる限り**左右均等**となるように心掛けるべきである。

　CKC 訓練では体幹から下半身の大きな筋肉を総合して利用するスクワットやサイドランジなどを，またサイドウォーキング，クロスウォーキング（図 3-4-1）などを実践の競技動作を想定した動的なトレーニングを実施するべきである。その後ダッシュやスケートジャンプ（図 3-4-2，3-4-3）などへと負荷を高め，陸上での運動を少しずつ**レベルアップ**していく。

2） フィギュアスケートのアスレティック・リハビリテーション

　フィギュアスケートはジャンプやスピン，ステップといった複雑な運動を巧みにこなす技術，身体の動きによって音楽を表現する技術や柔軟

側注：
- 足関節背屈
- 腓腹筋やヒラメ筋のストレッチング
- 代償運動
- 腹筋群や腸腰筋の筋力強化
- 左回りという競技特性
- 左右均等
- CKC 訓練
- レベルアップ

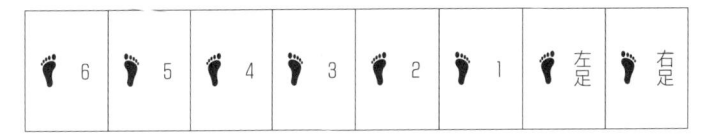

サイドウォーキング，クロスウォーキングはスケーティングのコーナリングや側方への移動を意識して行う。また，これらの練習を行う際の股・膝関節などの屈曲角度は実際のスケートフォームに準ずる。

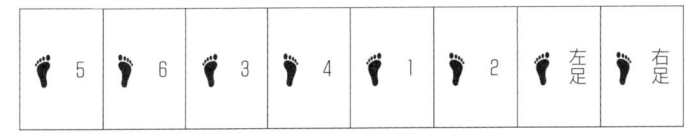

	5		6		3		4		1		2	左足	右足

← 進行方向

サイドウォーキングはいわゆる横歩き（かに歩き）であり，右側への移動では右足を1の位置に移動し，左足を2の位置へ移す側方移動の練習方法である。その後の順序は上記の通り。

サイドウォーキング

	6		5		4		3		2		1	左足	右足

← 進行方向

クロスウォーキングでは右側への移動の場合，左足を右足の前方からクロスさせながら1に移す。このあと左足のアウトサイドエッジからインサイドエッジに体重をかけながら，右足を左足の後方から2に移動する。以下の順序は上記の通り。

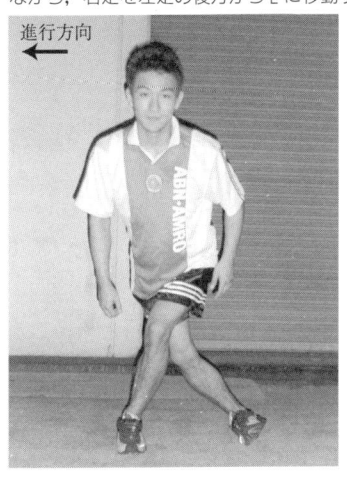

● 図3-4-1 ● クロスウォーキング

性などが必要である。

　難易度の高い回転のジャンプを成功させるためには，空中で回転するのに十分な滞空時間と高速回転が必要となる。難易度の高いジャンプを行うために技術の向上はもちろんではあるが，より高いジャンプを行うために助走を速くし，高く飛べるための下肢筋力の向上に努めなければならない。特にジャンプや回転などに安定感を与える足関節周囲の筋力増強が重要となる。陸上トレーニングにおいては大腿四頭筋やハムストリングス，殿筋群，**下腿三頭筋の強化**を心掛ける。また足関節の安定性向上や捻挫の予防のためにも**腓骨筋の強化**も重要となる。これ以外には

下腿三頭筋

腓骨筋の強化

第3章　種目特性とリハビリテーション

スケートジャンプは1m間隔に引いた平行線を斜め横飛びで前進する練習方法である。ただ跳ぶのではなく，実際の競技で用いる膝の屈曲角度や完全に膝を伸ばす跳躍動作を意識して，1歩1歩正確に行う。
インサイドエッジでのスケーティングを意識して，右足インサイドエッジで蹴ったときは左足のインサイドエッジでの着地を行う。

● 図3-4-2 ● インサイドでのスケートジャンプ

アウトサイドエッジでのスケーティングである。右足のアウトサイドエッジで蹴ったときは左足のアウトサイドエッジで着地する要領で足をクロスさせる。

● 図3-4-3 ● アウトサイドエッジでのスケーティング

両脚での**ジャンプトレーニング**を加える。徐々に負荷を高め片脚ジャンプや走りながらのジャンプ，回転を加えたジャンプなどに進んでいく。さらに芸術性の高い動きを行なうためには全身の柔軟性，特に体幹や股関節のストレッチングも入念に実施する。

ジャンプトレーニング

3) アイスホッケーのアスレティック・リハビリテーション

　激しいコンタクトスポーツであるアイスホッケーは相手のチェック

（体あたり）を受けても動じない足腰や上半身の強さや柔らかい身のこなしが必要となる。よってスピードスケート同様，体幹や下肢の筋力，柔軟性はもちろんそれ以外にも**上半身の筋力，柔軟性**も重要となる。またダッシュやターン，ストップ，バックスケーティングなどを頻繁に使いこなしながら競技を行うため，他のスケート競技よりも**敏捷性**が要求される。

上半身の筋力，柔軟性

敏捷性

下半身に関しての陸上トレーニングはスピードスケート同様のCKC訓練に加えバックウォーキングを（図3-4-4）また，敏捷性を養うためにバックランニング，シャトルランなどの**サーキット・トレーニング**を最大のスピードで行う方がよい。運動時間は10〜20秒程度，セット間の休息は運動時間の3倍程度とし，セット数は2〜3セットを目安にするとよい。

サーキット・トレーニング

上半身では大胸筋や広背筋，三角筋などの大筋群や手首などの強化を行い，転倒や激しいコンタクトに耐えうる全身の筋力増強が必要である。ベンチプレス，ショルダープレスなど複合的な大筋群のトレーニングと手首など局所的に鍛える単関節のトレーニングを組み合わせて実施する。

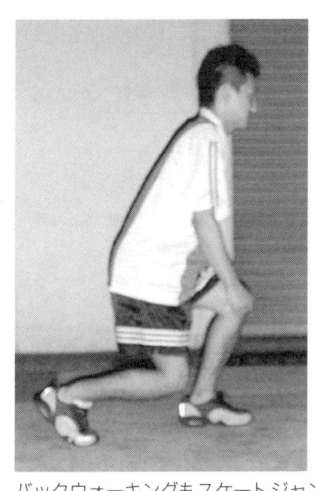

バックウォーキングもスケートジャンプやサイド・クロスウォーキングと同様，実際のスケートフォームを意識して行う。この練習は競技中に後方への移動がみられるアイスホッケーやフィギュアスケートに用いるとよい。
● 図3-4-4 ● バックウォーキング

4) 氷上への復帰

氷上での競技復帰直後，重心の低い姿勢をとったり急激にスピードを上げるとバランスの変化に対応できず，**傷害の再発**を起こしかねない。

傷害の再発

第3章　種目特性とリハビリテーション　127

そのため徐々に姿勢を低くしたりスピードを高めながら段階的に行うべきである。また滑走中もなるべくサポーターやテーピングを用い，患部にかかるストレスを軽減するほうがよい。

(3) おわりに

スケーティングにおける傷害は使い過ぎ症候群によるものが多く，そのため十分な休養をとり疲労を回復させることが重要となる。さらに競技復帰後もスケーティングだけでなく腹部・背部の体幹筋や股関節周囲筋などの強化訓練を積極的に行い，また柔軟性の維持を心掛けるべきである。各競技種目の特性を十分に理解し，目的にあったトレーニングを段階的に行なう事が大切である。

【参考文献】
1) 吉岡伸彦「スケート競技力のバイオメカニクス的要因」『体育の科学』Vol. 46，1月号，1996年
2) 根本 勇「スピードスケート競技：研究の流れと課題——最近10年間の研究から——」*Jpn. J. Sports. Sci.* 9-12，1990年
3) 赤羽勝司「スポーツ競技復帰と理学療法——競技別傷害特性と理学療法の実際　スケート」『理学療法』16巻7号，1999年
4) 若林三記夫「初心者から中・上級者，指導者のためのステップ・アップ教室」『アイスホッケーマガジン』ベースボールマガジン社，1997年7月号，pp. 71-76
5) 坂井俊行「コーチングテクニカルセミナー　効率よく強くなるトレーニング計画の実際　スピードスケート競技のトレーニング計画（1）」*Coaching Clinic*，1月号，1999年
6) 栗山節郎『新アスレチック・リハビリテーションの実際』南江堂，2000年，pp. 136-153，pp. 190-216

5 野　球

(1) はじめに

野球は大きく打つ，走る，捕る，投げるの4つの動作からなるスポーツである。これらの動作をいかに「効率よく」行えるかが，野球技術の向上と障害を防ぐポイントとなる。ある動作を行う時にはどんな単純なものであっても，全身の関節や筋肉が複雑に関連して，目的とする動き

を作り出している。このことを**運動連鎖**といい，これをいかに引き出せるかが「効率のよい」動作を行えるかにつながる。つまり，「効率のよい」動作を行うためには個々の関節可動域や筋力を向上させることも大切だが，よりスピーディーに，より複雑になればなるほどそれを結びつける運動連鎖に対してアプローチすることが不可欠であり，そうすることで目的とする動作にいち早くたどり着くことができるのである。ここではとくにスポーツ障害を起こしやすい投球動作の特性を述べた上で，アスレティック・リハビリテーションとして運動連鎖を中心としたアプローチを紹介する。

運動連鎖

（2） 投球障害[1)2)4)]

外傷をあげると打撲，捻挫，裂傷，肉ばなれなど他のスポーツにも共通したものがあげられるが，ここでは野球に特有な動作，すなわちスローイングによって引き起こされる**障害**である投球障害について述べる。投球障害はくり返し行われる投球動作によって肩や肘に炎症が生じ，それでも投げ続けることで靱帯損傷や骨損傷を起こすものである。たとえば，もっとも胸を張った時期に肩の前方や後方，肘の内側や外側や後方といったところに痛み（肘の外側は，内側の靱帯が弱い小・中学生に多い）が出ることが多く，肩では肩峰下滑液包炎・腱板断裂・上方関節唇損傷，肘では離断性骨軟骨炎・尺側側副靱帯損傷・後方インピンジメン

外傷
　外からの浸襲（衝撃）によって，直接的に引き起こされた障害の1つ。

障害
　同一部での小外傷の反復または，同一動作の反復により，引き起こされる慢性的な身体能の低下したもの。

肩関節内旋
胸の前で拳を前に向けて合わせた状態で両肘のみ挙上する。肘の高さの違いが肩後方の硬さである。（右投げ）

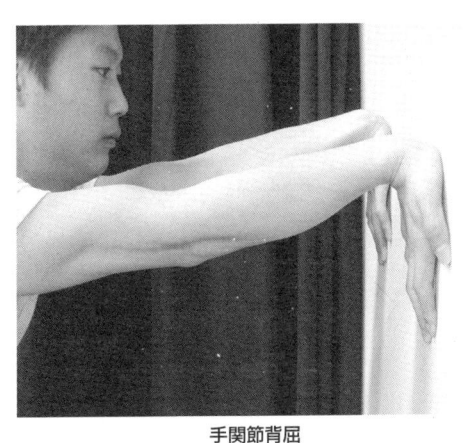

手関節背屈
手掌が離れる直前まで壁に沿って上げていき，高さの違いが前腕の硬さである。（右投げ）

● 図3-5-1 ● 可動域のチェック

第3章　種目特性とリハビリテーション

肩後方
胸の前・対側の肩・それよりも上の3方向に肘を引っ張る。

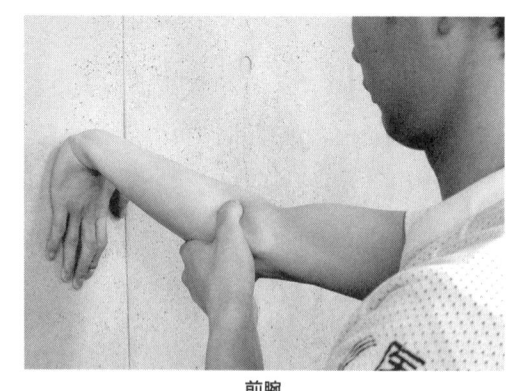

前腕
壁に手掌を当て，肘の内側の筋肉を圧迫する。

● 図 3-5-2 ● ストレッチ

トなどが代表的疾患としてあげられる。これは肩の後方や前腕の**柔軟性**が低下し運動連鎖に破綻をきたした結果生じた障害であり，局所の柔軟性を得る（図 3-5-1～2）とともに運動連鎖についても改善していく必要がある。

以下投球について述べるが，投球障害を知るためのきっかけとなり予防に役立てば幸いである。

柔軟性

（3） 投球動作の位相[1)3)~10)]

1） ワインドアップ期（図 3-5-3 ①）

投球動作を開始し，振り上げたステップ脚がもっとも高く上がるところまでをいう。これは軸足での片足立ちの時期で，位置エネルギーを蓄積する役割を果たしている。コッキング期以降でボールに推進力を与えるための準備として非常に重要である。この片足立ちの姿勢は，できるだけ軸脚の膝を伸ばし，足趾で踏ん張った状態で，まっすぐ立つのが理想である。

2） アーリーコッキング期（図 3-5-3 ①～②）

ワインドアップ期が終了してから，ステップ脚が地面に着くまでをいう。非投球側へ体幹の傾斜と骨盤の回旋が起こり，殿部が先行して投球

方向へ平行移動する。また，ここではテイクバックといって，両肘を挙上しながら腕を内側に絞り込む運動（内へのねじり）も行われている。

3） レイトコッキング期（図3-5-3②〜③）

アーリーコッキング期が終了してから，肩関節が最大外旋位に至るまでをいう。ステップした直後に下肢から骨盤・体幹へとねじられたあと肩関節が最大外旋し，外にねじられる腕の鞭打ち様運動（外へのねじり）が生まれる。この運動は，下肢からのエネルギー増幅と伝達をスムーズに行うために非常に重要となる。

4） アクセレーション期（図3-5-3③〜④）

レイトコッキング期が終了してからボールリリースまでをいう。加速期ともいうが，文字通り直接ボールにスピードを与える時期である。ここでは体幹が投球方向に回旋したあとに，遅れて内への腕のねじりが行われる。また，リリース時には両肩を結んだ直線上に両肘が位置するのがよい。

5） フォロースルー期（図3-5-3④〜⑤）

アクセレーション期が終了してから，投球動作が終了するまでをいう。ここでは一連の投球動作で生じたエネルギーを全身でうまく分散・吸収するために，ステップ脚への十分な体重移動とさらなる体幹の屈曲・回旋と腕の内へのねじりが起こる。

● 図3-5-3 ● 投球の位相

（4） 効率的な投球動作を行うためのポイント

1） 軸脚からステップ脚への体重移動[6)~9)11)]

　アーリーコッキング期で非投球方向への骨盤の回旋と体幹の傾斜によってできる限り長く軸脚に体重を残し，レイトコッキング期に移ると同時に一気にステップ脚に体重を移すことでより大きな推進力を得ることができる。このとき，軸脚とステップ脚の安定した**支持性**が必要となる。たとえば軸脚に体重が残っていなければテイクバックで腕が上がりきる前に身体が開き，肩の前方・肘の内側に過大なストレスがかかり痛みを生じやすく，ステップ脚への体重移動が少ないと腕の振りを制動するために，肩の後面に過大なストレスがかかり痛みを生じやすい。

> 支持性

2） 骨盤からの始動

　より大きなエネルギーを蓄積するために骨盤帯・体幹の回旋運動が不可欠であるが，ただ回旋の量が大きいだけでは大きなエネルギーを蓄積することはできない。ここで大切なのは下肢で蓄えたエネルギーをまず骨盤に伝え，骨盤から体幹へと伝えていくことである。ここで股関節内旋可動域が少ないと，骨盤の回旋が得られずエネルギー伝達が不十分となる。レイトコッキング期で腕の鞭打ち様運動の重要性を述べたが，それを行うためにはその準備段階にあたる骨盤から体幹への鞭打ち様運動，すなわち骨盤からの始動をいかに行えるかがカギを握っている。

3） 並進運動と回旋運動

　骨盤の動きをイメージして欲しい。まず，アーリーコッキング期で非投球方向に回旋したまま投球方向への**並進運動**（へいしん）を行う。これによりレイトコッキング期に移行する際に多く回旋できるため，より大きな加速が得られ，十分なエネルギーの増幅と伝達ができるのである。ここでもやはり両側股関節の十分な**内旋**（ないせん）可動域が必要となる。

> 並進運動

　また，レイトコッキング期で骨盤の**回旋運動**を効率よく行うためには，並進運動をやや後方に行い骨盤の中央に回旋軸を作るとよい。並進運動を前方に行うとインステップとなり回旋を制限され，後方すぎるとアウ

> 回旋運動

トステップとなりステップ足への体重移動が不十分になるためやはり回旋量は低下する。

4） 上肢のスパイラルモーション

　レイトコッキング期で下肢・体幹と伝わってきたエネルギーを最大限に増幅するための外へのねじり，アクセレレーション期で肘にストレスを与えずに加速するための内へのねじり，フォロースルー期でエネルギーを分散させてスピードを制動するためのさらなる内へのねじりといった腕の鞭打ち様運動のことである。何らかの原因でこの動きが制限されたまま投球し続けると，レイトコッキング期以降で肩や肘の痛みを誘発することになる。これが俗にいう野球肩であり，野球肘である。

（5）　アスレティック・リハビリテーション[1)3)~6)8)9)11)~13)]

1）　軸脚からステップ足への体重移動
① 片膝立ち（図3-5-4）
② 片脚立位（図3-5-5）
③ 片脚立位でのボールコントロール（図3-5-6）
＊目的①～③：ワインドアップ期で安定した片脚立ちの獲得。

軸脚で立ち，身体が傾斜しないように保持する。
● 図3-5-4 ● 片膝立ち

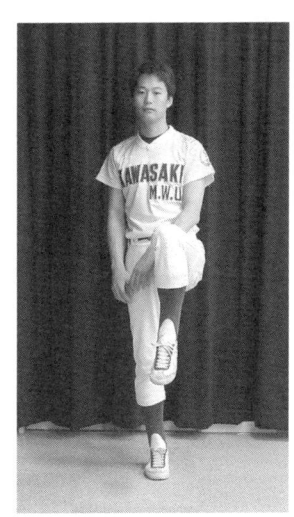

軸脚の膝をまっすぐ伸ばした状態で立ち，身体が傾斜しないように保持する。
● 図3-5-5 ● 片脚立位

骨盤と上半身を常に同じ向きにし，身体が動揺しないようにステップ脚でボールを転がす。
● 図3-5-6 ● ボールコントロール

直立位から前方に踏み出し，これを交互にくり返す。身体が傾いたり，膝が曲がりすぎないようにする。

● 図 3-5-7-a ● フォワードランジ

骨盤の側方移動を意識し，上下動しないように左右交互に行う。

● 図 3-5-7-b ● サイドランジ

フォワードランジをジャンプして行う。腕の反動を利用し，空中で身体をそらし反対の脚で着地する。

● 図 3-5-8-a ● フォワードホッピング

両手の反動を利用して身体をひねる。斜め前方にジャンプし左右交互に行う。

● 図 3-5-8-b ● サイドホッピング

④　フォワードランジ（図 3-5-7-a）・サイドランジ（図 3-5-7-b）
⑤　フォワードホッピング（図 3-5-8-a）・サイドホッピング（図 3-5-8-b）
＊目的④〜⑤：レイトコッキング期以降でのステップ脚の支持性向上。

2）　骨盤からの始動
①　股関節のダイナミックストレッチ（図 3-5-9）
②　骨盤回旋運動（閉脚・開脚）（図 3-5-10-a，b）
＊目的①〜②：アーリーコッキング期での非投球方向への骨盤のねじりの獲得と，レイトコッキング期以降の投球方向への骨盤のねじりの獲得。
③　骨盤回旋運動（立位）（図 3-5-11）
＊目的③：アーリーコッキング期以降での身体のしなりの獲得。
④　ラグビーボール投げ（図 3-5-12）
＊目的④：アーリーコッキング期からアクセレレーション期で，脚から骨盤・体幹を経て，腕への効率的なエネルギー伝達の獲得。

殿部が浮かないように左右交互に膝を地面に近づける。
● 図 3-5-9 ●　股関節内旋ストレッチ

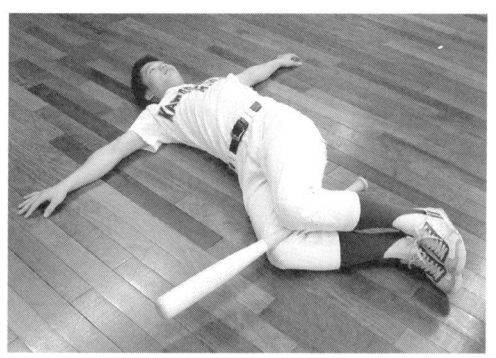

顔を正面に向けたまま，両膝でバットを挟み腰をひねるようにバットを左右交互に倒す。
● 図 3-5-10-a ●　骨盤回旋（臥位閉脚）

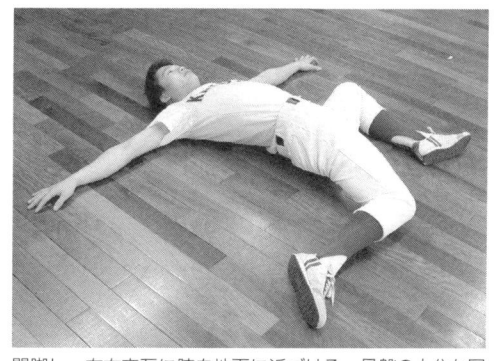

開脚し，左右交互に膝を地面に近づける。骨盤の十分な回旋を意識する。
● 図 3-5-10-b ●　骨盤回旋（臥位開脚）

側方への重心移動に伴い，骨盤の回旋を行う。
● 図 3-5-11 ● 骨盤回旋（立位）

図 3-5-11 の要領でボールを投げる。手首のスナップを使わず，真横の回転がかかるようにする。
● 図 3-5-12 ● ラグビーボール投げ

3） 並進運動と回旋運動

① トルネード（図 3-5-13）

② ヒップ・キャッチ

＊目的①～②：アーリーコッキングでのタメをつくる。

③ ツイストランジ（図 3-5-14）

＊目的③：アーリーコッキング期からレイトコッキング期にかけて身体のしなりをつくる。

ステップ脚を振り上げながら投球方向へお尻をつき出す。
身体を十分に非投球側へ傾斜させる。
● 図 3-5-13 ● トルネード

軸足荷重で骨盤を非投球方向へ回旋させた状態から，骨盤を水平移動しステップ脚に体重が乗ったところで骨盤を回旋させる。
● 図 3-5-14 ● ツイストランジ

4） 上肢のスパイラルモーション

① サークルスクラッチ（下肢→骨盤→体幹）（図 3-5-15）

② 風船投げ（下肢→骨盤→体幹→上肢）（図 3-5-16）

＊目的①〜②：各位相間のエネルギー伝達を効率よくする。

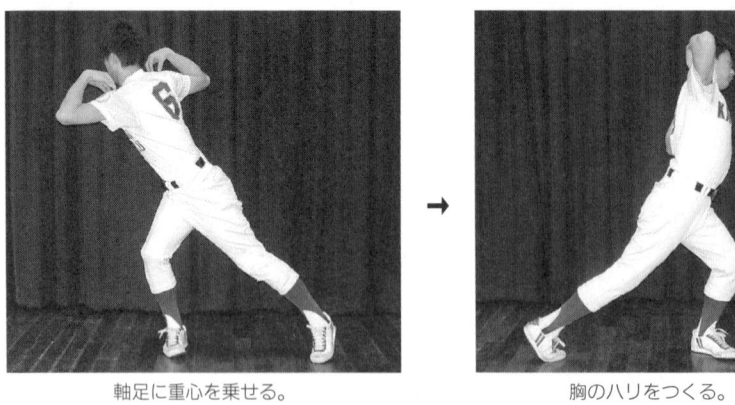

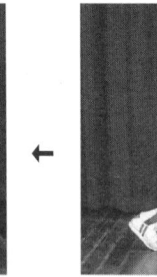

軸足に重心を乗せる。　　　　　　　　　　　　胸のハリをつくる。

骨盤と体幹のひねりによって引き上げる。　　　ステップ脚に重心を乗せる。
両手を肩に乗せ両肘を水平に保った状態で，骨盤の側方移動からの回旋を意識して行う。
● 図 3-5-15 ● サークルスクラッチ

傘を入れるビニール袋などを使う。3本指で持ち，テイクバックで先端を非投球方向に向けまっすぐ前に飛ばす。
● 図 3-5-16 ● 風船投げ

5) スローイングプログラム

① 真下投げ（ボールを真下にたたきつける）

＊目的：身体全体を使った投球フォームを身につける。復帰する際，急に遠くへ投げようとすると上体が起き手投げとなりやすいので，真下投げから段階的に距離を伸ばしていきスローイングメニューへと進めていく。

② 球数と距離（表 3-5-1）

＊目的：急激な球数や球速の増大は肩や肘への負担が大きくなり，またフォームを崩す原因ともなり得るため，筆者らが臨床で行っている競技復帰のためのスローイングプログラムを紹介する。

● 表 3-5-1 ● スローイング・プログラム

段階的プログラム

ステップ	距 離	球 数	力加減
1	塁間の半分	25球×3セット	全力投球の80％以上
2	プレート～ホーム		
3	塁間		
4	1－3塁間		
5	塁間の2倍		

週間スケジュール

月	火	水	木	金	土	日

CB：キャッチボール　　N：ノースロー

＊キャッチボールを行った翌日は投げないようにしましょう。

(6) おわりに

投球動作における運動連鎖を中心に述べてきたが，やはりそれを行えるだけの関節可動域，筋力や柔軟性といった最低限の機能を獲得・維持することを忘れてはならない。そのためには日頃からのコンディショニングを十分に行い，障害の予防に努めることが大切といえよう。

【参考文献】
1) 村田量優ほか「上肢スポーツ障害に対する生体力学的アプローチ」『理学療法』14 (12)，1997年，pp.940-946
2) 中江徳彦ほか「上肢スポーツ障害の再発・進行予防のための理学療法」『理学療法』16 (1)，1999年，pp.34-40
3) 山野仁志ほか「上肢スポーツ障害の発症予防のための理学療法」『理学療法』16 (1)，1999年，pp.41-47

4）越智隆弘『野球人のための障害予防』メディカルレビュー社，1996年，pp. 3-208
5）立花　孝「肩投球障害に対する生体力学的アプローチ」『理学療法』14（12），1997年，pp. 952-956
6）松久孝行ほか「投球のバイオメカニクスから見た肩関節障害のリハビリテーションと予防」『臨床スポーツ医学』18（2），2001年，pp. 165-171
7）手塚一志『ピッチングの正体』ベースボールマガジン社，1998年，pp. 11-197
8）魚住廣信『読んで見てわかるベースボールトレーニング』メディカルレビュー社，1998年，pp. 15-104
9）池田哲雄ほか『中学・高校生のための野球レベルアップ教本』ベースボールマガジン社，2001年，pp. 84-95
10）平野裕一「ピッチング動作のバイオメカニクス」『臨床スポーツ医学』18（1），2001年，pp. 19-24
11）伊藤博一「理想的な体重移動とは」『トレーニングジャーナル』239，1999年，pp. 30-33
12）手塚一志『肩バイブル』ベースボールマガジン社，1995年，pp. 152-155
13）青木まき子ほか『スポーツ〈強化〉トレーニングの技術』宝島社，2000年，pp. 16-35

6 サッカー

(1) 競技特性

　サッカーの競技人口は多く，その増加に伴い傷害件数も増加傾向にある。サッカーの競技特性はボールを蹴る（キック）ということのほか，瞬発力，持久力，肉体的強さ，あるいは俊敏性などの数多くの要素により構成される。

　一方，用具の使用が少ない本競技においてはシューズの選択が大切であり，芝，土などの地面の状態に適宜合わせる必要がある。

　傷害予防のためには，選手個人が競技特性や外傷・障害の特性を知ることが重要である。いわゆる「けが」は，打撲や捻挫のように身体に瞬間的に急激な外力が加わって起こる**外傷**と，オーバーユース（overuse）と呼ばれる**使い過ぎ症候群**によって起こる障害とに分けられる。サッカーにおける発生割合は，外傷がおよそ60％，障害が40％である。部位別割合（図3-6-1）では，下肢が全体の70％を占める。

　図3-6-2は受傷時年齢の内訳を学年別に分類したもので，骨成長のさかんな中学生に多い。小・中学生では膝関節における**オスグッド病**や**二分膝蓋骨**などの発育期特有の障害が多く，高校生では膝関節の靱帯損傷

外傷

使い過ぎ症候群

オスグッド病
二分膝蓋骨

● 図 3-6-1 ● 部位別傷害割合

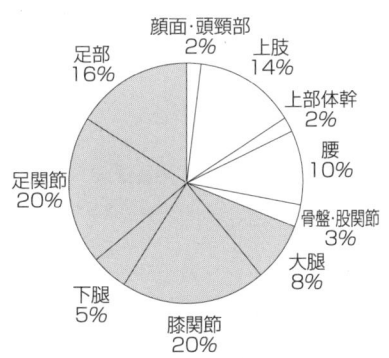

下肢の傷害は全体の70%を占める。

出典：岡本武昌，脇元幸一「スポーツ復帰と理学療法　サッカー」『理学療法』15（7），1998年，p.564より一部改変

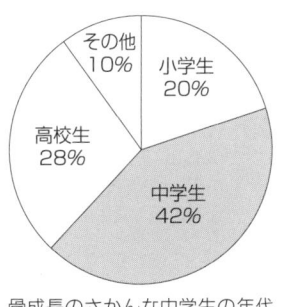

● 図 3-6-2 ● 年齢別傷害発生割合

骨成長のさかんな中学生の年代における傷害は全体の42%を占める。

出典：図3-6-1に同じ，p.563より一部改変

などの外傷と半月板損傷などの障害が多い。また，各年代に共通して足関節捻挫の発生率は高い。

（2） 傷害の特徴

1） 膝関節の overuse syndrome

走る，跳躍する，蹴るなどのくり返される外力が，膝の関節面や靱帯に微細損傷を起こす。運動強度に比例して発生は増加するが，あらかじめ以下に示す選手の**危険因子**を見極め，適切な処置やトレーニングを行うことにより進行の防止，発生の予防が可能である。

① 内的要因

　a．身体の**アライメント**，筋の柔軟性，筋力のアンバランス；オスグッド病は身長の伸びに筋肉の柔軟性がついていけないために起こる障害の代表例である。

　b．コーチ，家族などからの選手への過度の期待

② 外的要因

　a．スケジュールエラー；選手個々の身体，精神特性に合わせたメニューを組み立てなければ，傷害発生頻度が高くなる。

　b．道具・環境；足に合わないシューズの使用や，堅いグラウンドにおけるトレーニングのくり返しにより overuse 障害が発生する。

危険因子

アライメント（alignment）
　骨あるいは体節の配列を意味する。

2） 足関節捻挫

　足関節捻挫とは急激なストップや方向転換，またジャンプの着地の際にいわゆる，「足をくじく」といわれるもので，足底が内側をむいて外側のくるぶしの周りの靱帯を損傷する**内反捻挫**と呼ばれるものがほとんどである。サッカー競技では試合中のタックルなどの接触プレーでの受傷も多い。症状は軽度のものから骨折を伴う重度のものまでさまざまであるが，疼痛や**拘縮**，関節の不安定性および筋力低下などを残したままの復帰は，パフォーマンスを制限し，傷害の再発や関節軟骨損傷などの障害を引き起こしやすい。

> 内反捻挫
>
> 拘縮
> 　（contracture）
> 　筋肉の静的な短縮。

(3) リハビリテーション

　医療機関での治療を終えても，**競技感覚**の低下によるパフォーマンスの低下を経験する。これを取り戻すには，普段の練習の再確認が必要である。

　復帰までに患部を完治させることが望ましいが，時には基本的なリハビリメニューを再確認し，ケアする必要がある。また受傷の原因を理解し予防しなければ，再受傷する可能性が高い。

　以下にサッカーの基本的動作における理想的な動作の要素と，トレーニング方法を説明する。うまくいかない場合は各ステップを再確認し，また個々の状態に応じて変更するとよい。

　トレーニングは痛みや違和感のない状態で行うことが重要である。指導者は常に選手の状態を確認し，痛みなどが出た場合はその時点で中止し，後日前段階から開始する。

　柔軟性や正しい歩行・ランニングフォームおよび「かまえ」の姿勢を習得できなければ競技復帰は勧められない。殿部が退ける，あるいは体幹が後ろに傾き(**後傾姿勢**)，体重が踵に乗った状態でのキック，ターンおよびジャンプ動作は膝や大腿部前面への負荷が大きく，また踵がねじれやすいため，外傷および障害発生の要因となる。体重を前方に乗せた姿勢（**前傾姿勢**）で動作を行えば，外傷・障害予防につながると同時に，パフォーマンスも向上できる。

　走行に関するトレーニングは「基本1」，サイドステップ・カッティン

> 競技感覚
>
> 後傾姿勢
>
> 前傾姿勢

グ・ターンに関するトレーニングは「基本2」で紹介する。「基本3～6」においては，キック，ヘディング，トラップおよびドリブルの動きを説明し，「（4）トレーニング」で総合的なトレーニングを紹介する。

基本1　走る（直線での動き）

　患部の状態，心肺機能などを頻繁にチェックする。医療機関におけるリハビリの後半から重複して段階的に進めていく必要がある。

【STEP1　ウォーキング】

　ウォーキングはすべての動作の基本であり，グラウンドでのトレーニングに入る前に必ず行う。正しいウォーキングとは，しっかりと体幹を伸ばして踵から着地する歩き方である。そのためには腰あてウォーキングを行うとよい（図3-6-3）。

腰に手をあて，しっかりと体幹を伸ばして踵から着地する。
● 図3-6-3 ● 正しい歩行姿勢

【STEP2　ショートジョグ】

　ジョギング（ジョグ）はウォーキングに比較して着地時の衝撃が大きく，トレーニング時間を急激に増加すると非常に危険なため，徐々に増加する。図3-6-4に示すように，ゴールラインとタッチライン上の6つのエリアをジョグする。各エリアの最初の10歩はジョグを（残りはウォーキング），その後は各エリアでのジョグの歩数を増加していく。

【STEP3　ロングジョグ（持久力）】

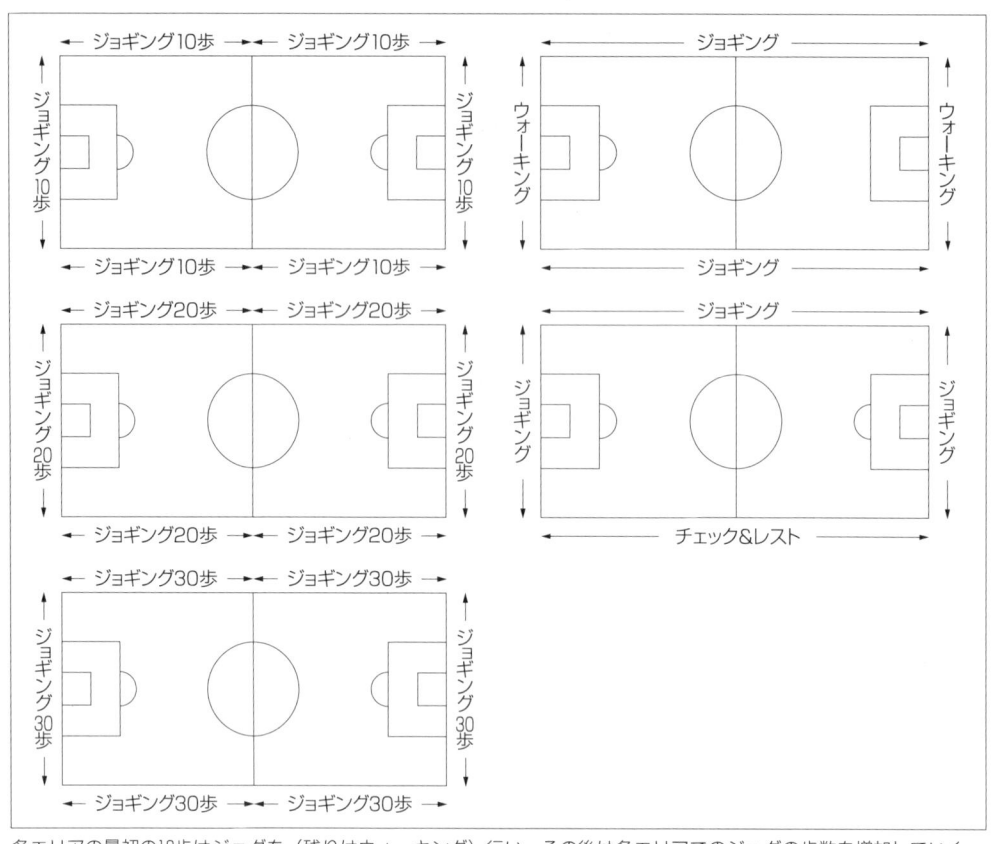

各エリアの最初の10歩はジョグを（残りはウォーキング）行い，その後は各エリアでのジョグの歩数を増加していく．

● 図 3-6-4 ● サッカーコートを利用したジョギング[3]

　ショートジョグによって良好なフォームが得られれば，ロングジョグを開始する．しかし，最初から30～40分走るのではなく，5分，10分，20分刻みとし，試合時間×1/2の連続ジョグを目標にする．

【STEP4　加速走（中距離）】

　一定のスピードで試合時間の半分のジョグが可能になったら加速走に入る．患部の負担を減らすために，ジョグから徐々にスピードを上げ，目的のスピードに達したら，急にストップせず徐々に減速する．

　STEP2の「ウォーキング＋ショートジョグ」のパターンを「ジョグ＋加速走」に置き換えて行う．加速ピーク時に100％のスピードに達することを目標とする．

　このSTEPまで患部が回復してきたら，トレーニングシューズからスパイクの使用へ移行する．

【STEP5　ダッシュ（瞬発力）】

　加速走で100％のランニングが可能となったら，ダッシュを取り入れ

たインターバルトレーニングを行う。

インターバルトレーニング

〔例1〕10分間に3秒間か6秒間のダッシュをランダムに行い，3秒ダッシュ後に27秒ジョグ，6秒ダッシュ後に54秒ジョグをインターバルとして行う。

〔例2〕ジョグ10分→サッカーコート1周半2分以内→コート1周1分以内→ゴールラインウォーキング→コート半周25秒以内→ゴールラインウォーキング→タッチライン半分ダッシュ→ジョグ5分

インターバルトレーニングは，年齢，競技レベルおよび競技時間などに応じてセット数を調整していく。表3-6-1の各競技レベルにおける1試合の移動距離と試合時間を参考にメニューの組み立てを行うとよい。例2では5セットで移動距離1万m以上，時間は約70分の設定となっている。

● 表3-6-1 ● サッカープレーヤーのゲーム中の移動距離[3]

グループ （調査時期）	人数	試合時間 （分）	移動距離 （m）	移動距離 （5分）
少　年（1978～1981）	278	40	3,472	434
中　学（1978～1981）	150	60	6,399	534
U17（1993）	40	80	8,647	540
高　校（1978～1981）	80	70	8,015	573
ユース（1979）	199	80	9,226	591
成　人（1978～1981）	153	90	10,723	596
トヨタカップ（1980～1994）	199	90	9,957	554
AAカップ（1993）	10	90	9,797	544
Jリーグ（1993）	38	90	10,024	557

基本2　サイドステップ，カッティング，ターン

サッカーではプレイに応じたあらゆる方向への運動や方向転換が瞬時に要求される。とくにディフェンスでは側方や後方に走るプレイが多いが，このような走行は日常生活の動作中には少なく，使用する筋肉も異なるため，傷害が発生しやすい動作である。発生頻度が高い足関節捻挫のほとんどはこれらの動作時に起こる。

いずれの方向への動作も「かまえ」の姿勢（p.169参照）を確実に身につけることが重要である。サイドステップとカッティングは，地面に対して爪先（前足部）でのキック動作を瞬間的に小刻みに使い，足関節だけでなく膝と股関節の屈伸や体幹の反動を十分に用い，体の重心をすみやかに側方に移動させる。重心は低位置に保持することがポイントである。着地時に足関節に加わる外力が大きくなるため，大きく跳ねないように注意する。膝蓋骨の向きは常に爪先と同じとし，両足の距離は常に肩幅以上とする。サイドステップの切り返しの瞬間は，足底全体あるいは小趾荷重になることが多いため，常に**母趾球**荷重を意識して練習する。

母趾球
　母趾より近位にある足底の膨らみ。

● 図3-6-5 ● カッティング（クロスオーバーカッティング）

かまえの姿勢から一側の下肢を対側の前方に踏み出す。この時下肢関節は十分に屈曲し，膝蓋骨の向きは爪先と同じとする。殿部が退けたり，体幹が過度に前方や側方に傾いたりしないよう意識する。

大きな重心移動を行う場合に使用するクロスオーバーカッティング（図3-6-5）は，足関節をはじめとして外傷が発生しやすい動作である。たとえば右方向にカッティングする場合，右下肢が軸となり身体に右方向の回旋力が加わるが，右足底は内向きになるため，捻挫を起こす肢位となる。動作の開始から終了まで母趾球部での荷重を意識することにより足関節の内反方向へのストレスが減少し，捻挫の予防に役立つ。

【STEP1　かまえの姿勢の習得】

動作の基本姿勢であり，再受傷の防止，障害予防の面からも重要である。

【STEP2　サイドランジ】（図3-6-6）

肩幅より大きめに足を開いた状態で下肢関節を十分に屈曲し，かまえの姿勢をとる。股関節部にしわを作るイメージで骨盤の側方移動を左右交互に行い，一側の膝関節の上に体重を乗せていく。

〈チェックポイント〉

・膝関節が動揺せず，膝蓋骨が正面を向いて安定していること。
・小趾側ではなく，母趾球部に荷重していること。
・下肢関節が十分に屈曲していること。
・腹筋に力が入った状態であり，体幹が過度に前方や側方に傾斜しないこと。
・殿部（でんぶ）が出過ぎたり，下がったりしていないこと。
・痛みがないこと。

骨盤の側方移動を左右交互に行い，一側の膝関節の上に体重を乗せる。十分に下肢を屈曲し，股関節部にしわを作るイメージで行う。

● 図 3-6-6 ● サイドランジ

【STEP3　2～3歩のサイドステップ・カッティング】

サイドステップは「かまえ」の姿勢から重心の高さを変えずに側方移動する。

カッティング（図3-6-5）はかまえの姿勢から一側の下肢を対側（たいそく）前方に踏み出す。下肢関節は十分に屈曲し，膝蓋骨の向きは爪先と同じとする。殿部が退けたり，体幹が過度に前方や側方に傾いたりしないよう意識する。

【STEP4　側方ホッピング】（図3-6-7）

サイドランジの応用で側方にホッピングし，着地の際に各関節で衝撃を吸収して静止する。

● 図 3-6-7 ● 側方ホッピング

サイドランジの応用である．側方にホッピングし，着地の際に各関節の屈曲運動により衝撃を吸収して静止する．

　サイドランジ同様，膝蓋骨を爪先と同方向に向け，下肢関節を十分に屈曲する．着地時には母趾球に荷重し，身体が動揺しないよう意識する．

【STEP5　ホッピング＋α】

　側方ホッピングの着地後，骨盤を側方移動し続け，母趾球荷重が小趾側へ移動し，床面から足底が離れる直前に，さらに1歩ホッピングする．2歩目のホッピングはさまざまな方向に行う．短い距離からはじめ，徐々に距離を延長する．

【STEP6　サーキットトレーニング】（図3-6-8）

　図に示すように，ジャンプ，サイドステップ，バックランなどのさまざまな運動を行う．正確に各動作を行うよう意識し続ける．

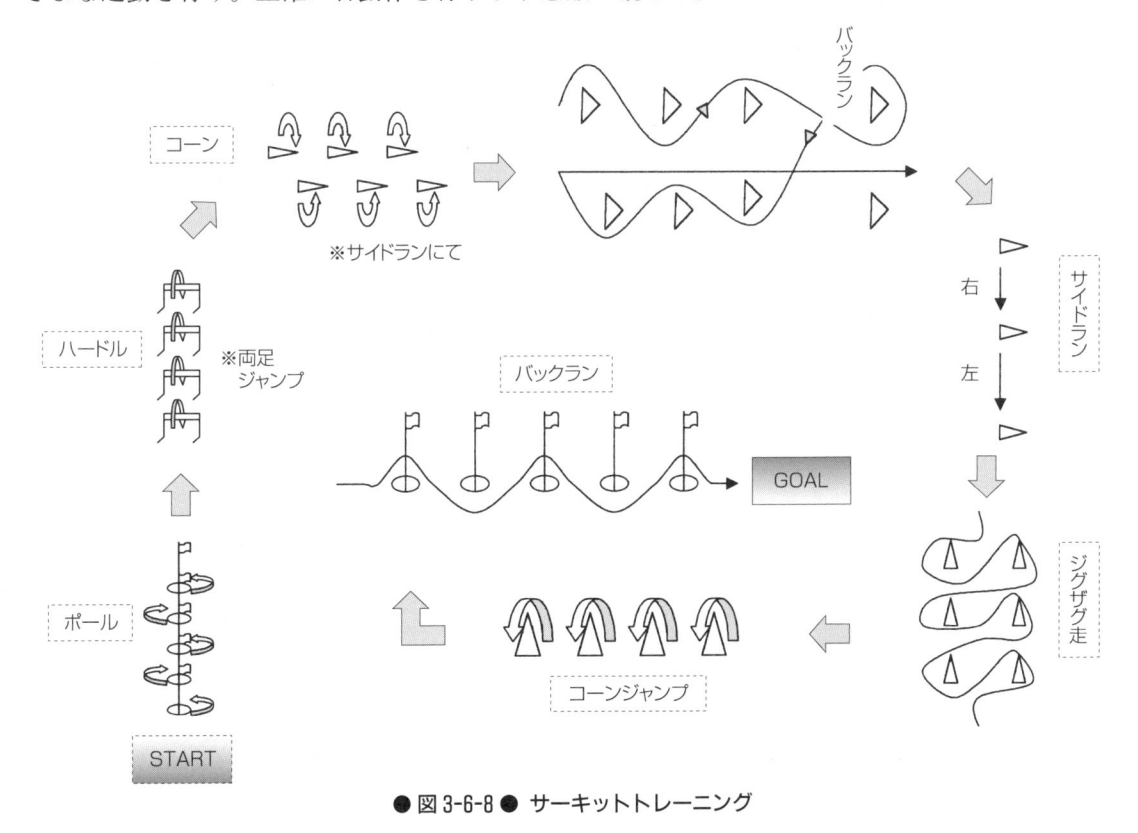

● 図3-6-8 ● サーキットトレーニング

基本3　キック

　ボールの横に左足を踏み込んだ瞬間，軸足から頭までは1本の柱となり，振り上げた左上肢から右足までは弓のようになる．同時に右脚の

全身の強い回旋と対角線上の運動によりキックのパワーが発揮される。
● 図3-6-9 ● キック動作（左：インパクト前　右：フォロースルー）

前面，体幹前面の筋肉を伸張することでパワーを蓄積し，インパクトの瞬間，右足および左上肢を急激に体の前方へ対角線上に屈曲することで強い回旋が生じ，パワーが発揮される（図3-6-9）。

ボールの「真横」に踏み込み，体幹を過度に後傾させず，キック足の「膝下（ひざした）」でボールを捉えることにより体重が爪先に乗り，鋭いキックができるため理想的なフォームである。フォロースルー時のキック足は，膝がまっすぐに伸展することで，足部がボールに接触する時間を延長でき，また後傾姿勢を避けられる。

腰で押し出すような，後傾姿勢での直線的なキックのくり返しは，腰

殿部が退けた後傾姿勢でのキック。腰部，膝前面への負荷が大きい。
● 図3-6-10 ● キック動作（後傾姿勢）

部，体幹前面や，大腿部および膝前面への負荷が大きい（図 3-6-10）。

基本 4　ジャンプヘッド（ヘディング）

　ジャンプヘッドは，両上肢と膝を後方に振り上げることで体幹をそらせ，これを一気に屈曲してパワーを発揮する（図 3-6-11）。体幹をそらせる背筋，殿筋（でんきん）の筋力，体幹前面の腹筋や腸腰筋（股関節前面の筋肉）の柔軟性と急激に体を屈曲していく筋力が必要である。

　ジャンプの初動作では，屈曲した下肢関節を伸展するが，ここではとくに股関節の伸展が重要である。股関節は下肢と体幹をつなぐ位置にあり，殿筋の収縮は体幹を安定させる。股関節の伸展が弱いと後傾姿勢となるため，膝関節前面への負荷が大きく，また前方へジャンプする力も小さくなる。

　着地動作（図 3-6-12）は，股関節を深く屈曲して衝撃を吸収する前傾姿勢が理想的である。背中は丸くならないよう伸ばし，殿部が退けるのを避ける。後傾姿勢で着地すると，膝前面への負荷が非常に大きい。

強くそらせた体幹の急激な屈曲によりヘディングのパワーが発揮される。
● 図 3-6-11 ●　ヘディング動作

股関節の深い屈曲と骨盤前傾および体幹の伸展により，衝撃吸収が効率よく行われる。

股関節の屈曲が不十分で，殿部が退けているため，重心が後方に偏位している。

● 図 3-6-12 ●　着地動作（左：前傾姿勢　右：後傾姿勢）

基本 5　トラップ

　ボールを止める（トラップ）時は，動きが遅くなるためチャージを受

けやすい。また片脚をあげるため，後傾姿勢になりやすく，とくに軸足に体重を乗せ，姿勢を安定させる必要がある。殿部が退けたり，体が左右に傾斜したりすると，次の方向転換やキックが難しい。

基本6　ドリブル

ドリブルは体の真下で，膝および股関節を屈曲して行う（図3-6-13）。体の真下にボールがあれば，左右への方向転換がスムーズにでき，また常に同じ距離感でボールタッチができる。膝と股関節を屈曲した前傾姿勢を維持すれば，股関節の強力な伸展による急激な方向転換で敵をかわすことができる。

股関節が十分屈曲し，体の中心からボールまでの距離が短い。下肢の伸展による推進力が得やすい。

股関節の屈曲が不十分で殿部が退けている。ボールコントロールが難しく，膝への負荷も大きい。

● 図3-6-13 ● ドリブル（左：前傾姿勢　右：後傾姿勢）

（4）　トレーニング

ここでは上記1～6の基本テクニックに必要な身体要素を作るための総合的なトレーニングを紹介する。

1）　しなやかな体幹，下肢をつくる

【STEP1　股関節前面と大腿前面のストレッチ】（図3-6-14）

前後に脚を開き，腰を正面に向けて後方の膝を床につく。体を起こし，ゆっくり体重を前方に移動し，股関節前面を伸張する。続いて踵をゆっ

ストレッチを行う下肢の殿部に手をあて,股関節を伸展するよう押す。　　足首をつかんで殿部に近づける。殿部が退けないよう注意する。

● 図 3-6-14 ● 股関節前面と大腿前面のストレッチ（左：腸腰筋　右：大腿四頭筋）

一側の足を反対側の手で持って殿部に近づける。腰が過度にそらないよう注意する。

● 図 3-6-15 ● 体幹前面と股関節,膝関節前面のストレッチ

くりと殿部に近づけるよう屈曲し,大腿の前面を伸張する。

【STEP2　体幹前面と股関節,大腿前面のストレッチ】（図 3-6-15）

両手をあげてうつ伏せに寝る。一側の足を反対側の手で持って殿部に近づける。腰がそりすぎないよう注意する。大腿前面から体幹前面にかけて伸張する。

【STEP3　体幹前面のストレッチ】（図 3-6-16）

両手を地面につき,体幹を起こす。胸を張って体幹前面を伸張する。その後,左右にひねって行う。

【STEP4　体幹後面と股関節,膝関節後面のストレッチ】（図 3-6-17）

仰向けに寝て,一側の足を反対側の手で持つ。体のラインが左右にずれないよう,膝を伸ばしたまま下肢を左右に振る。まずは外側から内側へ振り,動作の切り返しはすばやく行う。10回往復したら,外側に開いた状態で大腿部の内側を伸張する。反対方向へも行う。

両手を地面につき，体幹を起こす。胸を張って体幹前面，とくに中央部を伸張する。

体幹を一側にひねりながら伸展し，体幹の前面と側面を伸張する。

● 図 3-6-16 ● 体幹前面のストレッチ（左：腹直筋　右：腹斜筋）

体幹左後面と股関節内側を伸張する。下肢は内側から外側へ振る。

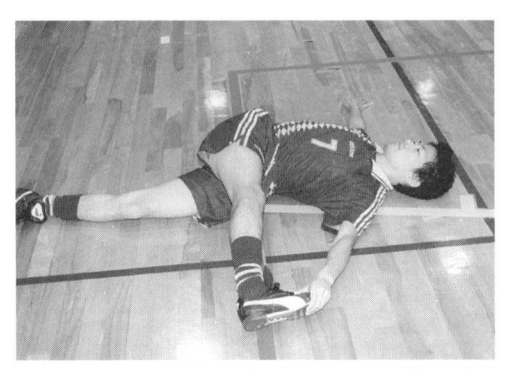

体幹右後面と股関節外側を伸張する。下肢は外側から内側へ振る。

● 図 3-6-17 ● 体幹後面と股関節，膝関節後面のストレッチ（左：外側方向　右：内側方向）

2） 安定した軸足をつくる

【STEP1　リフティング】

　左右交互に行う。軸足が変化する中で，体幹を安定させる。インステップ，ももでのリフティングは体が後傾しないように注意する。インサイド・アウトサイドでは両側の股関節の柔軟性が必要である。体幹が左右に傾斜しないようにする。

【STEP2　ボレーでのパス】

　パートナーからのボールをボレーで蹴り返す。体が後傾しないように注意し，キックの際は，軸足および体幹を安定させ，一瞬静止するようにして行う。続いてさまざまな部位でワントラップしてから返す。

【STEP3　キック足のスイング】

片脚で立ち，腰に手をあてて対側の下肢を膝伸展位で前後にスイングする。動作が安定したら上肢の前後のスイングを加える（図3-6-18）。最後に上肢を後方に高く振り上げ，キックと同時に対角線上に振り下ろす（図3-6-19）。対角線上のひねりを意識し，脚のつけ根にしわを作る。

　各動作に慣れたらスピードを増す。とくに体が弓なりになった瞬間から，キックするまでの切り返しをすばやく行い，体の前面が伸張される

下肢の前方スイング。殿部が退けないよう注意する。前後のスイングは一連の動作である。

下肢の後方スイング。この図よりも体幹はまっすぐに保持する方がよい。

● 図3-6-18 ● 前後スイング（左：前方スイング　右：後方スイング）

下肢のバックスイングと同時に上肢を後方に高く振り上げる。反対側の上肢でバランスをとる。

前方スイング。キックと同時に上肢を対角線上に振り下ろす。両膝はまっすぐに伸ばして行う。

● 図3-6-19 ● 対角線スイング
　　（左：前方スイング　右：後方スイング）

のを感じるようにする。

　側方スイングも行う(図3-6-20)。まずは腰に手をあてて行い，動作が安定したら下肢の振り上げと同時に上肢を反対方向へ振り，バランスをとりながら行う。

下肢のスイングと同時に上肢を反対側へ振る。体幹が側方に傾斜しないよう注意する。体幹の回旋よりも，上下肢の側方の動きを意識する。
● 図3-6-20 ● 側方スイング（左：内側方向　右：外側方向）

【STEP4　上肢の支えを使ったトレーニング】
　今までのステップが困難な場合，壁などに両手をついて軸足を鍛える。体をまっすぐ前方に傾斜させた姿勢で下肢をスイングする。殿部が退けないよう，殿筋，腹筋を意識する。前方へは腰の高さまで膝をあげ，膝を伸ばしながら後方にスイングする。慣れたらスピードを上げ，とくに動作の切り返しはすばやく行う。

3）　前傾姿勢を維持し股関節での推進力を得る
【STEP1　スクワット】
　両足を肩幅程度に開き，腰に手をあてて下肢関節を屈曲する。視線は前方を向き，体幹を伸ばして下腿部と平行に前方傾斜させる（かまえの姿勢）。下肢を伸展する際，お尻の穴を閉めるように意識する。下肢を屈曲する時は膝だけでなく，股関節の屈曲を意識する。
【STEP2　片脚スクワット＋スイング】(図3-6-21)
　片脚でのスクワットと，反対側の下肢のスイングを同時に行う。軸足

軸足の伸展と同時に膝を腰の高さまであげる。

軸足を屈曲すると同時に，反対側の下肢を後方に伸展する。

片脚でのスクワットと，反対側の下肢のスイングを同時に行う。
● 図3-6-21 ● 片脚スクワット＋スイング

の伸展と同時に膝を腰の高さまであげ，屈曲と同時に下肢を後方に伸展する。とくに殿部が退けないようにする。慣れたらスピードを増す。

4） 体幹を鍛える

【STEP1　対角線上の屈伸運動】（図3-6-22）

仰向けで両手をあげる。一側の膝と対角線上の肘をへその上で合わせる。頭をあげて膝を見るようにし，反対側の上肢と下肢は地面を押さえ，

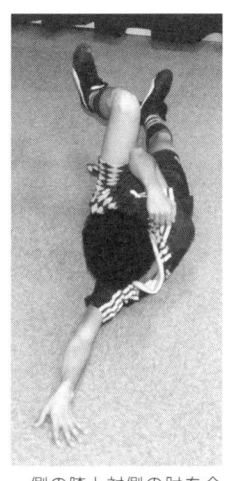

一側の膝と対側の肘を合わせる。反対側の上下肢は床面を強く押さえる。

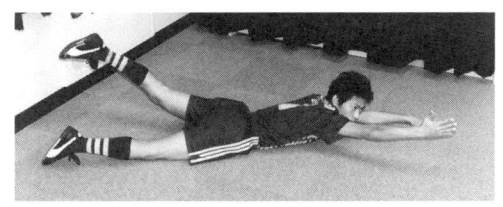

一側の上肢と対側の下肢を挙上する。反対側の上下肢は床面を強く押さえる。

● 図3-6-22 ● 対角線上の屈伸運動（左：屈曲運動　右：伸展運動）

対角線上の動きをより強くする。

　続いてうつ伏せに寝て，対角線上の下肢と上肢を挙上する。指先を見ることで体幹のひねりが強くなる。

【STEP2　よつばいでのトレーニング】(図3-6-23)

　うつ伏せで肘をつき，大腿部，体幹を挙上し，体幹をまっすぐにして保持する。これが困難な場合は，両手をつき，体幹をまっすぐにしてよつばいを保持する。安定したら対角線上の上肢と下肢を交互に挙上する。

大腿部，体幹を挙上し，体幹をまっすぐにして保持する。体幹が過度に屈曲，伸展しないようにする。

両手をつき，体幹をまっすぐにしてよつばいを保持する。上下肢を対角線上に挙上すると負荷が増す。

● 図3-6-23 ● よつばいでのトレーニング

【参考文献】

1) 岡本武昌，脇元幸一「スポーツ復帰と理学療法　サッカー」『理学療法』15 (7)，1998年，pp. 563-567
2) 遊佐　隆「スポーツ復帰と理学療法　サッカーⅡ」『理学療法』17 (9)，2000年，pp. 857-864
3) 野崎信行「サッカーグラウンドでのリハビリテーション」福林　徹編『整形外科アスレチックリハビリテーション実践マニュアル』全日本病院出版会，1998年，pp. 162-170
4) 福林　徹編『実践スポーツクリニック　スポーツ外傷・障害とリハビリテーション』文光堂，1994年，pp. 159-165
5) 土屋明弘，酒井洋紀「膝関節 overuse syndrome の予防法とトレーニング」『臨床スポーツ医学』4，2000年，pp. 427-430
6) 日本体育協会公認スポーツドクター山口県協議会「山口県下高校運動部員のスポーツ外傷・障害に関する調査研究——その1：外傷・障害名と部位，発症原因など——」『臨床スポーツ医学』4，2000年，pp. 473-482
7) 根本　勇「フィールドテストを行う意義」*Training Journal* 207，1997年，pp. 8-21
8) 武藤芳照編『図解スポーツ傷害のメカニズムと予防のポイント』文光堂，1992年，pp. 75-85
9) 戸苅晴彦「キック動作のバイオメカニクスと障害予防」『臨床スポーツ医学』18，2001年，pp. 49-52
10) 梅澤　聡，照岡香織編『超具体版！　スポーツ〈強化〉トレーニングの技術』宝島社，2000年，pp. 46-47

7 ラグビー／アメリカンフットボール

(1) はじめに

　ラグビー，アメリカンフットボール（以下，アメフト）は，格闘性の高い**コンタクトスポーツ**であり，傷害の発生する頻度が高く，発生部位も多様である。とくに急性外傷では選手生命に関わる重症のものや，頭部や頸椎外傷のような生命に関わるものもあり，アスレティック・トレーニングを実施していく際は外傷の発生機転や競技特性について十分に理解しておく必要がある。ここでは競技特性や重症度を考慮して膝の内側側副靱帯損傷，頸部外傷，肩関節脱臼に対するアスレティック・リハビリテーションについて述べる。

　メディカル・リハビリテーション（以下，メディカル・リハ）については第2章を参照すること。

> コンタクトスポーツ

(2) 膝関節内側側副靱帯（MCL）損傷

　MCL 損傷は膝の外側からタックルを受けた際に膝が内側，体が外側に倒れると受傷しやすい。とくに膝が伸びきり，足底全体が地面に接地した状態でタックルを受けた場合などに多く発生する。またラックやタックル後の密集プレーで倒れた際に膝の外側に乗られて受傷することもある。

> MCL 損傷

1) ランニング

　メディカル・リハで筋力，可動域が獲得できれば，片方の膝を深く曲げて歩く**ランジウォーキング**，サイドランジ（左右に動く）などを全荷重でのトレーニングとして行う。実施する際は膝と足先の方向を一致させることを強調する。同様にランニングも開始し，最初は直線走行のジョギングから始め，痛みのない範囲で徐々にスピードを上げていく。直線走が十分習得できれば円周走行，8の字走行，ジグザグ走行を始め

> ランジウォーキング

る[1]。小さな円では患肢が内側になると膝の内側へのストレスが大きくなるので大きな円から開始し，徐々に小さな円，急なカーブにしていく。またニーイン・トウアウト（膝が内側，足先が外側）にならないよう常に足先と膝が同じ方向を向くよう注意する。急激な減速や停止では膝への外反ストレスを少なくするために股関節は内転位をとらせる[2]。速度，距離が高められれば競技特性にあったシャトルランなども取り入れ，ランニング能力を高めていく。

2） ステップ動作

　ラグビー，アメフトは急な方向転換を必要とするスポーツであり，ステップ動作の獲得は重要である。ステップ動作には支持側と反対側の下肢を交叉させる**クロスオーバーステップ**（図3-7-1-a）と支持側を軸に回転する**オープンサイドステップ**（図3-7-1-b）の2つがある。オープンサイドステップでは足部が地面に固定された状態では膝への外反ストレスが大きいため，まずはクロスオーバーステップから始める。オープンサイドステップでは支持する側の母趾球で回転し，足部と膝を同じ方向に向け，損傷部へのストレスがかからないようにする。このようなステップ動作では**ツイスティング**（川野）（図3-7-2-a），**ヒールターン**（図3-7-2-b）などの基本的な動作からはじめステップ動作へと進めていく[1]。ステップをすみやかに踏み換えることができないと下肢にタックルを受

> クロスオーバーステップ
> オープンサイドステップ
>
> ツイスティング
> ヒールターン

転換方向と同側の下肢を軸にして下肢を交叉させる。
● 図3-7-1-a ● クロスオーバーステップ

転換方向と反対側の下肢を軸に回旋して方向転換する。
膝と足先は同じ方向に向ける。

● 図 3-7-1-b ● オープンサイドステップ

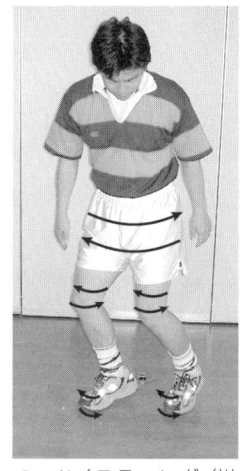

a．ツイスティング（川野）：母趾球で荷重し，膝と足先の向きを一致させながら股関節を回旋させて方向を変える。

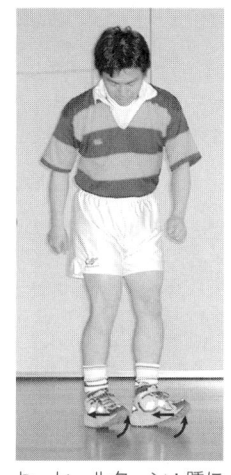

b．ヒールターン：踵に荷重し，つま先を挙げながらターンする。

● 図 3-7-2 ● スポーツトレーニング

a．低く速い踏み換え

b．高く速い踏み換え

● 図 3-7-3 ● 踏み換え動作

けやすく，また上体と膝が先行して足部が残ってしまうので膝の内側にストレスがかかりやすい。そのためその場ですばやく小刻みなステップを踏んだり，膝を高く上げて踏み換えるトレーニングはすみやかなステップ動作の前段階として有効である（図 3-7-3）[3]。基本的なステップ動作が獲得できたら**アジリティードリル**としてさまざまなステップやスピードの加減，停止などを組み合わせ，実際のプレーの動きに合わせていく。

アジリティードリル

3） コンタクト

コンタクト

　コンタクトスポーツでは，競技復帰にむけて**コンタクト**場面での身体の使い方を習得させていく必要がある。実際のコンタクト練習に移る前に，止まった状態で膝の外側から外力を加え，下肢のアライメントを習得させるトレーニングを行う（図3-7-4-a）。コンタクトにおける下肢のアライメントの注意点としては，コンタクトの瞬間に股関節と膝関節を十分屈曲させ，重心の低い姿勢をとらせることである。患肢が前方にあるような場合は足先が膝より外側に向かないよう，むしろ内側に向けてコンタクトすることで損傷部へのストレスを予防できる（図3-7-4-b）。またタックルされた後の転倒時は重心を低くし，両下肢を股関節，膝関節とも屈曲させる安全な倒れ方のトレーニングもしておく（図3-7-4-c）[3]。

　最終段階ではコンタクトフィットネスのトレーニングとしてランニング，コンタクト，寝て起きる動作を組み合わせたエクササイズや実際にディフェンスやオフェンスをつけた状態での動きを行い，より実戦的に

a．膝への外力に対し瞬時に下肢を屈曲させる。

b．重心の低い姿勢で，下肢を十分屈曲させ，足先はやや内側に向ける。

c．倒れたら瞬時に下肢を屈曲させる。

● 図3-7-4 ● コンタクト

していく。

(3) 頸部外傷

ラグビー，アメフトはコンタクトを頻回にくり返すスポーツであり，その他のスポーツに比べて頸部外傷の頻度が高く，重大な後遺症を残す危険性もある。

重傷外傷である**頸椎・頸髄損傷**はスクラムでのコラプシング（スクラムが崩れること）やスピアリングタックル（頭頂部からのタックル）などで，頸椎に対して圧迫力（頸を押しつぶす方向の力）と過度の屈曲が加わった時に発生しやすい。またタックル，ブロックをする際に頸部の側方や肩からコンタクトすることによって**腕神経叢**が引っ張られたり反対側の神経が圧迫され，上肢の電撃痛，一過性の神経障害の生じる**バーナー症候群**も多くみられる。その他にも頸部捻挫や慢性的なストレスによって椎間板の変性が生じることもある。

頸椎・頸髄損傷

腕神経叢
バーナー症候群

1） 頸部外傷の危険因子

頸部外傷の発生するプレイヤー側の因子としては，頸椎のアライメント異常，変形，筋力不足，頸部外傷の既往，可動域の低下，フォームの誤りなどがあげられる。

2） 筋力トレーニング

頸部の痛みが減弱すれば徐々に徒手での抵抗運動を開始していく。最初は頸部の運動を伴わない**等尺性運動**からはじめ，関節運動を伴った**等張性運動**へ移行する。コンタクトでは頸部の固定と体幹との一体化が重要であり，僧帽筋や腹筋群，背筋群の強化が必要である。とくに僧帽筋を強化することで頸部を固める感覚を習得させる[4]。また頸部のみの運動ではなく，頸部と体幹を連動させたシットアップ（図3-7-5-a）やバックエクステンションを行うことで，さまざまな方向からの外力に対して瞬時に頸部を固定できる能力を獲得させていく。筋力が回復しないまま復帰すると再発する危険性が高く，復帰する際は十分な筋力を獲得しておく必要がある。

等尺性運動
等張性運動

3） ストレッチング

ストレッチングは可動域を拡大したい場合やコンディショニングとしてウォーミングアップ，クーリングダウンでも行う。

ストレッチング

4） コンタクトスキル

頸部の外傷予防にはタックルなどの正しいコンタクトスキルの習得が必要である。頭が下がったり，側屈でコンタクトを回避したり，また頭頂部からコンタクトしないように股関節，膝関節を十分屈曲させ，頸部を中間位で安定させる。コンタクトの瞬間は顎を引き，頸部を伸展させ頭部を後方に押し込み，頸部周囲筋を同時収縮させ，頸部と肩甲帯，体幹を一体化させてコンタクトする。またアメフトでは頭部からコンタクトしないように上肢をできるだけコンタクトに参加させるようにすることも必要である（図3-7-5-b）[5]。

頸部外傷はタックルされた際に受傷する場合もあり，転倒時の受け身の習得も行う。外傷を予防するには，身体の広い面を使って接地し，瞬時に頸部，肩甲帯，体幹を固めるような動作を獲得させることで頸部の伸展や側屈の強制を防ぐことができる。これは頭部，肩関節外傷の予防につながる動作でもある。

a．頸部と体幹を連動させたシットアップ

b．アメフトではコンタクトに上肢を使うことも必要である。

● 図 3-7-5 ● 頸部に対するトレーニング

5） 防具による弊害

アメリカンフットボールはヘルメットやプロテクターなどを装備しており外力から守られている。しかしその弊害として装備を過信するあま

り，もっている能力以上のプレーをしたり，危険なタックルをすることが外傷発生の一因でもある。ラグビーでも近年はヘッドキャップやショルダーパッドが普及しており，同様のことがいえる。ヘッドキャップやヘルメットは決してすべての外力から身体を保護できるものではないので，正しい防具の役割を知り，本人の身体能力に応じたプレーを心掛けることが大切である。

（4）肩関節脱臼・亜脱臼

肩関節前方脱臼は，タックルや密集プレーで肩関節水平外転，外旋を強制された場合に発生しやすい。肩関節脱臼に対するアスレティック・リハビリテーションとしては，**肩甲上腕関節**の動的安定性の獲得，**肩甲胸郭関節**の固定性の獲得，正しいスキルの獲得が必要である[6]。

肩関節前方脱臼

肩甲上腕関節
肩甲胸郭関節

1）肩甲上腕関節の安定性

脱臼や亜脱臼を受傷すると肩関節前方の組織へのストレスによる動揺性が生じやすく，その安定性を得るためには**回旋筋腱板（インナーマッスル）** の働きが重要である。腱板筋の機能が回復すれば大胸筋や三角筋などの**アウターマッスル**の強化もはかっていく。筋力が回復してくれば，**固有感覚刺激運動**や**プライオメトリックトレーニング**を取り入れ，関節の動的安定性，協調性運動，瞬時の筋収縮獲得といったより競技動作に近いプログラムへと移行させていく（図3-7-6）。

回旋筋腱板
（インナーマッスル）

アウターマッスル

固有感覚刺激運動
プライオメトリックトレーニング

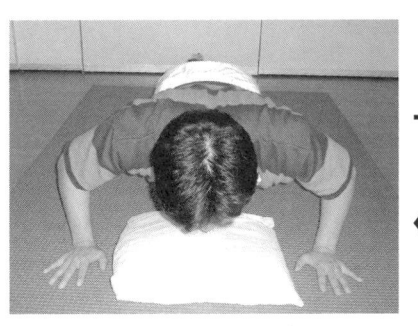

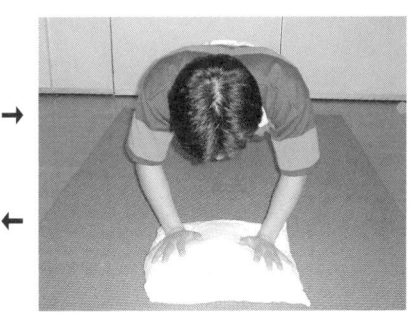

プッシュアップの状態から上肢で反動をつけ台の上に両手をつく。さらにそこからジャンプしてもとに戻る。

● 図 3-7-6 ● 肩に対する安定化トレーニング

プライオメトリック：ボールを使った投球動作

2) 肩甲胸郭関節の固定性

前方脱臼しやすい姿勢として，肩甲帯の挙上，外転，前傾位，肩甲上腕関節での上腕骨頭の前方突出，円背があげられる（図3-7-7-a）。このようなアライメントは大胸筋，小胸筋，僧帽筋上部線維などの過緊張と肩甲骨の内側部の筋（菱形筋，下部前鋸筋）の筋力低下によって生じやすい。リハビリテーションでは正しい肩甲骨のアライメントを獲得するために，過緊張になっている筋のリラクセーションをはかり，菱形筋，前鋸筋の強化による肩甲骨の内転，下制位の獲得が必要である。コンタクトスポーツにおけるコンタクトでの衝撃は相当なものであり，復帰に際して肩周囲筋はもちろんのこと，頸部，体幹，下肢の筋力強化が重要である。

3) スキル

コンタクトフォームとしては，円背にならないように肩甲骨を下制，内転位に保持し，頸部外傷予防と同様に頸部，肩甲帯，体幹を一体化させることが重要である。また肘が肩甲骨面より後方にくると腕をとられた状態になりやすいので，肘をやや前方に出し，タックルポイントをずらさないようにする[6]。さらにコンタクトの瞬間には脇をしめ，両手で相手をしっかり挟み込むようにする（図3-7-7-b）。しかしどうしても腕をとられそうな状況下では瞬時に腕を引く，脱力するなどの回避技術も必要である。

a．肩甲帯が挙上，外転し，肘が肩より後方に下がった姿勢では，肩が水平外転，外旋を強制されやすい。

b．肘を肩より前方に出し，コンタクトの瞬間には脇を締める。

● 図 3-7-7 ● コンタクトフォーム

【参考文献】
1) 小柳磨毅「一般的なアスレチックリハビリテーション」福林　徹，米田　稔編『アスレチックリハビリテーション』南江堂，1998年，pp.108-116
2) 小柳磨毅，安田和則「リハビリテーション」史野根生編『膝のスポーツ傷害』医学書院，1995年，pp.137-165
3) 小林寛和「ラグビー選手の下肢外傷発生機転に注目したエクササイズ」*Sportmedicine*, No.33，2001年，pp.12-17
4) 下條仁士ほか「アメリカフットボールの頸部傷害について」『臨床スポーツ医学』12 (1)，1995年，pp.93-103
5) 下條仁士ほか「バイオメカニクスからみたアメリカフットボールの頸椎損傷予防」『臨床スポーツ医学』18 (1)，2001年，pp.59-64
6) 小林寛和「ラグビー選手の外傷とその理学療法」『PT ジャーナル』30 (3)，1996年，pp.159-167

8　バスケットボール

(1) 競技特性

　バスケットボールは，狭いコートの中で10人の選手が1つのボールを争って，ダッシュ，ストップ，ターン，カッティング，ジャンプなどの動作をくり返し行う激しいスポーツである。そのため，競技中に生じる傷害は膝関節と足関節に多くみられ，外傷では**足関節内反捻挫**と**膝前十字靱帯**(以下，ACL)**損傷**が多く，障害では**ジャンパー膝**がその代表である。

足関節内反捻挫
膝前十字靱帯損傷
ACL 損傷
ジャンパー膝

(2) 発生機転

　足首を内にひねって起こる内反捻挫は，急激なストップやターン，およびジャンプの着地時に他のプレーヤーの足の上に乗ってしまい受傷することが多い(図3-8-1)。内反捻挫では外側の靱帯損傷だけでなく，内側での骨と骨の衝突により軟骨を損傷するものもみられる(図3-8-2)[1)8)]。

　ACL損傷は，接触プレーでの受傷よりもカッティング，ターン，急激なストップ，着地などの非接触プレーで多い(図3-8-3～5)。とりわけ女子においては非接触プレーでの受傷が多く，その原因として関節のゆる

● 図 3-8-1 ● ターンでの内反捻挫

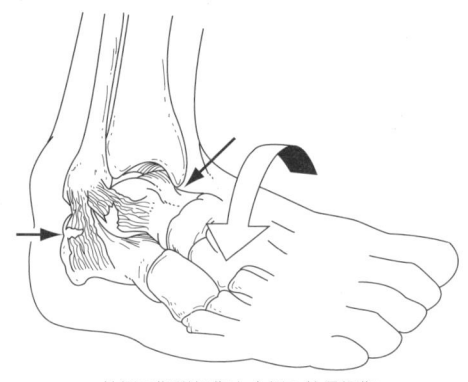

外側の靱帯損傷と内側の軟骨損傷
● 図 3-8-2 ● 足関節内反捻挫[8]

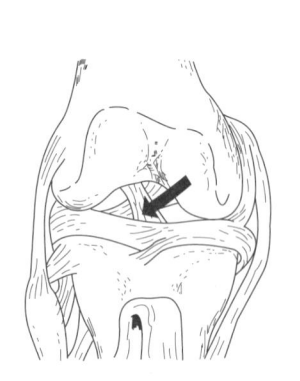

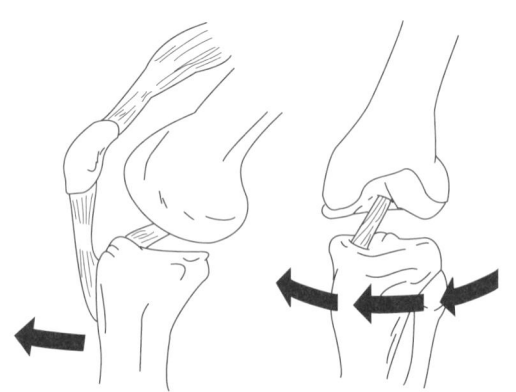

前十字靱帯　　　大腿四頭筋による下腿の前方　　膝関節のねじれを制動する
　　　　　　　　引き出しを抑制する
● 図 3-8-3 ● 前十字靱帯の解剖と機能

出典：小柳磨毅ほか「前十字靱帯損傷の術後リハビリテーション」『スポーツ外傷・障害とリハビリテーション』文光堂，1994年，p.92より一部改変

さ，筋力の弱さ，不良姿勢（膝が内に入る）などがあげられる[3]。

　ジャンパー膝は，ジャンプ動作のくり返しによって，大腿四頭筋の付着部である膝蓋骨周囲や脛骨粗面に慢性の炎症が生じた状態である。その要因として大腿四頭筋，下腿三頭筋の柔軟性低下および筋力の低下，姿勢や動作の異常が考えられる（図 3-8-6）。

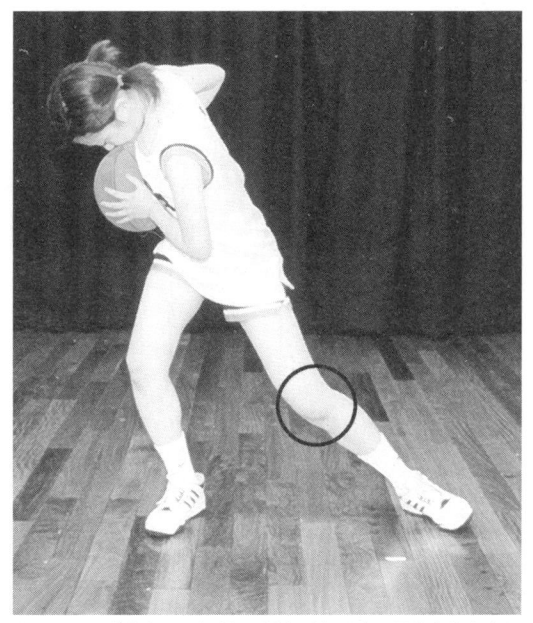

カッティングやターンなどで，踵を浮かせずに足底全体を床につけたままで身体をまわすことにより，膝にねじれが加わり，ACL が損傷される。

● 図 3-8-4 ● ACL 損傷の受傷機転　例 1．ターン

膝を過伸展した状態（膝が伸びきった状態）での片脚着地や急激なストップなどにより受傷する。

● 図 3-8-5 ● ACL 損傷の受傷機転　例 2．着地

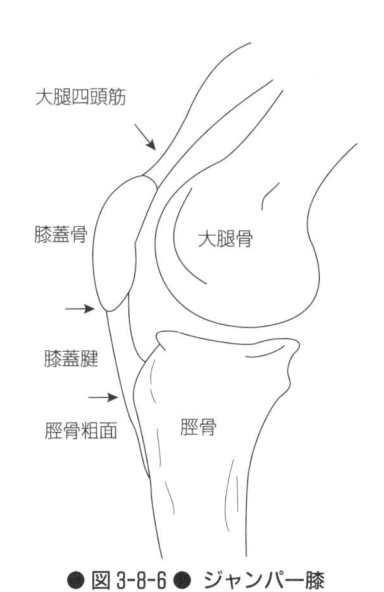

大腿四頭筋の付着部，膝蓋腱，脛骨粗面に痛みを生じる。

● 図 3-8-6 ● ジャンパー膝

（3）　リハビリテーション

　ここでは ACL 損傷を中心に述べていく。ACL 再建術後に用いられているリハビリテーションプログラムの一例を示す（表 3-8-1）。術後初期は関節可動域や筋力の回復と患部外トレーニングが主体となり，術後 4

● 表 3-8-1 ● 前十字靱帯再建術後のリハビリテーションプログラム[10]

	週												カ月							
	1	2	3	4	5	6	7	8	9	10	11	12		4	5	6	7	8	9	
Knee brace	下垂坐位獲得にて除去 →																			
体重負荷			1/3	2/3	全荷重 →															
ROM訓練																				
Patella mobilization							↑													
CPM							↑													
ext −5°			制限なし ↑																	
flex 90°			制限なし ↑																	
筋力強化トレーニング																				
患部外トレーニング ----																				
チューブトレーニング																				
Quadriceps				45°まで				30°まで		15°まで		制限なし ↑								
Hamstrings			制限なし																	
Isokinetic トレーニング									伸展の角度はチューブトレーニングと同様			制限なし ↑								
壁踏み・ゴム踏み									二重ベッド使用・Speedは120・180deg/sec											
自転車トレーニング ----												持久力増強のためにも積極的に継続する ↑								
Walking lunge・Squat									伸展の角度はチューブトレーニングに準ずる			制限なし ↑								
Step,Cutting																				
														jog 80%走 95%走 Top speed						
Running															↑	↑	↑	↑			競技復帰
																円周走 ↑				
Jumping																	↑				
																練習参加 部分参加 全参加				
																↑	↑	↑		
swimming							クロール								平泳ぎ ↑					

出典：境 隆弘ほか「膝関節靱帯損傷に対する理学療法（1）」「スポーツ傷害の理学療法」三輪書店，2001年，p.68

ヵ月よりジョギングを開始し，およそ8ヵ月での競技復帰を目標としている。筋力は健側の90％以上の回復を競技復帰の目安としている[3]。バスケットボールの競技特性をふまえ，動作トレーニングを行ううえで，①かまえの姿勢の獲得，②ボディバランスの獲得，③瞬発力の獲得が必要である。

1） かまえの姿勢の獲得

ACL損傷の発生機転を考えると，姿勢に留意しながら動作を獲得していくことが重要である。バスケットボールにおいてのかまえの姿勢とは，いわゆるディフェンスポジションである（図3-8-7・8）。このかまえの姿

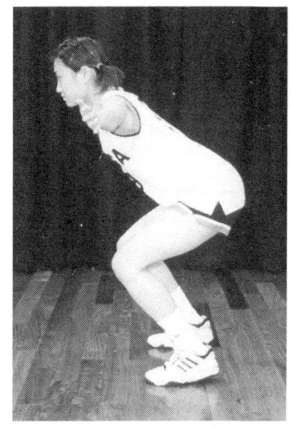

良姿勢としては，背筋を伸ばしたまま股関節を屈曲し，お尻をおとし，つま先でふんばる。前から見たときには，つま先と膝が同じ方向を向いている。

● 図3-8-7 ● ディフェンスポジション・スクワット（良姿勢）

不良姿勢としては，円背のまま股関節をあまり屈曲させずにお尻をおとす。また足関節はあまり屈曲させずに踵で荷重している。前から見たときには，つま先が外を向き膝が内に入る。

● 図3-8-8 ● ディフェンスポジション・スクワット（不良姿勢）

勢の利点は傷害予防以外にも，効率良くパワーが発揮でき疲れにくく，すばやく一歩目を出せることである．まず静止時の正しい姿勢が身につけば，スクワットやランジ動作を行い，正しい姿勢での身体の動きを習得する（図 3-8-9・10）。

前方へ一歩足を出し，つま先でふんばる．このとき膝とつま先の向きをそろえる．
● 図 3-8-9 ● フォワードランジ

側方へ一歩足を出し，つま先でふんばる．このとき膝とつま先の向きをそろえ，へそを母趾の真上にのせる．
● 図 3-8-10 ● サイドランジ

2） ボディバランスの獲得[4]

バスケットボールを行うにはどんな時にもバランスを崩さないボディバランスが必要である．たとえばドリブルでディフェンスを抜く時の出だしの一歩や，ディフェンスと競り合いながらも安定してシュートを打

胸の前でボールをキャッチし,すばやく投げ返す。また,ボールをキャッチした時に腹筋で固定し,体幹がブレないように注意する。

● 図3-8-11 ● バランスキャッチ

不安定な状態でも体幹や膝がブレないように注意する。

● 図3-8-12 ● ボールを使用しての片脚スクワット

つとき,オフェンスのフェイントにすばやく反応するときなどにこのボディバランスが要求される。ボディバランスを身につけるためには,まずかまえの姿勢がいつでもとれ,動作の転換時に体幹がブレないようにすることが必要である(図3-8-11・12)。

3) 瞬発力の獲得[4]

バスケットボールにおいては,出だしの一歩を速く出すための瞬発力

台に乗せた脚の股関節を伸ばす力で,反対側の脚を振り上げる。

● 図3-8-13 ● フロントステップアップ

● 図3-8-14 ● サイドステップアップ

第3章 種目特性とリハビリテーション

が重要である。一歩目を速く出すためには，骨盤から始動し股関節の蹴り出す力で足を踏み出すことを意識してトレーニングを行う必要がある（図3-8-13・14）。

(4) バスケットコートで行うトレーニング

　早期の競技復帰に向けて，医療機関でのリハビリテーションと並行してバスケットボールの動作を段階を追って習得していく。ここでは各動作での留意点について述べる。

1) ターン動作

　かまえの姿勢をとり，踵を浮かせて母趾球を支点に膝とつま先の向き

● 図3-8-15 ● ツイスティング

● 図3-8-16 ● ピボットターン

をそろえたまま足部を回転させるツイスティング[9]を練習する（図 3-8-15）。次にツイスティングを使ってピボットを踏み，一側の足をさまざまな方向へ動かす（図 3-8-16）。

2） ランニング[3)5)]

ゆっくりとしたスピードの直線走から開始し，徐々にスピードアップしていく。加速の方法は，徐々にスピードを上げ，目標とするスピードで短距離を走り，減速してゆっくり停止する。そして，かまえの姿勢から瞬時に，そのスピードで走れるようにしていく。直線走に慣れれば8の字走，ジグザグ走なども組み入れ曲率や速度を高めていく。

3） ステップ動作

ディフェンスフットワークであるオープンサイドステップやクロスオーバーステップを行う（図 3-8-17・18）。

踵を浮かせて膝とつま先の向きをそろえ側方へ移動する。

● 図 3-8-17 ● オープンサイドステップ

左に移動するときは，右足を左足の前方に移動。このとき左足は踵を浮かせ母趾球を支点にターンする。

● 図 3-8-18 ● クロスオーバーステップ

4） ストップターン

ジョギングからのストップから開始し，徐々にスピードを上げてダッシュからの急激なストップができるようにする。そして，その直後のすばやいターンを練習していく。ストップ時に膝を過伸展しないように重心を低くし，膝とつま先の向きに注意する。

5） カッティング

　フェイントをかけてディフェンスを振り切りパスを受けるときや，ドリブルで相手を抜くときなどにカッティングが要求される。すばやい切り返しのためには重心を低くし，サイドカッティングやクロスオーバーカッティングで相手を一歩で抜く練習を行う。ジグザグランニングから開始し，徐々にスピードを上げ，より鋭角的に切り返す動きへと進めていく[4]。軸足の踵を浮かせ，母趾球を支点に方向転換する。

6） ジャンプ[6]

　着地でのACL損傷の発生頻度は高く，着地時にかまえの姿勢をとれることが重要である。着地はつま先から接地し，膝を曲げ下肢全体の筋を使って衝撃をやわらげる。ジャンプ動作の練習は，両足跳躍・両足着地から行い，患足跳躍・両足着地へと進め，最後に患足跳躍・患足着地とする。バリエーションとして，前方・側方・後方へのジャンプ，空中で身体を回転させるジャンプや連続ジャンプなどを行う。またバスケットの専門動作としてジャンプシュート，レイアップシュート，リバウンドなども練習する。

7） 対人プレー[7]

　筋力，柔軟性，持久力などが回復し，ターン，カッティング，ジャンプ，ストップなどが問題なく行えるようになればオフェンス練習に参加する。最終的に相手の動きに合わせて動くディフェンス練習も加え完全復帰する。

【引用文献・参考文献】
1） 村木良博「バスケットボール」『月刊アスレティックトレーナー』No 4，アルファプロジェクト，1997年，pp. 38-39
2） 三木英之ほか「バスケットボールのACL損傷とバイオメカニクスからみた予防法」『臨床スポーツ医学』18，文光堂，2001年，pp. 53-57
3） 小柳磨毅ほか「膝ACL損傷に対するリハビリテーション」『整形外科アスレチックリハビリテーション実践マニュアル』全日本病院出版会，1998年，pp. 97-107
4） 有賀誠司「バスケットボール選手のための専門的筋力トレーニング」『トレーニングジャーナル』No 264，ブックハウスHD，2001年，pp. 20-26
5） 小柳磨毅ほか「前十字靱帯損傷の術後リハビリテーション」『スポーツ外傷・障害とリハビリテーション』文光堂，1994年，pp. 92-99

6) 宇野康広ほか「バスケットコートでのリハビリテーション」『整形外科アスレチックリハビリテーション実践マニュアル』全日本病院出版会,1998 年,pp.171-180
7) 村木良博「バスケットボールでの復帰までのメニューの組み立て」『スポーツ外傷・障害とリハビリテーション』文光堂,1994 年,pp.144-151
8) Merrill A. Ritter ほか『スポーツ外傷・障害マニュアル』医道の日本社,1988 年,p.51
9) 川野哲英ほか「スポーツ外傷に対する理学療法」『理・作業療法』20,1986年,pp.595-604
10) 境　隆弘ほか「膝関節靱帯損傷に対する理学療法（1）」『スポーツ傷害の理学療法』三輪書店,2001 年,pp.66-81

9 バレーボール

(1) 競技特性

　バレーボールでは，ネット際でのスパイクやブロックをはじめ，後衛からのバックアタックやジャンプサーブのように，さまざまな方法でジャンプがくり返される。この着地の際に他選手の足の上に乗ってしまい足関節が内反強制されるなど，不安定な状態での着地による足関節捻挫を起こしやすい。その他の外傷では，ブロックやパスでの突き指が多くみられる。

　くり返されるスパイク動作では，肩関節の使いすぎや上腕骨頭と肩峰部の衝突，磨耗によって，**インピンジメント症候群**などの障害を引き起こす。また両下肢を曲げ体幹を前傾した，いわゆる「かまえ」の姿勢で前後左右にダッシュやストップ，切り返し動作を行うことが多いため，膝前面の筋群に大きな負荷がかかる。ジャンプを含んだ動作も膝周囲への過負荷につながりやすく，これが**ジャンパー膝**（膝蓋腱炎）の原因になっている。

　以下，頻度の高い傷害として，足関節内反捻挫，ジャンパー膝，肩関節傷害，突き指に対する競技復帰までのリハビリテーションプログラムを紹介する。

インピンジメント症候群

ジャンパー膝

(2) 治療とリハビリテーションの実際

1) 足関節内反捻挫

① 傷害の特性

バレーボールの競技中に起こる足関節捻挫は，ほとんどが内反捻挫であり，外側靱帯を損傷する。また，強く衝撃を受けた場合には内果の打撲や圧迫骨折を併発し，内側にも痛みを訴えることがある[3]。

バレーボールでは，足部の安定性を必要とする動作が非常に多い。レシーブでは低い姿勢で前後・左右へのすばやい切り返し動作が，ジャンプでは助走の水平方向の力を垂直方向の力に変換するために鋭いステップでの踏み切りが行われる。高く跳躍した後は，次の動作へ移るための安定した着地が必要である。これらの動作を行うには，十分な足関節背屈角度と足関節周囲の筋力，そして筋持久力の獲得が重要である。トレーニングは後述のような動作をチェックした上で段階的に進めていく[1]。

② 治療とリハビリテーション

受傷直後には **RICE 処置** を行い，すみやかに医療機関を受診する。安静固定期間終了後は一般的な捻挫の治療プログラムを行い，足関節周囲の筋力・可動域が回復し日常生活に支障がなくなれば，競技復帰に向けたプログラムを進める。足関節の不安定性があると足部内反位や小趾側での荷重になりやすく，再受傷の可能性も高い。これを防ぎ**パフォーマンス**を高めるためには，とくに外反・背屈筋の十分な筋力とバランス能力を獲得することが重要である[4)9)]。また，非荷重の時期でも足関節・足部の細かな動きのコントロールを行い筋の反応を高めたり，足底に刺激を与えたりするためにタオルギャザーや足底でのボール転がしなども行う（図 3-9-1）。部分荷重の時期には，自転車エルゴメーターでスムーズな足関節の動きを学習する。足関節に不安定感があれば踵で，不安定感が消えていればつま先でペダルを踏むようにする。また，サドルを低くすると足関節背屈が強くなるので，足関節前方の痛みや違和感に注意して行う。

立位で痛みがなく全荷重が可能になれば，前後左右へのウォーキングを行い，ジョギング，ランニングと徐々にスピードをあげていく。直線

RICE 処置

パフォーマンス

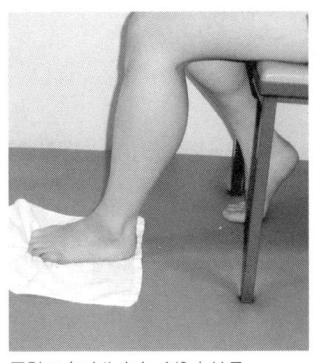

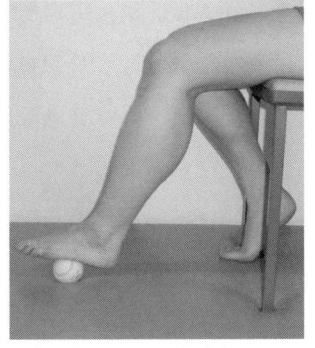

足趾でタオルをたぐりよせる。　　　足底全体でボールを転がす。
● 図 3-9-1 ● タオルギャザー（左）とボール転がし（右）

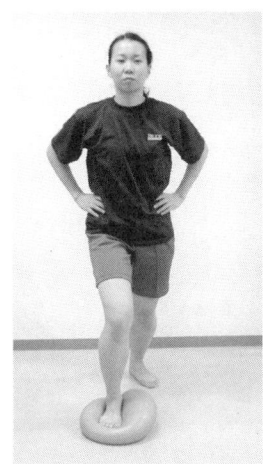

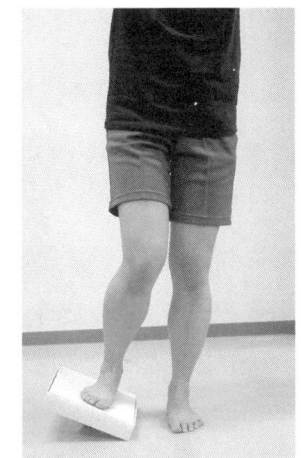

● 図 3-9-2 ● 不安定板によるバランストレーニング

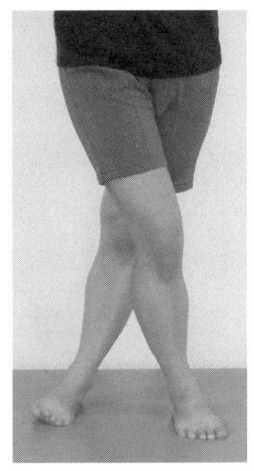

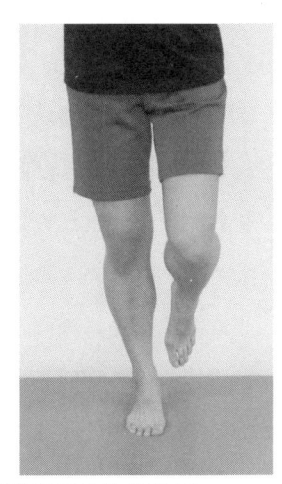

蹴り出し，接地時の足関節不安定感に注意する。
● 図 3-9-3 ● クロスステップ（左）とホッピング（右）

の動きから始め，可能であれば曲線でも行う。これと並行して開眼・閉眼での片脚立ちやバランスボードなどで足部を不安定な状態に置き，足関節周囲筋や足趾の反応を高めるバランス訓練を行う[3)9)]（図 3-9-2）。ジャンプは両足での軽いものから始め，全力ジャンプ，片足ジャンプ，スパイク・ブロックジャンプを行う。階段の駆け上り，サイドステップやクロスステップ（図 3-9-3）などのステップワークも取り入れる。8 の字走やジグザグ走，カッティング動作などの方向転換を含むトレーニングも行い[1)2)]，最終的には連続ホップ（図 3-9-3），前後走，クロスステップ，つま先走行，機能的動作（低姿勢のサイドステップ，スパイクジャンプ，ブロックジャンプ，切り替えしダッシュ）の獲得を目標とする[6)8)]。

　プログラムを進めるにあたっては，①内・外果周辺や足関節前方の荷

重時痛と運動時痛，②自覚的・他覚的な不安定感，③動作中の非対称，などがみられないかを確認する。足関節の機能が完全に回復していなくても，**内反制動**のテーピングや装具の使用によって競技に参加することは可能であるが，運動後には痛み，腫れ，熱感の有無や疲労感を確認し，運動量や内容を調節する。競技復帰後しばらくの間はウォーミングアップに機能的動作を取り入れ，また能動的なストレッチングで柔軟性を確保する必要がある。テーピングやサポーター使用など再発予防の処置と，運動後のアイシング・ストレッチングは継続して行う。

内反制動

2）ジャンパー膝

① 障害の特性

ジャンパー膝は，膝前面に負荷が集中した状態で跳躍や急な加速・減速動作をくり返し行うことによって起こる障害で，大腿四頭筋の柔軟性低下が炎症や痛みの原因と考えられている。大腿から膝前面にかかるストレスが膝蓋骨の直上や直下，脛骨にかけて動作時痛や圧痛を引き起こし，運動機能が低下する。その他の症状としては，大腿四頭筋の伸張によって膝周辺に疼痛が見られることもある。動作時の姿勢と重心の位置が障害と深く関わっており，X脚・O脚や下腿のねじれ，**足部アーチ**の低下した場合など，下肢の形状によっても症状は異なる。そのため，痛みの原因であるストレスのかかりにくい姿勢を見つけて治療につなげていく[14)18)]。

足部アーチ

動作時にストレスが集中する理由は，①後方重心の姿勢で過度に運動を行う，②膝関節不安定性や大腿四頭筋の筋力低下をきたす疾患がある，③膝あるいは膝以外の筋力が弱いこと，などが考えられる。後方重心になると，姿勢を保ち運動を行うために膝前面の筋群をより強く使わなければならない（図3-9-4）。後方重心になる原因は，足関節背屈や股関節屈曲の制限により下肢全体の屈曲が十分にできない場合，脊柱の可動性が低下して体幹を前屈できない場合がある。このような柔軟性低下を引き起こす因子として，関節の硬さと，下腿三頭筋や大殿筋，ハムストリングスや腹筋など筋の短縮がある。柔軟性を獲得するためには，物理療法や十分なストレッチングが必要となる。

●図 3-9-5● スパイクの踏み込み

①②は体幹前傾と下肢の屈曲が十分に行えているが，③④は不十分なため重心位置が後方になっている。

●図 3-9-4● かまえの姿勢

　大腿四頭筋だけでなく，下腿三頭筋や足趾屈筋，股関節周囲筋，腹筋などの筋力低下により重心の前方移動ができない場合も後方重心の原因になる[13]。筋力低下があると，着地など動作時の衝撃を吸収できず膝に大きな負荷がかかることになる。トスが後方にぶれた場合のスパイク（かぶった状態）も，着地時に衝撃を全身で吸収できないためストレスが大きい。またジャンプの踏み込みで膝外反（内側に膝が入った状態）が強くなると，ひねりの要素が含まれるため筋力が低下している場合，膝へのストレスを助長する[18]（図 3-9-5）。

　切り返し動作で左右の動きを行う場合も，股関節や足関節，体幹の十分な筋力がないと膝関節へのストレスが増大する。膝関節では，とくに内・外側広筋および中間広筋の筋力低下により二関節筋である大腿直筋

への負荷が強くなり，痛みを助長しやすい。

膝（亜）脱臼や靱帯・半月板損傷などがある場合は，関節周囲の機能低下が起こっているため，原疾患への治療を優先する。

② 治療とリハビリテーション

症状と病期，それに対する治療は表3-9-1に示すとおりである[15]。

初期には炎症症状や痛みを軽減させるため，患部へのアイシングや超音波，電気療法などの物理療法と，股関節や膝関節周囲筋のストレッチングを十分に行う。圧痛や収縮時痛が軽減したら，筋力維持・増強訓練を行う。四頭筋セッティングなどの**等尺性訓練**から開始し，**チューブでのトレーニング**など**OKC**で**求心性訓練**を行う。痛みに注意しながら遠心性収縮もトレーニングに取り入れる。ストレッチングは上記に加えて足趾や足関節周囲筋も行い，筋力強化は腹筋，背筋，腸腰筋，大殿筋などを追加していく。

膝前面へのストレスを避けるため，CKCでのトレーニングは後方重心にならないよう注意しながら行う。下肢全体および体幹の**協調した筋収縮**が得られ，局所へのストレス集中を引き起こさないトレーニングを選択する。運動の連鎖を考慮し，足趾の支持ができているか，足関節や股関節は十分屈曲しているか，骨盤や体幹の姿勢など，患部以外の関節についても確認する。荷重位でのトレーニングで痛みがなければランニングより開始し，徐々にダッシュを加えていく。このとき急激なストップは避け，ジャンプでは両足での軽いジャンプから開始する。

競技復帰は，急激なストップ動作を伴わない対人パスやサーブレシー

● 表3-9-1 ● ジャンパー膝の症状から見た病期と治療の分類

病期	症状	治療
Phase 1	スポーツ後，膝蓋骨端下または上端の痛みがある	大腿前面のストレッチと局所の練習後のアイシングを徹底する
Phase 2	スポーツ開始時に痛みがあり，ウォーミングアップにより消失し，スポーツ後にまた痛む	上記に加え，ジャンプ動作の休止，膝と股関節を中心とした下肢の運動療法，アイシング
Phase 3	運動負荷で痛みがあり，その後も痛くてスポーツができない	月単位で運動休止，下肢筋のバランス改善を目的としたストレッチを行い，疼痛が消えてからトレーニングを再開
Phase 4	膝蓋腱断裂	縫合術の適用

ブなどの種目から開始し，徐々に実戦的なゲーム形式でのレシーブ練習を行う．ブロックやスパイクの練習は，実際のジャンプ動作で痛みがないことを確認してから開始する．ただし，練習量の増加に伴い症状が再発する可能性が高いので，練習内容や練習量には注意する．競技復帰後も再発予防のためにウォーミングアップと運動後のアイシングやストレッチングを行い，サポーターなども使用する[1]．

3) 肩関節傷害

① 傷害の特性と注意点

肩関節傷害の原因として，スパイク動作のくり返しによる使いすぎが考えられる．またブロックの際，相手の攻撃やネット上でのボールの押し合いによって肩関節の過屈曲が強制され（もっていかれる），損傷することもある．動作中，上腕骨頭を安定させるには腱板筋群の働きが重要である．インパクトの瞬間からフォロースルーにかけては，とくに腱板筋群に強い収縮機能が必要とされる．その収縮が過度にくり返され協調性が不十分だと，周囲の組織にわずかな損傷が起こる．それがくり返されて炎症やより大きな損傷につながる．とくに外旋筋群への負荷が強く，棘下筋の萎縮を認めることもある．この状態が続くとさらに機能不全を誘発するという悪循環になり，肩関節傷害を増悪させる原因となる[1]．各動作において，痛みや違和感の発生する時期と肢位を細かく評価する．

② 治療とリハビリテーション

外旋筋群をはじめとする腱板や肩甲骨周囲の筋群のストレッチング，物理療法などによって運動時の痛みを軽減させ十分な可動域を獲得する．協調性を得るために，チューブやダンベルを用いた**カフエクササイズ**を行い腱板筋群の働きを高める．腱板筋群が効率よく機能するためには，動作中に肩甲骨の固定が必要となるので，肩甲骨周囲筋の筋力強化も十分に行う．個々の筋の筋力が戻れば，両手での壁押しやボールを用いたCKCでのトレーニング，キャッチボールを行い上腕から肩甲帯，さらに体幹全体でスムーズな動きが行えるようにする（図3-9-6）．

また空中でのプレーでは体幹が固定されないので，インパクトの瞬間にボールと肩関節の位置関係が安定せず，上腕の動きが不安定になりや

カフエクササイズ

ボールを壁に押し付け，肩～肩甲帯・体幹の安定化をはかる．
● 図3-9-6 ● CKCでのトレーニング

①③は肩関節よりもボールを前方でとらえられているが、②④は後方になっている。

● 図3-9-7 ● スパイク（①②）とブロック（③④）時のボールと肩の位置関係

すい。このため上腕の土台となる腹筋や背筋など体幹筋筋力の維持や強化も行う[1]。

　実技練習の際の注意点として，肩関節の安定した動きを得るために，両足を接地して体幹の不定要素を取り除いた練習からはじめ，ボールを肩関節よりも前方で捕えることができ，痛みがなく安定した動作が行えるようになったら次の段階へ進める。最後にジャンプを伴った実際のプレーを行う。

　肩関節の可動域と筋力が回復したら，ボールを使ったトレーニングを開始する。ボールとのインパクトの位置は，肩関節よりも前方になるように注意する（図3-9-7）。サッカーのスローイングのように，頭上での両手キャッチボールから片手でのキャッチボールを行う。コートの3分の1から半分の距離で，ノーバウンドとワンバウンドとの2通りで行う。次に自分で投げたボールを床にたたきつけるように打つ。始めは真下に，痛みがなければ打ちつける目標を徐々に遠ざけ，コートの3分の1くらいまで可能になれば壁打ちを行う。常にボールを前で打てるようになったら，投げ上げられたボールをジャンプして打ち，ボールと踏み切り位置の感覚をつかむようにする。ネットのないところからはじめ，十分なジャンプの高さが得られたらネットを使って同様に行う。

　最後に実際のトスを打つ練習を行うが，まずは正面に打ち，可能になったらコースの打ち分けを行う。ブロックも，ジャンプのない練習から行う。立位で投げられたボールをおさえる動作から始め，次に立位のまま相手が打ったボールをブロックし，痛みや不安定感がなければジャンプしてブロックを行っていく。パス練習はアンダーハンドパスからオー

バーハンドパス，バックパスへと進める．

4） 手指部捻挫

① 傷害の特性

手指に外力が作用して起こる，あらゆる種類の損傷を「突き指」といい，単なる捻挫から骨折，筋や靱帯の完全断裂までさまざまな程度がある[24]．バレーボールの場合，落下してくるボールを指で受けたときや，ブロックを行うときに発生しやすい[26]．腫れや変形が強いとき，自動運動で屈伸ができない場合や屈伸以外の動きがある場合は骨折・脱臼の可能性があるので必ず医療機関を受診する．また，受傷後4～5日たっても症状に改善が見られないときも同様に医師の診断を受ける．

② 治療とリハビリテーション

急性期はRICE処置を行い，引っ張ったり強く曲げたりは絶対にしない．手先のけがであるため，原則として治療中も患部外のトレーニングは継続する．固定期間が終了したら，**温熱療法**とともに可動域訓練と筋力強化を行う．自動運動から開始し，可動域の回復に合わせて柔らかいボールを握るなど，筋力を強化する．パワーウェブなどを利用して，ブロックやパスを想定した指伸展，屈曲それぞれの肢位での等尺性収縮の筋力強化も行う．実際のボールを用いたトレーニングは，両手で壁にボールを押し付けたり壁パスなどを行う[27]．また手指運動の土台となる手関節，肘，肩の筋力強化も行う．

受傷・再発予防には正しいフォームでのプレーが重要である．ブロックやパスの際，手指を突き出さないこと，十分に指を伸ばすこと，ボールとのコンタクトの瞬間にタイミングを合わせて力を入れることなどに注意する．テーピングは，どの方向からの外力で痛みが出るかを確認し，その方向を制限するように巻く（図3-9-8）．プレー後はアイシングを励行する．

温熱療法

【母指MP関節伸展制動のテーピング：掌側からの外力に対して制動をかける】

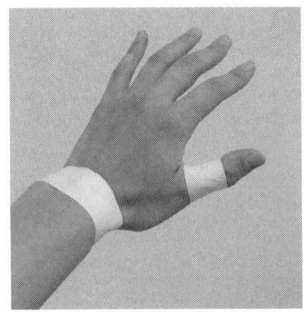

①アンカー 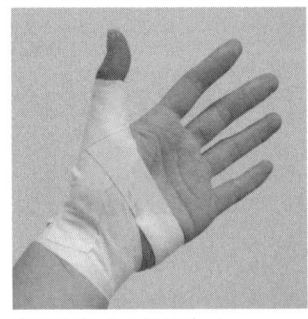　　②Xサポートと縦サポート 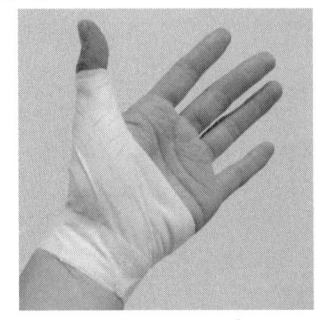　　③少しずらしながらXサポートをくり返し，アンカーで留める

【示指PIP関節側方動揺制限のテーピング：橈側からの外力に対して制動をかける】

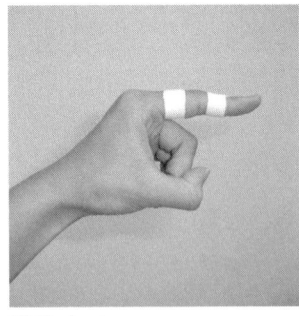

①アンカー 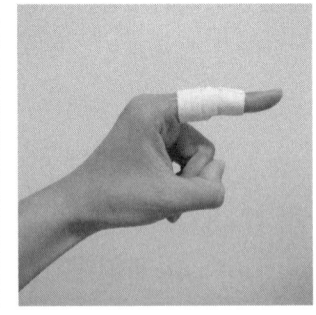　　②Xサポートと縦サポート 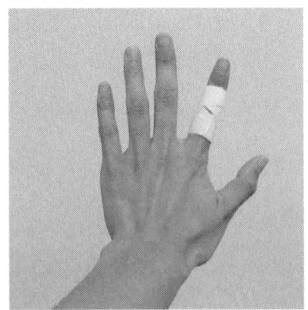　　③アンカーで留める

【示指PIP関節伸展制動のテーピング：伸展方向の外力に対して制動をかける】

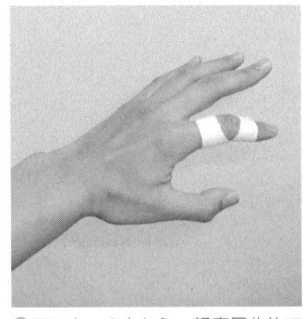

①アンカーの上から，軽度屈曲位でXサポートと縦サポート 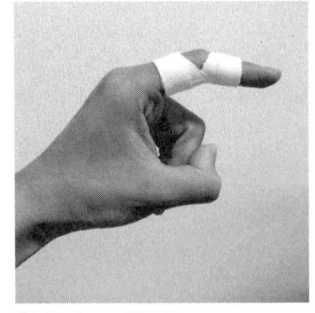　　②アンカーで留める

● 図3-9-8 ● 手指のテーピング

【参考文献】

1) 米田 進「バレーボール スポーツ競技復帰と理学療法」『理学療法』15(10)，1998年，pp. 826-832
2) 仁木久照，青木治人「足関節捻挫に対するリハビリテーション」『整形外科アスレチックリハビリテーション実践マニュアル』全日本病院出版会，1998年，pp. 131-138
3) 榊田喜三郎「足関節捻挫 バレーボールの[医学]」『臨床スポーツ医学』6(10)，1989年，pp. 1117-1121
4) 浦辺幸夫「足関節捻挫のリハビリテーションのすすめかた」『実践スポーツクリニック スポーツの外傷・障害とリハビリテーション』文光堂，1994年，pp. 132-143
5) 岩崎由純「バレーボールでの復帰までのメニューの組み立て」『実践スポーツクリニッ

ク　スポーツの外傷・障害とリハビリテーション』文光堂，1994 年，pp. 152-158
6）今村安秀ほか「骨関節疾患・術後のリハビリテーション　下肢　足部・足関節」『総合リハ』21(7)，1993 年，pp. 579-584
7）藤巻悦夫「スポーツによる足関節部の外傷・障害」『日整会誌』63，1989 年，pp. 146-160
8）田淵健一「スポーツ選手の足関節捻挫とリハビリテーション」『総合リハ』19(3)，1991 年，pp. 193-202
9）山本晴康，関矢一郎「足関節・足部のスポーツ障害に対する体操療法」『関節外科』15(12)，1996 年，pp. 110-114
10）入谷　誠ほか「足部骨折　術後の早期理学療法」『理学療法』9(6)，1992 年，pp. 435-443
11）中山彰一，井原秀俊「足関節・足部傷害の病態生理と理学療法」『PT ジャーナル』24(11)，1990 年，pp. 747-753
12）永田幸雄「バレーボールコートでのリハビリテーション　スポーツ現場でのアスレチックリハビリテーション」『整形外科アスレチックリハビリテーション実践マニュアル』全日本病院出版会，1998 年，pp. 181-189
13）福井　勉ほか「ジャンパー膝　Osgood-Schlatter 病に対する運動療法」『関節外科』15(12)，1996 年，pp. 74-82
14）坂西英夫「ジャンパー膝　発生要因，分類ならびに対策」『臨床スポーツ医学』6(10)，1989 年，pp. 1095-1099
15）林　光俊，石井良章「ジャンパー膝のリハビリテーション」『臨床スポーツ医学』16(9)，1999 年，pp. 1047-1054
16）王寺享弘「膝伸展機構異常とスポーツ」『臨床スポーツ医学』15(1)，1998 年，pp. 17-22
17）内田成男「膝関節周囲筋群の強化訓練の実際」Monthly Book Medical Rehabilitation 5, 2001, pp. 11-20
18）坂西英夫「ジャンパー膝」『臨床スポーツ医学』8　臨時増刊号，1991 年，pp. 188-192
19）萬納寺毅智「肩関節障害　バレーボール選手に多くみられる外傷・障害の具体的対策」『臨床スポーツ医学』6(10)，1989 年，pp. 1123-1125
20）筒井廣明，山口光國「肩甲上腕関節の損傷」黒澤　尚，高尾良英編『スポーツ外傷学 III 上肢』医歯薬出版，2000 年
21）小林　茂ほか「バレーボール選手の肩関節機能評価」『理学療法科学』12(2)，1995 年，pp. 121-125
22）山口光國「スポーツ障害肩に対する理学療法」『理学療法科学』13(3)，1998 年，pp. 163-170
23）小室　透，米田　稔「肩関節周囲炎に対する外来運動療法」『PT ジャーナル』35，2001 年，pp. 36-43
24）江川雅昭「スポーツにおける『突き指』の検討」『臨床スポーツ医学』10(2)，1993 年，pp. 121-125
25）菅原　誠「槌指　リハビリテーションプログラム」『臨床スポーツ医学』6(7)，1999 年，pp. 798-820
26）瀬戸洋一ほか「手指の突き指」『臨床スポーツ医学』6(10)，1989 年，pp. 1113-1116
27）永田幸男「特殊なアスレチックリハビリテーション」『アスレチックリハビリテーション　競技復帰までのプログラミング』南江堂，1998 年，pp. 266-274
28）田中寿一，居村茂幸「一般的なアスレチックリハビリテーション」『アスレチックリハビリテーション　競技復帰までのプログラミング』南江堂，1998 年，pp. 258-265

10 柔道

（1） はじめに

　柔道は，1882年に嘉納治五郎によって生み出された日本の格闘技である。その後1964年の東京オリンピックから正式種目となり，バルセロナオリンピックでは女子種目も加わり，柔道は「日本の柔道」から「世界の柔道」へと発展した。

（2） 競技特性

　柔道は相手に技をかけ，相手から一本を先取する競技である。技は大きく投げ技と，固め技に分かれ，投げ技は立ち技と捨て身技に，固め技は抑え込み技，関節技，締技に分かれる。技は多種多様で，名称のついたものだけでも80種類を超える。

　「柔道は相手を崩してから技を掛ける」ことを原則としている。まず，相手の体勢を崩し，自分の技を掛けやすい状態にする。これを「作り」といい，次に技を掛けることを「掛け」という。この一連の動作をより敏速に，スムーズに行えれば技は決まる。そのためには体幹・下肢の安定性に加え，上肢の筋力，筋持久力，敏捷性などが要求される。また守備側は体勢を崩されないように，相手が押せばすばやく引き，引けば押して身体の重心位置を低くして安定させる。攻める時と同様，体幹・下肢の筋力，筋持久力，敏捷性などが要求される。

　試合時間は，男子5分，女子4分，ジュニアでは男女とも4分である。大会によっては勝ち進むと，1日に4〜7試合を行わなければならない。技術的に同等な場合では，持久力が勝敗を決定することも想定される。

　柔道ではたとえ劣勢に追い込まれていても，技が決まれば瞬時に逆転することが可能である。したがって競技者は集中力の持続が必要であり，身体能力のほかに精神面での強さが要求される。

　以上のように柔道の基本的な身体能力には，筋力，筋持久力，敏捷性，

柔軟性，全身持久力が要求され，さらにこれらを統合した協調性が基盤となる。

(3) 傷害の特徴

競技の特性上，傷害は多岐にわたるが，中でも多発するものとして腰痛，足関節捻挫，膝靱帯損傷や骨折・脱臼などがある。

1) 腰痛

腰痛は，多くの競技者が経験する傷害の1つである。これは投げ技をかける時（とくに一本背負いなど）や寝技で相手を崩す時に，腰部へ体重以上のストレスが加わるためである。痛みの要因は脊椎の骨折によるものや筋の損傷によるもの，椎間板（ついかんばん）ヘルニアのように神経圧迫によるものとさまざまである。原因によって対処方法が異なるため，痛みの原因に対してまず医師による診断が必要である。

対処方法として，急性期の痛み（受傷後3日以内のもの）や骨折を伴う場合は適宜安静をとらせ，損傷部位の修復を優先させる。急性期を過ぎた慢性期の痛みに対しては運動療法を行う。運動療法の目的は，①背筋や下肢の筋に対しストレッチングを行い，痛みの軽減や関節可動域の改善を図る。体幹や股関節の可動域制限が，腰部を中心に過負荷を加えていることがあり，それらの部位に対して十分なストレッチングを行う。②痛みのない範囲で腹筋，背筋，下肢の筋力トレーニングを行い，荷重負荷に対する体幹の支持能力を高め，痛みの軽減を図る。また競技中に体重移動を頻回に行う際，体幹の運動に加えて股関節周囲の筋力や骨盤と下肢の協調された運動が，腰部周辺のストレスを軽減させる。ボールを用いたバランストレーニングは体幹筋の協調性を高め，腰椎の安定性を高める。

その他温熱療法，電気治療，マッサージの併用も有効である。一番大事なことは急性期に適切な安静をとり，痛みを長期化させないことである。

2) 足関節捻挫（足関節外側靱帯損傷）

立ち技でバランスを崩して倒れた時など，足部が過度に内反方向に強制され受傷する。受傷直後は痛みの他に腫れや熱などの炎症所見が認められることが多く，ただちにRICE処置を行う。軽症の場合は装具などによる初期の局所安静のみで，復帰できることもある。しかし何回も捻挫をくり返している場合は，足関節外側の靱帯が断裂または部分断裂していることが考えられる。足関節に不安定感が残る場合は，テーピングや装具などによるサポートのほかに積極的な運動療法が有効である。足関節を安定化するために周囲筋の筋力トレーニングや荷重位でのバランストレーニングなどが行われる。急性期を過ぎて荷重時に痛みを訴える場合は，軟骨の損傷なども考えられる。その場合は無理なプレーは避け，医師の診断を必ず受けるようにする。

RICE処置

3) 膝靱帯損傷

体勢が崩れ，膝関節を過度にひねった時や急激に膝に外力が加わった時などに起こる。受傷直後は腫れや痛みも強いが，3ヵ月ぐらい経過すれば痛みが軽減し，日常生活に支障がない程度まで回復することが多い。そのため膝関節に加わる過負荷を自覚せず，プレーしている場合もある。しかし，断裂したまま競技を続けていると，半月板や軟骨を二次的に損傷することがある。膝周辺に熱や腫れなどの炎症所見があり，痛みが長期化するようなら，医師の診断を受けることが必要である。

膝には，前十字靱帯，後十字靱帯，内側側副靱帯，外側側副靱帯の4つの靱帯がある。その中でも前十字靱帯が損傷した場合は，手術が必要になる。前十字靱帯再建術後は，約4ヵ月でジョギング，8～10ヵ月で競技復帰となる。

後十字靱帯損傷は保存的治療を行うことが多いが，靱帯周囲の筋や腱の損傷が合併している場合やプレー中の不安定感や痛みを訴える場合は手術を行う。前十字靱帯と同様に8～10ヵ月で競技復帰となるが，膝周囲の筋力が十分に回復していなければスポーツ復帰に困難をきたす。

内側，外側側副靱帯の損傷では，損傷の程度によってリハビリテーションプログラムは異なる。完全断裂であれば初期に局所の固定を行うが，

前十字靱帯
後十字靱帯
大腿骨と脛骨に付着し，前十字靱帯は，脛骨が前方に引き出されるのを，後十字靱帯は，後方に落ち込むのを主に防いでいる。

内側側副靱帯
外側側副靱帯
膝関節の内側，外側にそれぞれ付着し，膝関節の側方への安定性を担っている。

部分断裂であれば早期より膝周囲の筋力トレーニング，関節可動域訓練を開始する。

いずれの靱帯の損傷においても受傷後や手術後に膝周囲の筋力（大腿四頭筋，ハムストリングスなど）が著明に低下することが多く，それらの筋力トレーニングがスポーツ復帰の重要なポイントになる。

4）骨折・脱臼

骨折・脱臼は相手に投げられ肩から落ち，十分な受け身がとれなかった場合に起こる。骨折は鎖骨や上腕骨などの上肢に多く，脱臼は肩関節に多い。骨折の場合は損傷部位の周辺に叩打痛が確認されることが多い。脱臼は関節が元の位置に整復されても，関節周囲の軟部組織に損傷があることが多く注意を要する。したがって骨折，脱臼が起こった場合は損傷部位を固定し，専門家の診断・治療を受ける必要がある。

リハビリテーションは骨癒合の程度や損傷部位の修復過程に合わせて，関節可動域訓練，筋力トレーニングなどを行う。

（4） リハビリテーション

柔道は，筋力や筋持久力，全身持久力，敏捷性，柔軟性などが必要とされるため，これらを考慮した日頃からのトレーニングが必要である。また柔道は相手の体勢を崩すことを目的とし，スポーツ傷害が発生しやすい。傷害を最小限にとどめるため，頑丈でかつ柔軟性のある体をつくることが大切である。基礎体力や受け身などの基本動作のトレーニングにより外力に対する抵抗性を高め，練習前後のストレッチングを継続的に行い，傷害発生の予防と積極的な疲労回復を行う。

次に，柔道競技を考慮した基礎体力トレーニングを示す。運動負荷や回数は，無理をせず自分にあった量から始め，少しずつ増やしていく。大事なことは，毎日続けることである。

① 筋力トレーニング
・上肢の筋力トレーニング（図3-10-1〜6）

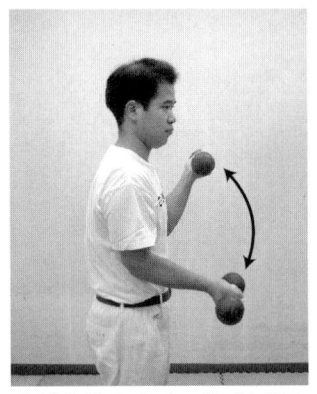

● 図 3-10-1 ● カール（上腕二頭筋）

● 図 3-10-2 ● ショルダープレス（三角筋）

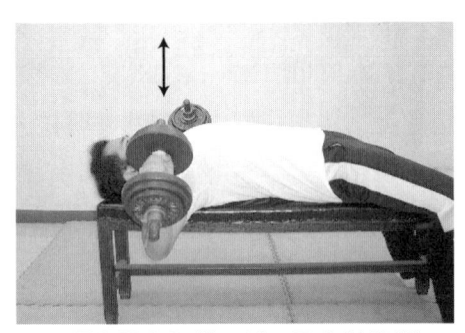

● 図 3-10-3 ● ダンベルフライ（大胸筋）

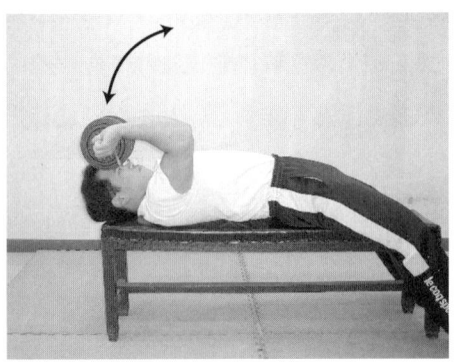

● 図 3-10-4 ● トライセップスエクステンション（上腕三頭筋）

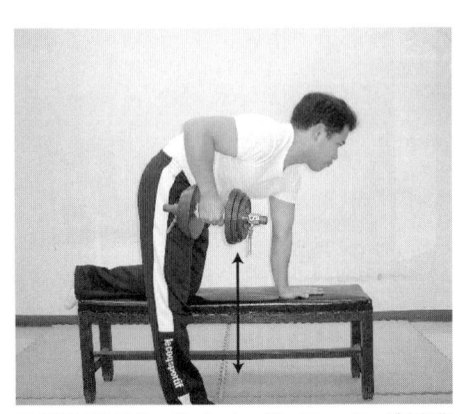

● 図 3-10-5 ● ベントオーバーローイング（広背筋）

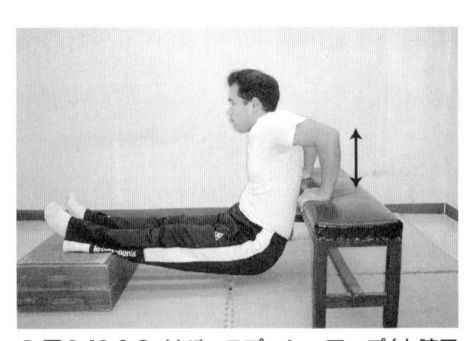

● 図 3-10-6 ● リバースプッシュアップ（上腕三頭筋）

・腹筋，背筋の強化
・頸部，体幹筋の強化（図 3-10-7）
・下部体幹，下肢の筋力強化（図 3-10-8）
・下肢の筋力トレーニング（図 3-10-9・10）

● 図 3-10-7 ● ブリッジ

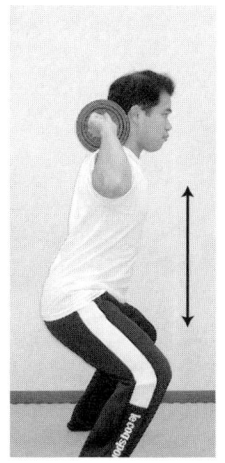

● 図 3-10-8 ● スクワット

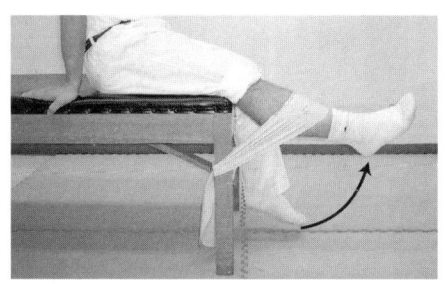

● 図 3-10-9 ● レッグエクステンション（大腿四頭筋）

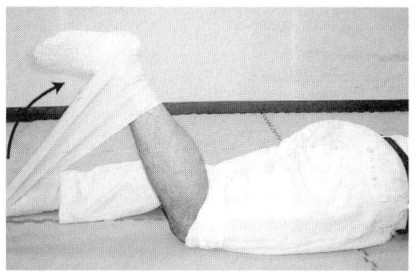

● 図 3-10-10 ● レッグカール（ハムストリングス）

・手関節周囲の筋力強化（図 3-10-11）
　② 持久力トレーニング
・走りこみ・エアロバイク
　③ 協調性トレーニング
・ボールを用いた体幹筋のトレーニング（図 3-10-12）
・バランスボードを用いた下肢筋のトレーニング（図 3-10-13）
　④ 打ち込み
・チューブを用いた釣手，引き手の強化（図 3-10-14）
・壁やサンドバックを利用しての1人打ち込み（図 3-10-15）
・2人打ち込み（交互打ち込み）
・3人打ち込み（背負い投げ，引きずり，引き出し）

● 図 3-10-11 ● 手首の強化

第3章　種目特性とリハビリテーション　191

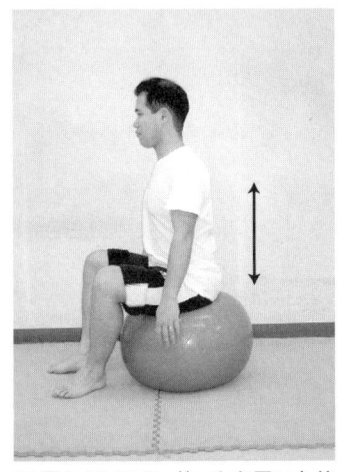

● 図 3-10-12 ● ボールを用いた体幹筋のトレーニング

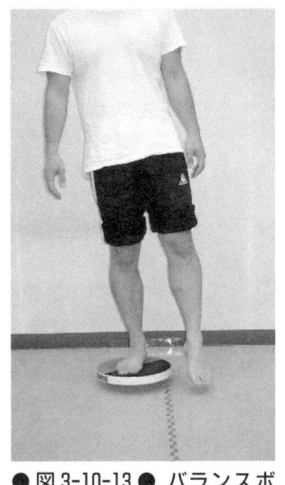

● 図 3-10-13 ● バランスボードを用いた下肢筋のトレーニング

● 図 3-10-14 ● チューブを用いた釣手，引き手の強化

● 図 3-10-15 ● 壁やサンドバックを利用しての1人打ち込み（大外刈り）

⑤　ストレッチング

・肩周囲筋（図 3-10-16～19）

・頸部周囲（図 3-10-20）

・下肢筋（図 3-10-21～26）

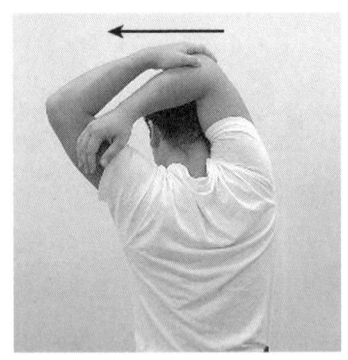

● 図 3-10-16 ● 肩過外転

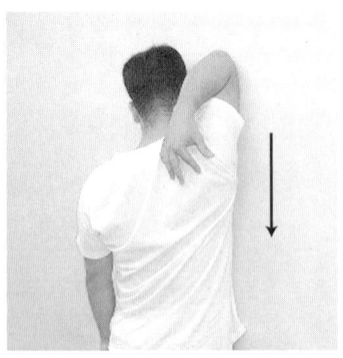

● 図 3-10-17 ● 肩過屈曲

● 図 3-10-18 ● 肩水平外転

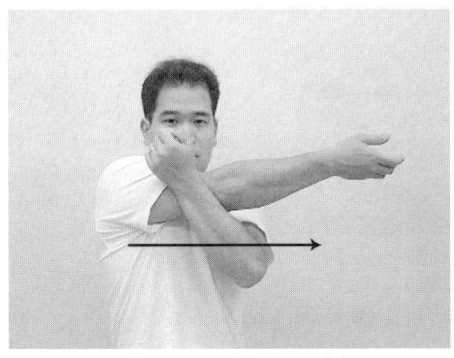

● 図 3-10-19 ● 肩水平内転

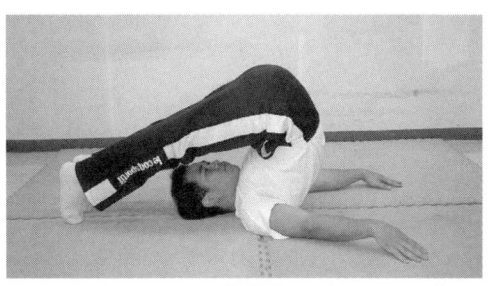

● 図 3-10-20 ● 頸部周囲のストレッチング

殿部を下方に押す。
● 図 3-10-21 ● 腸腰筋

骨盤を前傾させ，腹部を下肢につける。
● 図 3-10-22 ● 殿筋群 1

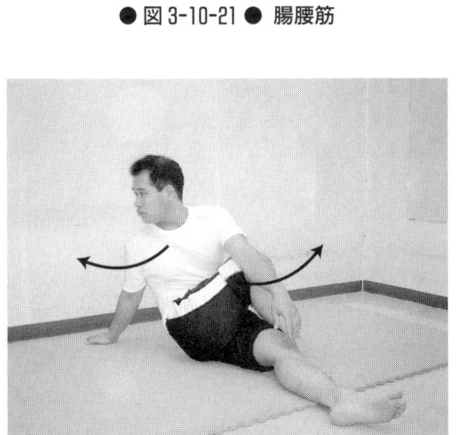

殿部が挙上するまで股関節を内転させる。
● 図 3-10-23 ● 殿筋群 2

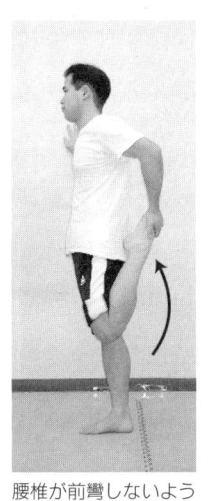

腰椎が前彎しないように注意する。
● 図 3-10-24 ● 大腿四頭筋，大腿直筋

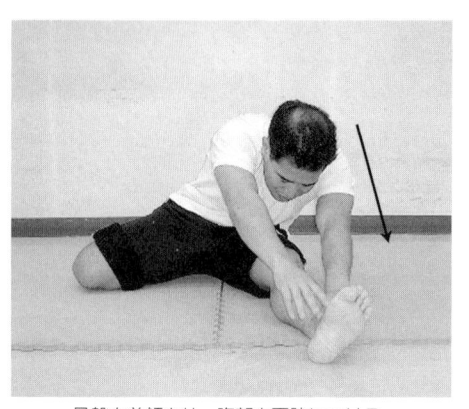

骨盤を前傾させ，腹部を下肢につける。
● 図 3-10-25 ● ハムストリングス

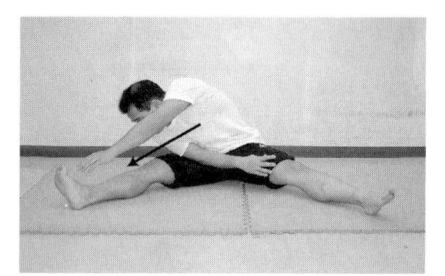

骨盤を後傾させないように下腹部を前に突き出す。
● 図 3-10-26 ● 内転筋群

（5）受傷から復帰まで

　受傷直後は安静が必要であるが，しばらくして痛みが軽減すれば，患部外の筋力トレーニングを危険のない範囲で開始する。たとえば膝の靱帯損傷や足関節捻挫であれば，体幹，上肢の筋力トレーニングを早期から行い，筋力や持久力の低下を予防する。患部の筋力トレーニングを開始する時は，必ず医師や理学療法士の許可を得てから行う。過度の負荷は患部の痛みを誘発することがあるので，最初は低負荷から始め徐々に回数を増やす。

　患部の修復が進み炎症所見が消失すれば，筋力や関節の可動性を回復させるためにトレーニングを行う。運動後にアイシングなどによるクーリングダウンを併用する。トレーニングの対象は運動連鎖を考慮して患部の局所から隣接した部位や全身へと広げていくことが大切である。運動連鎖を考慮したトレーニングは，個々の関節の運動能力を実際の柔道の動作能力へと発展させる。

　十分に筋力が回復すれば，少しずつ実戦練習を取り入れる。許可される運動の時期や種類は各傷害によって異なるため，医師の判断による。許可された運動を確認し，段階的に復帰を目指す。最初は柔道の基本動作の確認からはじめ，打ち込みなどの個人練習から行い，2人打ち込み，3人打ち込みなどの対人練習を行う。ゆっくりと正確な動作から始め，徐々にスピードをあげていき実戦に近づける。

　復帰後に不安感が残る場合は，テーピングやサポーターの使用を検討

する。また場合によっては，得意技の変更などプレースタイルを変えることも必要である。

【参考文献】
1）橋本敏明，柏崎克彦『柔道』ベースボールマガジン社，1991年
2）藤猪省太『柔道教本』(株)イグザミナ，1990年
3）池田光輝『柔道立技テクニック』文芸社，2001年
4）川端智幸，藤猪省太，平野嘉彦，大山昭三『柔道──実践と理論──』(株)イグザミナ，1998年

まとめ

1 スポーツ傷害は種目によって特性があり，またリハビリテーションの内容にも影響を与えるため，それぞれのスポーツ種目の競技特性を十分に理解しておくことが重要である。

2 急性外傷においてはスポーツ種目に関係なく，適切な RICE（R：安静，I：冷却，C：圧迫，E：挙上）処置を行うことが重要となる。

3 損傷部位のみにとらわれすぎず，選手の能力を全身的にとらえ，リハビリテーションを実施していくことが大切である。

4 スポーツ活動への復帰は，段階的に進めていかなければならない。基本的なものは以下の通りである。

① 動作を獲得する前に，静止時の正しい「かまえの姿勢」を獲得することが必要である。

② ランニング動作は直線走行から開始し，徐々に円周走行，8の字走行，ジグザグ走行へと進めていく。

③ ステップ動作は，ツイスティングやヒールターンなどから開始し，クロスオーバーステップ，オープンサイドステップの順で進めていく。

④ ジャンプ動作では両脚ジャンプから開始し，片脚ジャンプへと移行していく。

5 適切な動作やフォームの獲得は再発予防のために重要であり，そのためには身体各部の運動連鎖を考慮しなくてはならない。

● 重 要 語 句 集 ●

■ ア 行

RSD（反射性交感神経萎縮症）	31, 80
アイシング	21
アウターマッスル	19, 163
亜急性期	21
アキレス腱炎	88
アキレス腱断裂	88
アジリティードリル	159
アスレティック・リハビリテーション	1
遊び運動	27, 81
亜脱臼	14
圧迫	97
アプリヘンジョンテスト	18
アライメント	66, 68, 141
安静	96
安静時痛	19, 31
安静とアイシング	38
安定性（スタビリティ）	17, 23
移行期	8
意識障害	29
意識状態	79
痛み刺激	80
インターバルトレーニング	145
インナーマッスル	19, 20, 22, 163
インピンジメントサイン	19
インピンジメント症候群	114, 115, 175
ウィップキック	115
ウォーミングアップ	2
内返し	73
内返しテスト	79
運動軸	73
運動時痛	19, 31
運動レベル損傷	27
運動連鎖	129
AKA	47
ACL 損傷	165
エキセントリック	106
X 線撮影	79
MRI 撮影	79
MCL 損傷	157
円回内筋	33
炎症時期 2 週間程度	21
遠心性収縮	101
横足根関節	72
OKC	180
OKC トレーニング	105
オーバーユース	13
オーバーワーク	1
オープンサイドステップ	158
オスグッド病	140
温熱療法	63, 65, 183

■ カ 行

回外	73
外傷	129, 140
外傷直後	21
回旋運動	132
回旋筋腱板	163
外側靱帯	72
外側側副靱帯	65, 188
階段昇降動作	76
開張足	83
回内	73
外反母趾	69, 83
外反母趾角	87
回復期	21
解剖学的立位	98
開放性運動連鎖	101
下肢伸展挙上テスト（SLR テスト）	61
鵞足炎	68
下腿コンパートメント症候群	88
下腿三頭筋	125
下腿三頭筋把持テスト	89
下腿踵骨角	87
肩関節周囲の筋力	19
肩関節前方脱臼	163
可動性（モビリティ）	17, 23
カフエクササイズ	181
環境要因	4
関節亜脱臼	33, 76
関節可動域テスト	17
関節唇損傷	14, 16
関節捻挫	81
関節の位置関係	27
関節不安定性テスト	18
関節包前部の損傷	14

関節包内運動	28	肩鎖関節	17
関節包内副運動	81	腱鞘炎	34
関節面の適合	25	腱板構成筋の運動	22
寒冷療法	63	腱板疎部炎	15
危険因子	141	肩峰下インピンジメント症候群	15
求心性訓練	180	肩峰下滑液包炎	15
求心性収縮	101	交感神経反射	80
急性期	21	広義の肩	17
競技感覚	142	後距腓靱帯	72
競技特性	95	後脛骨筋付着部炎	82
狭義の肩	17	後傾姿勢	142
狭義の肩関節	14	後脛腓靱帯	72
胸鎖関節	17	後十字靱帯	65, 188
協調した筋収縮	180	拘縮	142
棘下筋	20	交代浴	88
棘上筋	20	広範囲に出現している痛み	31
距骨下関節	72	呼吸	29, 79
距舟関節	72	個体要因	4
挙上	97	骨化性筋炎	64
距腿関節	72	骨損傷	76, 79
起立動作	75	骨配列異常	79
筋萎縮・変形	29	骨梁骨折	31, 79
近位橈尺関節	24	固有感覚刺激運動	163
筋筋膜性の腰痛	123	コンセントリック	106
筋持久力	19	コンタクト	160
筋肉の萎縮	80	コンタクトスポーツ	157
筋の機能	19	コンディショニング	2
筋力増強訓練	28	コンパートメント	84
筋力の不均衡	123		
クーリングダウン	2	■ サ 行	
屈曲型	46	サーキット・トレーニング	127
クロスオーバーステップ	158	左右均等	124
脛舟靱帯	72	サルカスサイン	18
脛踵靱帯	72	三角靱帯	72
頸髄損傷	161	試合期	8
頸椎カラー	38	CKC 訓練	124
頸椎損傷	161	CKC トレーニング	113
血圧	29, 79	支持性	132
血行不良	80	自然立位	98
限局性の痛み	31	膝蓋腱炎	68
肩甲下筋	20	膝蓋大腿関節	65
肩甲胸郭関節	17, 163	膝蓋大腿関節障害	68
肩甲上腕関節	14, 17, 163	膝関節靱帯損傷	68
肩甲上腕リズム	17, 18	膝関節不安定性検査	66
肩甲帯周囲筋の筋持久力	20	しゃがみこみ動作	76
肩甲帯周囲筋の筋力	20	尺骨	24

ジャンパー膝	69,104,165,175
ジャンプ動作	76
ジャンプトレーニング	125
習慣性脱白	14
重症度	27,74
柔軟性	127,130
重力と逆方向の負荷	114
種子骨骨折	82
手術直後	21
腫脹	29,78
準備期	8
小円筋	20
障害	129
傷害の再発	127
上半身の筋力	127
踵腓靱帯	72
踵立方関節	72
上腕骨	24
上腕骨内側上顆部での炎症発生	33
上腕上方関節（第二肩関節）	17
ショパール関節	72
尻上がり現象	61
侵害刺激	80
シンスプリント	88,109
靱帯不全断裂	76
伸長運動（ストレッチ）	22
伸展型	46
伸展損傷	36
水泳肩	114
水平位での外旋	17
水平位での屈曲	17
水平位での伸展	17
水平位での内旋	17
ストレスX線撮影	79
ストレッチ体操	28
ストレッチング	162
スポーツ復帰時期	21
スポーツレベル損傷	28,77
スラップ病変	16
生理的運動	81
脊髄反射	80
前距腓靱帯	72
前脛骨筋症候群	89
前傾姿勢	142
前脛腓靱帯	72
前十字靱帯	65,69,188

全身関節弛緩性テスト	18
前方引き出しテスト	79
足関節内反捻挫	165
足関節背屈	124
足底筋付着部炎	82
足部アーチ	178
足根中足関節	72
外返し	73
損傷部位の自然治癒	27

タ 行

体温	29,79
体幹前傾位	123
代償運動	124
ダイナモメータ	19
対立（つまむ）運動	25
縦の外側アーチ	73
縦の内側アーチ	73
他動（パッシブ）運動	17
打撲傷	76
チャーリーホース	64
着席動作	75
着地動作	76
チューブトレーニング	180
超音波治療	22
腸脛靱帯炎	111
腸脛靱帯摩擦症候群	68
腸腰筋の筋力強化	124
ツイスティング	158
使いすぎ症候群	28,140
底屈	73
抵抗感（エンドフィール）	18
電気療法	63,65
橈骨	24
動作分析	20
等尺性運動	21,161
等尺性訓練	180
等尺性収縮	101
等速性収縮	101
等速度運動機器	19
等張性運動	161
等張性収縮	101
疼痛緩和肢位	55
疼痛テスト	19
トーマステスト	61
徒手筋力テスト	19

トレーニング要因	4	複合関節	24
		浮腫	80
■ ナ 行		腹筋群の筋力強化	124
内側側副靱帯	65,188	プライオメトリックトレーニング	163
内側縦アーチ	110	閉鎖性運動連鎖	101
内側縦アーチ高	87	並進運動	132
内反制動	178	ベネット病変	16
内反捻挫	142	扁平足	69,82
内反膝（O脚）	112	歩行動作	76
軟部組織損傷	31,79	母趾球	145
二関節筋	60		
肉ばなれ	62	**■ マ 行**	
二分膝蓋骨	140	マイオセラピー	47
捻挫	76	水の粘性	114
		脈拍	29,79
■ ハ 行		鞭打ち損傷	36
バーナー症候群	161	メディカル・リハビリテーション	1
バイオメカニクス（身体運動学）	21	モビリゼーション	79
背屈	73		
バイタルサイン	29	**■ ヤ 行**	
発汗異常	29,78,80	遊脚期（体重非負荷期）	73
発生学的中間位	25,26	床からの立ち上がり動作	76
発赤	29,78	腰椎分離症	114
パフォーマンス	176	腰部打撲	44
パフォーマンステスト	20	腰部捻挫	44
バンカート病変	14	横のアーチ	73
反復性脱臼	14		
ヒールターン	158	**■ ラ 行**	
腓骨筋の強化	125	RICE処置	27,75,95,105,176,188
膝前十字靱帯損傷	165	ランジウォーキング	157
肘関節	24	リスフラン関節	72
左回りという競技特性	124	立脚期（体重負荷期）	73
皮膚異常	80	リトルリーグショルダー（上腕骨骨端線離開）	16
腓腹筋のストレッチング	124	冷感	80
皮膚色	29,78	冷却	96
病期	27,74	レーザー治療	22
平泳ぎ膝	114	レベルアップ	124
ヒラメ筋のストレッチング	124		
ピリオダイゼーション	8	**■ ワ 行**	
疲労骨折	109	腕尺関節	24
敏捷性	127	腕神経叢	161
フォーム修正	23	腕橈関節	24

〈著者紹介〉　　執筆順，＊印編著者

＊小柳磨毅（こやなぎ・まき）　　第3章1節
　1962年生まれ
　1984年　国立療養所近畿中央病院附属リハビリテーション学院理学療法学科卒業
　1986年　関西大学社会学部社会学科卒業
　1996年　大阪教育大学大学院教育学研究科修士課程修了
　現　在　大阪電気通信大学医療福祉工学部理学療法学科教授
　［主要著作］
　『理学療法ハンドブック・ケーススタディ』（共著）協同医書出版社，1994年
　『図解理学療法技術ガイド』（共著）文光堂，1997年
　『NEW MOOK 整形外科　スポーツ傷害』（共著）金原出版，1998年
　『運動療法学　総論』（共著）医学書院，2001年
　『理学療法 MOOK9　スポーツ傷害の理学療法』（共著）三輪書店，2001年

上野隆司（うえの・たかし）　　第1章1，2節
　1965年生まれ
　1988年　藍野医療技術専門学校（現　藍野医療福祉専門学校）理学療法学科卒業
　現　在　関西医科専門学校理学療法学科（理学療法士）
　［主要著作］
　『理学療法 MOOK9　スポーツ傷害の理学療法』（共著）三輪書店，2001年

山野仁志（やまの・ひとし）　　第1章3，4節
　1972年生まれ
　1994年　清恵会第二医療専門学院理学療法士科卒業
　現　在　医療法人純幸会豊中渡辺病院リハビリテーション科（理学療法士）
　［主要著作］
　『理学療法 MOOK9　スポーツ傷害の理学療法』（共著）三輪書店，2001年

小林　茂（こばやし・しげる）　　第2章1節
　1955年生まれ
　1980年　大阪府立盲学校理学療法学科卒業
　現　在　大阪物療専門学校第一理学療法学科長（理学療法士）
　［主要著作］
　『図説・関節の動きと筋力の診かた』（共訳）医道の日本社，1998年
　『理学療法 MOOK4　呼吸理学療法』（共著）三輪書店，2000年

小崎利博（こざき・としひろ）　　第2章2・7節
　1974年生まれ
　1997年　広島大学医学部保健学科卒業
　現　在　有川整形外科医院研究所（理学療法士）

有川　功（ありかわ・いさお）　　第2章2・7節
　1939年生まれ
　1964年　金沢大学医学部卒業
　現　在　有川整形外科医院院長

舌　正史（ぜつ・ただし）　　　　　　第2章3節
　1967年生まれ
　1989年　信州大学医療技術短期大学部理学療法学科卒業
　現　在　社会保険京都病院整形外科理学療法室係長

平木治朗（ひらき・じろう）　　　　　第2章4節
　1950年生まれ
　1972年　大阪府立盲学校リハビリテーション科卒業
　現　在　星ヶ丘厚生年金病院リハビリテーション部技師長
　[主要著作]
　『理学療法ハンドブック・ケーススタディ』（共著）協同医書出版社，1994年
　『図解理学療法技術ガイド』（共著）文光堂，2001年

森　憲一（もり・けんいち）　　　　　第2章5節
　1976年生まれ
　1998年　阪奈中央リハビリテーション専門学校理学療法学科卒業
　現　在　大阪回生病院リハビリテーションセンター技師長（理学療法士）

千葉一雄（ちば・かずお）　　　　　　第2章5節
　1955年生まれ
　1981年　清恵会第二医療専門学院理学療法士科卒業
　現　在　大阪医療福祉専門学校理学療法士学科科長
　[主要著作]
　『理学療法 MOOK4　呼吸理学療法』（共著）三輪書店，2000年

大工谷新一（だいくや・しんいち）　　第2章6・8節
　1969年生まれ
　1991年　京都大学医療技術短期大学部理学療法学科卒業
　2002年　大阪体育大学大学院博士前期課程スポーツ科学研究科修了
　現　在　医療法人幸会喜多病院リハビリテーション部部長
　　　　　南大阪スポーツメディカル＆ヘルスケアセンター副センター長
　[主要著作]
　『臨床理学療法評価法』（共著）エンタプライズ，2003年
　『運動器疾患の評価と理学療法』（編著）エンタプライズ，2005年

武岡健次（たけおか・けんじ）　　　　第3章1節
　1966年生まれ
　1988年　高知医療学院理学療法学科卒業
　現　在　四條畷学園大学リハビリテーション学部理学療法学専攻

鳥渕佳寿（とりぶち・よしひさ）　　　第3章2節
　1975年生まれ
　1997年　平成医療専門学院理学療法学科卒業
　現　在　国立療養所和歌山病院リハビリテーション科（理学療法士）

福島隆伸（ふくしま・たかのぶ）　　第3章2節
　1965年生まれ
　1990年　国立療養所近畿中央病院附属リハビリテーション学院理学療法学科卒業
　現　在　医療法人マックシール巽病院リハビリテーションセンター（理学療法士）
　[主要著作]
　『理学療法MOOK9　スポーツ傷害の理学療法』（共著）三輪書店，2001年

辻恵津子（つじ・えつこ）　　第3章3節
　1968年生まれ
　1989年　華頂短期大学社会福祉学科卒業
　1996年　藍野医療技術専門学校（現　藍野医療福祉専門学校）理学療法学科卒業
　現　在　恩賜財団済生会京都府病院リハビリテーション科（理学療法士）

中川誠一（なかがわ・せいいち）　　第3章3節
　1975年生まれ
　1997年　藍野医療福祉専門学校理学療法学科卒業
　現　在　宇和島社会保険病院介護老人保健施設パール荘（理学療法士）

相田利雄（あいだ・としお）　　第3章4節
　1976年生まれ
　2001年　藍野医療福祉専門学校理学療法学科卒業
　現　在　箕面市立病院リハビリテーションセンターリハビリテーション部（理学療法士）

吉本陽二（よしもと・ようじ）　　第3章4節
　1967年生まれ
　1990年　金沢大学医療技術短期大学部理学療法学科卒業
　現　在　大阪府立大学総合リハビリテーション学部理学療法学講座（理学療法士）

元脇周也（もとわき・しゅうや）　　第3章5節
　1976年生まれ
　2000年　川崎医療福祉大学医療技術学部リハビリテーション学科卒業
　現　在　医療法人純幸会豊中渡辺病院リハビリテーション科（理学療法士）

濱田太朗（はまだ・たろう）　　第3章5節
　1978年生まれ
　2001年　吉備国際大学保健学部理学療法学科卒業
　現　在　医療法人純幸会豊中渡辺病院リハビリテーション科（理学療法士）

伊佐地弘基（いさじ・ひろもと）　　第3章5節
　1979年生まれ
　2001年　河﨑医療技術専門学校理学療法学科卒業
　現　在　医療法人純幸会東豊中渡辺病院リハビリテーション科（理学療法士）

木村佳記（きむら・よしのり）　　　第3章6節
　　1979年生まれ
　　2002年　神戸大学医学部保健学科卒業
　　現　在　医療法人純幸会東豊中渡辺病院リハビリテーション科（理学療法士）

長谷川聡（はせがわ・さとし）　　　第3章6節
　　1977年生まれ
　　2002年　神戸大学医学部保健学科卒業
　　現　在　京都大学医学部附属病院理学療法部（理学療法士）

町田実雄（まちだ・じつお）　　　第3章7節
　　1969年生まれ
　　1992年　国立療養所東名古屋病院付属リハビリテーション学院理学療法学科卒業
　　現　在　はまうづ医院リハビリテーション科（理学療法士）
　　［主要著作］
　　『図解理学療法技術ガイド』（共著）文光堂，1997年

森　美穂（もり・みほ）　　　第3章8節
　　1970年生まれ
　　1993年　京都教育大学教育学部総合科学課程スポーツ健康コース卒業
　　1999年　社会医学技術学院理学療法学科卒業
　　現　在　琵琶湖大橋病院リハビリテーション科（理学療法士）

岡田亜美（おかだ・あみ）　　　第3章8節
　　1978年生まれ
　　2000年　河﨑医療技術専門学校理学療法学科卒業
　　現　在　八戸の里病院リハビリテーション科（理学療法士）

磯あすか（いそ・あすか）　　　第3章9節
　　1975年生まれ
　　1997年　東京都立医療短期大学理学療法学科卒業
　　2000年　佛教大学社会学部社会福祉学科卒業
　　現　在　フィジオ・センター（理学療法士）

那須奈美（なす・なみ）　　　第3章9節
　　1977年生まれ
　　1999年　大阪府立看護大学医療技術短期大学部理学療法学科卒業
　　現　在　医療法人並木会並木病院リハビリテーション科（理学療法士）

椎木孝幸（しいき・たかゆき）　　　第3章10節
　　1972年生まれ
　　1995年　行岡リハビリテーション専門学校理学療法学科卒業
　　現　在　医療法人行岡医学研究会行岡病院リハビリテーション科（理学療法士）

橋本雅至（はしもと・まさし）　　　第 3 章10節
　　1966年生まれ
　1988年　神戸大学医療技術短期大学部理学療法学科卒業
　1997年　佛教大学社会学部社会福祉学科卒業
　2000年　大阪体育大学大学院体育学研究科修士課程修了（体育学修士）
　2005年　大阪体育大学大学院スポーツ科学研究科博士課程後期修了（スポーツ科学
　　　　　博士）
　現　在　四條畷学園大学リハビリテーション学部理学療法学専攻助教授（理学療法
　　　　　士）
　［主要著作］
　『理学療法 MOOK9　スポーツ傷害の理学療法』（共著）三輪書店，2001年

アスレティック・リハビリテーション〈やさしいスチューデントトレーナーシリーズ　7〉　≪検印省略≫

2003年 6 月20日　第 1 版第 1 刷発行
2006年 4 月30日　第 1 版第 2 刷発行

監　修　社団法人 メディカル・フィットネス協会

編著者　小　柳　磨　毅

発行者　中　村　忠　義

発行所　嵯　峨　野　書　院

〒615-8045　京都市西京区牛ヶ瀬南ノ口町39　電話 (075)391-7686　振替 01020-8-40694

Ⓒ　Medical Fitness Association, 2003　　　　　　　創栄図書印刷・藤原製本

ISBN4-7823-0364-5

〈日本複写権センター委託出版物〉
本書の全部または一部を無断で複写複製（コピー）することは、著作権法上での例外を除き、禁じられています。本書からの複写を希望される場合は、日本複写権センター（03-3401-2382）にご連絡下さい。

やさしい スチューデント トレーナー シリーズ

1 スポーツ社会学
八木田恭輔 編
B5・並製・114頁・1995円（本体1900円）

- 第1章 社会体育の基本的な考え方
- 第2章 スポーツと社会
- 第3章 スポーツと文化
- 第4章 スポーツと組織活動
- 第5章 地域とスポーツ活動

2 スポーツ心理学
中雄 勇 編
B5・並製・180頁・2520円（本体2400円）

- 第1章 スポーツ心理学の内容
- 第2章 スポーツと認知・反応
- 第3章 スポーツ技能の学習
- 第4章 スポーツ技能の指導
- 第5章 スポーツの動機づけ
- 第6章 スポーツと発達
- 第7章 スポーツ集団の構造と機能
- 第8章 スポーツマンの性格と態度
- 第9章 スポーツの心理的効果
- 第10章 スポーツ・カウンセリング
- 第11章 スポーツコーチの仕事

3 スポーツ生理学
三村寛一 編
B5・並製・134頁・2310円（本体2200円）

- 第1章 身体の構造
- 第2章 身体の機能
- 第3章 スポーツトレーニング
- 第4章 トレーニングに伴う効果
- 第5章 バイオメカニクス
- 第6章 筋力トレーニングの基礎
- 第7章 トレーニング環境の整備とその活用について
- 第8章 ナショナルトレーニングチームづくりとその競技力アップトレーニング計画
- 第9章 海外遠征の諸問題とその対応

4 スポーツ医学
藤本繁夫・大久保 衞 編
B5・並製・186頁・2625円（本体2500円）

- 第1章 スポーツと健康
- 第2章 スポーツ選手の健康管理
- 第3章 スポーツによる内科的な障害
- 第4章 特殊環境下でのスポーツ障害とその予防
- 第5章 スポーツ選手におこりやすい外傷・障害とその予防
- 第6章 スポーツ外傷・障害後のトレーニング
- 第7章 コンディショニング
- 第8章 遠征でのスポーツ医学
- 第9章 スポーツと嗜好品，サプリメント，薬物
- 第10章 救急処置

5 スポーツ栄養学
奥田豊子 編
B5・並製・160頁・2520円（本体2400円）

- 第1章 健康と栄養
- 第2章 食品・栄養と運動
- 第3章 栄養素の消化・吸収
- 第4章 エネルギー代謝
- 第5章 日本人の食事摂取基準
- 第6章 身体組織，肥満とウエイトコントロール
- 第7章 スポーツのための食事学
- 第8章 水分補給と補助食品

6 スポーツ指導論
三村寛一 編
B5・並製・136頁・2205円（本体2100円）

- 第1章 スポーツ指導の意義と目標
- 第2章 トレーニング計画とその様式
- 第3章 指導段階とその設定
- 第4章 指導形態と適正人数
- 第5章 指導施設の選択と用具の準備
- 第6章 指導計画作成の実際

7 アスレティック・リハビリテーション
小柳磨毅 編
B5・並製・216頁・2993円（本体2850円）

- 第1章 アスレティック・リハビリテーション総論
- 第2章 部位・疾患別リハビリテーション
- 第3章 種目特性とリハビリテーション

8 コンディショニング
小柳磨毅 編
B5・並製・148頁・2415円（本体2300円）

- 第1章 コンディショニング
- 第2章 ストレッチングの実際
- 第3章 PNFの実際
- 第4章 関節モビリゼーションの実際
- 第5章 スポーツマッサージの実際
- 第6章 アイシングの実際
- 第7章 コンディショニングのための測定法

9 テーピング
髙木信良 編
B5・並製・112頁・2310円（本体2200円）

- 第1章 テーピングとは
- 第2章 テーピングを実施する前に
- 第3章 テーピングの基本テクニック
- 第4章 基本となる巻き方
- 第5章 応急手当のテーピング
- 第6章 再発予防のテーピング